Sigrid-Maria Größing

ELISABETH

Sigrid-Maria Größing

ELISABETH

Kaiserin
aus dem Hause Wittelsbach

Mit 27 Abbildungen

AMALTHEA

Inhalt

Vorwort

Seit vielen Jahren geht mir der Plan nicht aus dem Kopf, einmal ein Buch zu verfassen, in dem nicht die Geschichte der Habsburger, sondern die der Wittelsbacher im Mittelpunkt steht. Und da ich einige Bücher über den Star in der Familie, über Kaiserin Elisabeth, geschrieben habe, ist mir der Gedanke gekommen, nachzuprüfen, wie viel Erbe sie wohl von ihren Vorfahren übernommen und weitergegeben hat.

Obwohl es die Wittelsbacher schwer hatten, sich die entsprechenden Positionen zunächst im Heiligen Römischen Reich Deutscher Nation zu verschaffen, und später vielfach hinter den Habsburgern zurückstehen mussten, zählten sie doch zu den großen Familien, die über Generationen hinweg die Bräute für die Habsburger Erzherzöge stellten, da sie als gut katholisch galten. Schon die Habsburger der Frühzeit schickten ihre Werbungen an die jeweiligen Wittelsbacher Höfe, sodass es nicht nur zu ehelichen Verbindungen zwischen beiden Häusern kam, sondern auch nicht selten, infolge der jeweiligen Erbansprüche Länder oder Landesteile betreffend, zu heftigen Auseinandersetzungen. So waren der erste Kaiser aus dem Hause Wittelsbach, Ludwig IV. der Bayer, und sein Kontrahent, Friedrich der Schöne von Habsburg, Cousins, die zwar füreinander jedwede Art von Sympathie empfanden;

als es allerdings um die deutsche Königskrone ging, kannte man kein Pardon mehr und die Entscheidung fiel auf dem Schlachtfeld.

Noch bevor man enge Beziehungen zu den spanischen Habsburgern aufbaute, sah man sich von Seiten der österreichischen Habsburger lieber in Bayern um, wenn es galt, eine wohlhabende Braut zu finden. Kaiser Friedrich III. verheiratete 1487 seine einzige Tochter an den Wittelsbacher Herzog Albrecht IV., was nicht nur aus politischer Überlegung geschah.

Beinahe kontinuierlich waren die familiären Beziehungen zwischen den Häusern ab dem Ende des 17. Jahrhunderts. Kaiser Leopold I. verheiratete seine Tochter mit dem »blauen Kurfürsten« Maximilian II. Emanuel – eine ebenso unglückliche Ehe wie ein knappes Jahrhundert später die zweite Ehe von Kaiser Joseph II. mit Maria Josepha von Bayern, die dem Kaiser von seiner Mutter Maria Theresia aufgezwungen worden war.

Mehr Glück hatte Josephs Neffe, Kaiser Franz II.(I.), mit seiner vierten Gemahlin Caroline Auguste, die der Ehemann als »häusliche Perle« bezeichnete und der spätere Kaiser Franz Joseph I. in seinem Tagebuch als »liebe Großmama« verehrte, obwohl sie nicht seine richtige Großmutter war.

Mit ihr beginnt die engste Verbindung der beiden Häuser, denn Franz Josephs Vater führte die schöne Sophie zum Altar, eine Tochter des ersten bayerischen Königs Maximilian I. Joseph und Schwester des bayerischen Königs Ludwig I. Die Kinder aus dieser Verbindung, Franz (Joseph), Ferdinand Maximilian, Karl Ludwig und Ludwig Viktor (eine Tochter war im Kleinkindalter gestorben) waren daher zur Hälfte Wittelsbacher. Und als Kaiser Franz Joseph I. die schöne Elisabeth zur Frau nahm, wurde die Verbindung mit den Wittelsbachern noch enger, sodass die Kinder aus dieser Ehe mehr Wittelsbacher als Habsburger waren.

Das vorliegende Buch soll aufzeigen, wie bedeutungsvoll das Geschlecht der Wittelsbacher im Laufe der Geschichte für das Haus Habsburg war. Da eine durchgehende Darstellung aller Persönlichkeiten den Rahmen dieses Buches bei Weitem sprengen würde, habe ich mich auf markante Ereignisse beschränkt, die Licht auf bedeutungsvolle Personen werfen, aber auch auf solche, an die heute noch gedacht wird, wie bei den Agnes-Bernauer-Festspielen im niederbayerischen Straubing oder bei der »Landshuter Hochzeit«, wo die Geschichte lebendig wird.

Die bayerischen Könige haben ihren Platz in den Herzen der Bayern bewahrt, »Vater Max« als Herzkönig im Kartenspiel »Watten« oder Ludwig I. durch seine unvergessliche Romanze mit der verführerischen Lola Montez. Das Pendant zur unsterblichen Sisi ist ihr schöner »Cousin« Ludwig, der in Wirklichkeit der Vetter ihrer Mutter war. Als Märchenkönig Ludwig II., liebevoll »Kini« genannt, beschäftigt er noch immer die Fantasie der Menschen.

Auch Sisis Geschwister, von denen ich im vorliegenden Buch nur einige wenige beschrieben habe, haben ihren Platz in der Erinnerung, wie Carl Theodor, nach dem die Augenklinik in München benannt ist, oder die couragierte Marie Sophie, die »Heldin von Gaeta«, die bis heute in Neapel verehrt wird.

Natürlich haben die »Sissy-Filme« von Ernst Marischka viel dazu beigetragen, dass aus der scheuen Kaiserin ein Medienstar geworden ist, der die Menschen in aller Herren Länder vor den Fernseher lockt, mit dem gelacht, geweint, gelitten wird. Auch die Familie mit Herzog Max ist präsent, mit dem gemütlichen Vater und der besorgten Mama Ludovika. Diese Idylle ist genauso trügerisch wie das im Film dargestellte Schicksal der Kaiserin.

Das vorliegende Buch will Einblick geben in die jahrhundertealte Familie von Kaiserin Elisabeth, zugleich aber auch einen kurzen Überblick über die wichtigsten Vertreter des Hauses Wittelsbach.

Sigrid-Maria Größing
Großgmain, im August 2013

Einleitung
Von den Anfängen der Wittelsbacher
bis zu Kaiserin Elisabeth und ihrer Familie

Es ist eine Ironie des Schicksals, dass das uralte Geschlecht der Wittelsbacher, das im bayerischen und im pfälzischen Raum über Jahrhunderte die Geschicke der Menschen bestimmt hatte, erst im 19. Jahrhundert durch eine ungewöhnlich schöne Frau und deren Familie weltberühmt wurde. Dabei machte nicht die große Politik die Kaiserin von Österreich und Königin von Ungarn in aller Herren Ländern bekannt, sondern es war einzig und allein ihre Persönlichkeit, die eine faszinierende Wirkung ausübte.

Elisabeth ließ sich und lässt sich nicht mit normalen Maßstäben messen, sie war in allem außergewöhnlich, sie war eine Frau, die eigentlich nicht in ihre Zeit passte. Modern, wie sie war, hätte sie ihren Platz im 20., ja vielleicht sogar im 21. Jahrhundert gefunden. Gerade dadurch, dass sie sich nicht den Vorstellungen ihrer Zeit anpasste, ging sie nicht nur in die Geschichte ein, sondern wurde unsterblich.

Sisi war eine Wittelsbacherin wie aus dem Bilderbuch, in vielen Dingen exzentrisch, körperbetont, weltoffen und in religiösen Dingen tolerant. Sie liebte schöne Menschen wie ihr Onkel König Ludwig I.; sie dichtete wie ihr Vater Herzog Max in Bayern; sie spintisierte wie König Ludwig II., mit dem sie über ihre Mutter verwandt war. Ihre überschlanke, blendende Erscheinung, die so ganz und gar nicht dem weiblichen Schönheitsideal des 19. Jahrhunderts entsprach, erregte überall, wohin sie kam, Aufsehen, ihr geheimnisvolles Wesen ließ sie manchmal esoterisch erscheinen, ihre Reitkünste waren legendär und brachten ihr nicht nur in England Ruhm und Bewunderung ein, ja ihr ausgefallener Lebensstil wurde vielfach kopiert.

Elisabeth war das, was man heute als emanzipierte Frau bezeichnen könnte, die sich nicht in das starre Korsett des mit Traditionen belasteten habsburgischen Kaiserhofes zwängen ließ, sondern nach ihren eigenen Vorstellungen lebte. Auf diese Weise wurde sie zur Legende. Für ihre weltweite Verehrerschar liegt sie nicht wie alle übrigen Habsburger und Wittelsbacher in einer kühlen Gruft – sie lebt in den Herzen weiter, jenseits von Zeit und Raum.

Die Wittelsbacher Vorfahren der Kaiserin lebten und liebten, kämpften und starben schon vor vielen Hundert Jahren im süddeutschen Raum. Dabei war nicht immer alles Gold, was glänzte, denn im Kampf um Macht und Einfluss pflegte man keineswegs nur behutsamen Umgang. Blättert man in den Annalen, so findet man neben Zank und Hader selbst einen Mord aus Eifersucht in der Familiengeschichte. Wollte man Städte und Länder an sich bringen, war man in den Wirren des frühen Mittelalters gezwungen, zu drastischen Mitteln zu greifen. Auch die Wittelsbacher besaßen zunächst keine nennenswerten Gebiete – bis sie sich auf die richtige Seite schlugen. Als sie erkannten, dass der römisch-deutsche Kaiser Friedrich Barbarossa großen Ärger mit dem revoltierenden Heinrich dem Löwen hatte, erkannte Otto I. von Wittelsbach seine Chance und stellte sich hinter den Kaiser. Diese Hilfe sollte nicht sein Schaden sein, denn am 16. September 1180 zeigte sich Friedrich I. Barbarossa erkenntlich und schenkte Otto nicht nur Bayern, sondern auch den Herzogtitel.

Und Herzöge sollten die Wittelsbacher im bayerischen Raum für die nächsten Jahrhunderte bleiben, so sehr sie sich vielfach über die anderen Adelsgeschlechter erhaben fühlten. Nur einmal war ihnen das Schicksal gewogen, als man bei der Königswahl 1314 zu dem Schluss kam, dass der Wittelsbacher Ludwig IV. der Bayer der richtige Mann auf dem Königs- und späteren Kaiserthron wäre.

Es wurde nur ein Zwischenspiel, denn Ludwigs Sohn wurde nicht mehr gewählt, ihm blieb, wie zuvor, nur der Herzogstitel. Der neue Kaiser Karl IV. übersah den Wittelsbacher geflissentlich, als er in der Goldenen Bulle den Status der Adeligen im Reich bestimmte und sieben aus ihren Reihen zu Kurfürsten ernannte.

Es mussten noch Jahrhunderte ins Land ziehen, ehe der kaisertreue Wittelsbacher Herzog Maximilian I. von Bayern in den Wirren des Dreißigjährigen Krieges endlich als Dank für seine Hilfe von seinem Cousin Kaiser Ferdinand II. 1623 die Kurfürstenwürde erhielt.

Bis dahin waren die Wittelsbacher als Herzöge die Herren von Ober- und Niederbayern; lediglich ein Nebenzweig der Familie, der die Position eines Pfalzgrafen bei Rhein innehatte, besaß schon länger die Kurwürde. Da der hilfreiche Maximilian auch noch die Oberpfalz geschenkt bekam, war nun das spätere Gebiet von Altbayern beisammen.

Es grenzt an ein Wunder, dass die Wittelsbacher Gebiete durch die vielen Teilungen, die aufgrund der Erbgesetze ständig erfolgten, nicht so aufgesplittert wurden, dass nur noch kleine Gebietsteile übrig geblieben wären. Erstaunlicherweise fanden die einzelnen Teilländer doch immer wieder zusammen, wobei Gevatter Tod eine nicht unbedeutende Rolle spielte.

Wie in jedem Herrscherhaus gab es auch bei den Wittelsbachern viel Licht, aber auch viel Schatten. Viele der Wittelsbacher Herrscher regierten zum Wohle des Volkes und führten heute noch modern anmutende Neuerungen durch, andere gebärdeten sich als Tyrannen.

Ein Wermutstropfen blieb in der Familie für Jahrhunderte: Als dritte bedeutende Kraft im Reich wäre es für die Wittelsbacher angebracht gewesen, endlich die Königswürde zu bekommen. Aber vielleicht waren die Kurfürsten den Habsburger Kaisern zu einfluss- und zu erfolgreich, wie Kurfürst Maximilian II. Emanuel, der sich sicherlich als Dank für seine Hilfe im Kampf gegen die Türken eine Königskrone erhofft hatte. Kaiser Leopold I., der sogar der Schwiegervater des »blauen Kurfürsten« war, konnte sich nicht entschließen, dem ungeliebten Schwiegersohn diesen Wunsch zu erfüllen.

So blieben die Wittelsbacher weiterhin nur Kurfürsten. Mit dem Aussterben der altbayerischen Linie 1799 stellte sich für Kaiser Joseph II. die Frage, was mit dem Wittelsbacher Gebiet geschehen sollte. Er hatte die Absicht, Bayern als »erledigtes Reichslehen« einzuziehen. Dabei hatte er allerdings die Rechnung ohne die pfälzische Verwandtschaft der bayerischen Wittelsbacher gemacht, die sofort auf den Plan rückte und Bayern für sich requirierte. Ausgerechnet dem Preußenkönig Friedrich II., der sich – wie hätte es anders sein können – gegen die Habsburger stellte, war es zu verdanken, dass Bayern, wennglich ohne das Innviertel, wittelsbacherisch blieb.

Es sollte noch bis zum Jahr 1806 dauern, bis endlich ein Wittelsbacher König in Bayern Einzug halten konnte. Maximilian I. Joseph war zwar nicht in Bayern geboren, da aber Kurfürst Karl Theodor kinderlos gestorben war, fiel sein Erbe an den Herzog aus der pfälzischen Linie

14

Zweibrücken-Birkenfeld, dem Napoleon aus Dankbarkeit die Krone aufs Haupt drückte. Endlich war es geschafft, endlich waren die Wittelsbacher Könige!

Sisis unmittelbare Vorfahren waren begabte, interessante Leute, die zwar in ihrer Tradition lebten, die aber offen für viele Neuerungen waren. Natürlich fanden sich in der weit verzweigten Familie da und dort bunte Vögel, wie der Großvater der Kaiserin, Herzog Pius, der nicht in das Schema eines Adeligen seiner Zeit passte. In vielem ähnlich war ihm sein Sohn Herzog Maximilian in Bayern, der die Freiheit liebte und sich gegen jegliche Konvention stellte. Er wurde seiner Tochter Elisabeth zum Vorbild. Wie ihr Vater lehnte auch sie Traditionen, die ihr sinnlos erschienen, vehement ab. Auch Elisabeths einziger Sohn Rudolf trat in diese Fußstapfen: Der Kronprinz war in seiner liberalen Denkweise eher ein Wittelsbacher als ein Habsburger.

Aber Sisi war mit ihrer anders gearteten Haltung in ihrer Zeit nicht allein. Auch der bayerische Märchenkönig Ludwig II., Sisis »falscher Cousin«, teilte in vielem die Anschauungen der Kaiserin. Er ließ sich auch nicht in ein festes Schema pressen, sondern revoltierte auf seine Weise, wobei sein absonderliches Verhalten Sisi in tiefe Depressionen stürzte und sie fürchten ließ, ebenfalls den Verstand zu verlieren. Hätte Sisi sich näher mit der Familiengeschichte auseinandergesetzt, so hätte sie zwar erfahren, dass der väterliche Großvater Herzog Pius wohl absonderlich war, aber keineswegs irrsinnig. Und sie hätte von Experten vernehmen können, dass die Geisteskrankheit sowohl Ludwigs als auch die seines Bruders Otto aus der mütterlichen Linie kam, sodass innerhalb der Wittelsbacher Familie keine direkte Beziehung zu den krankhaften Erscheinungen gegeben war.

Denn auch der Nachfolger von König Ludwig II. zwar nicht auf dem Königsthron, sondern als Regent, Prinzregent Luitpold, ein Cousin von Kaiserin Elisabeth, war ein durchaus normaler Mann, der nach den chaotischen Zeiten Ludwigs II. die Staatsgeschäfte in Bayern wieder in Ordnung brachte, während der eigentliche König Otto I., Ludwigs Bruder, in geistiger Umnachtung dahindämmerte.

Es war ein Kuriosum in der Geschichte, dass das bayerische Königreich in den letzten Jahren seines Bestehens sogar zwei Könige hatte, denn einerseits wollte man den kranken Otto nicht absetzen und andererseits hatte der Nachfolger und Sohn des Prinzregenten nicht die Absicht, für ewige Zeiten auf den Thron zu verzichten. Als Otto schließlich starb, war es allerdings für den letzten bayerischen König bereits fünf Minuten vor zwölf, denn der Erste Weltkrieg neigte sich dem Ende zu und auch in München kam es zur Revolution. Der Gang ins Exil schien ihm die einzige lebensrettende Lösung.

Die Familie der Wittelsbacher erwarb sich im Laufe der Jahrhunderte viel Ehre und Anerkennung, unsterblich allerdings wurde sie durch die geheimnisvolle, traumschöne Kaiserin von Österreich Elisabeth und durch den legendären Märchenkönig Ludwig II. Diese beiden Menschen faszinierten nicht nur ihre Zeitgenossen, sie umgaben sich mit einem undurchdringlichen Zauber, dem heute noch ihre Anhänger verfallen sind.

Zauber oder Schicksal

Agnes Bernauer

Lässt man die Wittelsbacher durch die Jahrhunderte Revue passieren, so bemerkt man beinahe mit Erstaunen, dass sich in dieser Familie überdurchschnittlich viele höchst attraktive Menschen finden. Nicht erst Kaiserin Elisabeth von Österreich wurde von ihren Mitmenschen wegen ihrer Schönheit bewundert, schon in früheren Zeiten gab es Vertreter dieses Hauses, die als besonders wohlgestaltet auffielen und als Braut oder Bräutigam begehrt waren. Auch Albrecht, der Sohn des Herzogs Ernst von Bayern-München, war ein junger Adonis, bei dessen Anblick die Herzen der Mädchen höher schlugen.

Natürlich war sich Albrecht seines guten Aussehens bewusst, sodass er in jeder Hinsicht wählerisch sein konnte. Die Liebeleien, die ihm nachgesagt wurden, waren so zahlreich, dass sich sein Vater allmählich Sorgen machte, wen der leichtlebige Sohn wohl dereinst zum Altar führen würde. An reichen Prinzessinnen herrschte kein Mangel, Albrecht musste nur ernsthaft um die Hand einer von ihnen anhalten. Schon zu seiner Zeit gab es in den Adelsfamilien die unumstößliche Regel, dass bei Eheschließungen die Standesgesetze eingehalten werden mussten. Wer sich darüber hinwegsetzte, hatte mit harten Strafen zu rechnen.

Auch das Haus Wittelsbach schaute streng darauf, dass sich, zumindest offiziell, blaues Blut mit blauem Blute vermischte. Was außerhalb des Ehebettes geschah, darüber schwieg man diskret. Dass damit der Stab über viele schöne junge Mädchen aus dem Volk gebrochen wurde, die einen liebeshungrigen Prinzen angeblich verzaubert hatten, war die Regel. Meist endeten diese Verhältnisse, sobald ein Kind unterwegs war, wobei die jungen Mütter höchst selten von ihren aristokratischen Liebhabern finanziell unterstützt wurden. Der Spaß war vorbei, sollten die Dirnen zusehen, wie sie ihr weiteres Leben gestalteten.

Mit Albrecht jedoch hatte Gott Amor ganz andere Pläne: Er schoss seinen Pfeil Albrecht mitten ins Herz, als dieser in einer Augsburger Badstube die schöne Tochter des Hauses erblickte. Dies sollte für ihn, aber vor allem für die junge Agnes Bernauer zum Verhängnis werden.

Wahrscheinlich wäre das Schicksal der Baderstochter Agnes Bernauer anders verlaufen, hätten die beiden Liebenden die Konsequenzen ihres Tuns bedacht. Doch sie glaubten, die Welt aus den Angeln heben und alle Traditionen über Bord werfen zu können.

Diese Liebesgeschichte hatte durch einen Zufall ihren Anfang genommen, als Albrecht nach einem hitzigen Turnier in Augsburg in einer Badstube eingekehrt war. Nach den ermüdenden Kämpfen hatte er das Bedürfnis nach Ruhe und Erholung, wobei er wusste, dass er nicht nur das in den Badstuben finden konnte. Denn beinahe alles, was das Herz begehrte, wurde damals in den Bädern geboten, und es war nichts Ungewöhnliches, dass adelige Herren sich von den »Badhuren«, so bezeichnete man die jungen Mädchen, die hier ihren Dienst versahen, in jeder Hinsicht verwöhnen ließen. Männer und Frauen saßen bunt gemischt in hölzernen Zubern, in angenehm temperiertem Wasser, und vertrieben sich meist mit derben Späßen die Zeit. Dabei wurde den einen nur der Rücken geschrubbt, während andere bevorzugt behandelt wurden. Scham und Zurückhaltung waren keineswegs vonnöten, denn schließlich war man hierhergekommen, um kurzweilige Stunden zu verbringen. Dass die Mädchen, die hier arbeiteten, nicht in allerbestem Ruf standen, war nicht verwunderlich. Dabei sah man ihren Dienst nicht als ehrenrührig an, die »Badhuren« übten einen Beruf aus wie andere auch. Die Bader selber, deren Hilfe man sehr oft dringend benötigte, weil sie das Starstechen und Zahnziehen beherrschten, wurden in der damaligen Gesellschaft allerdings eher scheel angesehen.

Auch die schöne Tochter des Baders Bernauer versah ihren Dienst gewissenhaft, die Kunden waren mit der schönen Agnes zufrieden, ja so mancher hätte sich eine intensivere Behandlung von ihr gewünscht, was sie aber immer strikt ablehnte. Es war, als wartete sie auf einen ganz besonderen Gast. Und der kam tatsächlich eines Tages.

Helle Aufregung herrschte in der Badstube, als sich der Sohn des Herzogs von Bayern-München, der viel umschwärmte Albrecht, durch sein Gefolge ankündigen ließ. Natürlich war die Tochter des Hauses ausersehen, dem erlauchten Gast dienlich zu sein. Albrecht hatte gerade eine heiße Liebesaffäre hinter sich, die für ihn unrühmlich zu Ende gegangen war, da ihn die Auserwählte schmählich verlassen und sich noch obendrein einen anderen Liebhaber genommen hatte. Frank und frei, wie er nun war, konnte er sich den Genüssen in der Badstube hingeben. Was er allerdings nicht ahnte, war, dass er sich in die schöne »Badhure« Agnes Hals über Kopf so verliebte, dass er gleichsam den Verstand verlor. So etwas hatte Albrecht noch nie erlebt. Die Liebe zu der bezaubernden Agnes hatte ihn wie ein Blitz getroffen. Er wusste von Anfang an, dass er ohne dieses Mädchen nicht mehr leben konnte. Es schien, als wäre Agnes' Schicksal besiegelt und würde genauso aussehen wie das unzähliger anderer Mädchen. Denn niemand, weder die Eltern noch Bekannte und Verwandte, konnte annehmen, dass Agnes nichts anderes für den verwöhnten Herzogssohn sein würde als ein vorübergehender Zeitvertreib. An eine Ehe dachte beileibe niemand. Außer den beiden Verliebten. Als sich Agnes nämlich weigerte, nur die Konkubine Albrechts zu werden, sann er auf andere Möglichkeiten, sich an Agnes zu binden, wobei eine Eheschließung die einzige war, die Agnes akzeptierte.

Vielleicht war sich Albrecht in seiner blinden Verliebtheit nicht im Klaren darüber, wie Herzog Ernst auf dieses Ansinnen reagieren würde, und hoffte auf die Einsicht seines Vaters, dem Glück des Sohnes nicht im Weg stehen zu wollen.

Wie sollte sich Albrecht getäuscht haben! Als Herzog Ernst vom Plan seines Sohnes erfuhr, die »Badhure« heiraten zu wollen, kam es zu ungewöhnlich heftigen Auseinandersetzungen zwischen Vater und Sohn. Albrecht musste erkennen, dass der Vater Agnes niemals als Schwiegertochter akzeptieren würde.

Als Herzog Ernst jedoch sah, dass alle seine Argumente gegen eine Eheschließung mit der Augsburgerin von seinem Sohn abprallten, versuchte er, die Ehe seines Sohnes mit anderen Mitteln zu verhindern. Durch ihm wohl bekannte Damen suchte er Agnes zum Verzicht auf Albrecht zu bewegen. Auch ließ er Gerüchte ausstreuen, wonach die allseits gerühmte Keuschheit der Baderstochter in Zweifel gezogen wurde, wie durch eine Aussage von Beatrix, der Gemahlin des Pfalzgrafen von Amberg. Beatrix äußerte sich höchst zweideutig, dass sie »... ganz zornig war von frau nessen wegen der hoch grosfaisten Bernawerin«, was nichts anderes bedeutete, als dass Agnes hochschwanger gewesen sei. Es wäre durchaus möglich, dass Agnes damals schon ein Kind erwartete, ein Mädchen, das Albrecht stets als seine legitime Tochter anerkannte.

Als Herzog Ernst merkte, dass sein Sohn von seinem Vorhaben, Agnes zu heiraten, nicht abzubringen war, griff er zu einer List. Als wäre er besänftigt, übertrug er Alb-

Die bezaubernde Agnes Bernauer (1410–1435)

recht das Straubinger Ländchen, um ihn von Augsburg fernzuhalten. Aber die Rechnung ging nicht auf, denn kaum war Albrecht in Straubing, ließ er 1433 seine Agnes nicht nur nachkommen, sondern machte sie vor Gott und der Welt zu seiner rechtmäßigen Ehefrau. Was Albrecht nicht ahnen konnte, war, dass er mit der Heiratsurkunde gleichzeitig das Todesurteil für seine junge Frau unterzeichnet hatte.

Denn das kurze Glück in Straubing erwies sich als trügerisch. Herzog Ernst hatte nämlich nichts anderes im Sinn, als die »Hexe«, wie er die unerwünschte und ungeliebte Schwiegertochter bezeichnete, unschädlich zu machen. Und da es ihm nicht gelungen war, dem Sohn rechtzeitig die Augen zu öffnen und ihn auf den, wie er meinte, richtigen Weg zu weisen, dachte er sich andere Möglichkeiten aus, um Agnes zu entfernen. Er ließ dem Sohn eine Einladung zu einem Turnier zukommen, wobei Albrecht nicht durchschaute, welch perfide Absichten sein Vater während seiner Abwesenheit von Straubing hatte. Denn kaum hatte Albrecht die Stadt verlassen, ließ Herzog Ernst die Falle für Agnes zuschnappen.

Mit großem Gefolge ritt er in Straubing ein. Agnes Bernauer war über den seltsamen Besuch, von dem sie nichts Gutes erwartete, mehr als überrascht. Es blieb ihr wahrscheinlich kaum Zeit, sich über die Gefahr, in der sie schwebte, klar zu werden. In Minutenschnelle drangen die Schergen des Herzogs in die Burg und traten die Türen zu Agnes' Gemächern ein. Sie fesselten die wehrlose junge Frau und schleiften sie vor den Herzog, der ihr den Prozess machte. Wie es vorherzusehen war, hatte Agnes nicht die geringste Chance, sich zu verteidigen. Es kam, wie es kommen musste für jemanden, der die Ordnung der Welt gestört hatte. Der Schuldspruch war tödlich. Man warf Agnes vor, den Sohn des Herzogs mit Hexentränken und Hexensprüchen verzaubert zu haben, sodass dieser wie von Sinnen die Ehe mit ihr geschlossen hatte. Ihre Schönheit sei der sicherste Beweis dafür, dass sie mit dem Teufel im Bunde stünde, denn nur der Satan wäre in der Lage, so einen makellosen Körper und so ein ebenmäßiges Gesicht zu formen.

Das Schicksal von Agnes war besiegelt. Auf Zauberei und Hexerei stand in jedem Fall der Tod. Niemand wagte, irgendetwas zugunsten der jungen Frau als Verteidigung vorzubringen, denn leistete man einer Hexe Hilfe, hatte man selber das Leben verwirkt. Wehrlos, wie sie war, wurde sie gefesselt und unter dem lüsternen Gegröle der Schaulustigen durch die Straßen von Straubing geschleift. Dann stieß man sie in die Donau. Während des Sturzes lösten sich die Fesseln von ihren Füßen, sodass sie schwimmend das Ufer erreichen konnte. Dort flehte sie die Scharen von Gaffern, die gekommen waren, sich bei diesem schrecklichen Schauspiel zu ergötzen, um Hilfe an. Aber sie fand weder ein offenes Ohr noch ein mitleidiges Herz. Vielmehr verfolgte man, wie der Henker mit einer Stange die blonden Haare von Agnes um einen langen Stab wickelte und ihren Kopf dann so lange unter Wasser hielt, bis jedes Leben aus ihrem Körper entwichen war.

Als Albrecht vom schrecklichen Tod seiner geliebten Frau erfuhr, raste er zunächst und drohte dem Vater, mit Waffengewalt gegen ihn zu ziehen. Als Herzog Ernst die Lage erkannte, wandte er sich an den Kaiser des Reiches, Sigismund, und bat ihn um Vermittlung. Wahrscheinlich hätte sich der Kaiser kaum in den Wittelsbacher Familienstreit eingemischt, hätte er nicht fürchten müssen, dass aus dieser internen Fehde ein Flächenbrand entstehen könnte. Daher wandte er sich begütigend an Albrecht und gewährte ihm die Bitte, seiner toten Gemahlin einen prunkvollen Grabstein errichten zu dürfen, auf dem Agnes in Lebensgröße abgebildet war, mit deutlich sichtbarem Ehering am Finger, dem Zeichen einer vornehmen Frau.

Um endgültig eine Versöhnung mit seinem Sohn herbeizuführen, vermittelte Herzog Ernst, der das leidenschaftliche Wesen Albrechts kannte, ein Treffen mit der Tochter des Herzogs von Braunschweig, der schönen Anna. Und wie Ernst richtig vorhergesehen hatte, dauerte es nicht allzu lange, bis der Witwer Feuer gefangen hatte, denn im Oktober 1436, knapp ein Jahr nach dem gewaltsamen Tod der Agnes Bernauer, läuteten für ihn und Anna die Hochzeitsglocken. Alles schien bestens geregelt, Albrecht wurde der rechtmäßige Nachfolger seines Wittelsbacher Vaters mit standesgemäßen Kindern.

Diese Episode war sicherlich kein Ruhmesblatt in der vielfältigen Geschichte der Wittelsbacher. Dass auch andere Lösungen möglich gewesen wären, beweist das Schicksal der Augsburgerin Philippine Welser, die ebenfalls einen hohen Herrn bezauberte, Erzherzog Ferdinand, den zweitgeborenen Sohn von Kaiser Ferdinand I. Durch diplomatisches Geschick, aber auch durch die loyale Einstellung des Kaisers blieb Philippine ein ähnlich grausames Schicksal erspart.

Dieses trübe Kapitel aus der Geschichte der Wittelsbacher ist vielfach in die Literatur eingegangen. Kein Geringerer als Carl Orff hat sich ebenfalls dieses Stoffes angenommen. Alle vier Jahre finden im Sommer die Agnes-Bernauer-Festspiele in Straubing statt, bei denen der unglücklichen Baderstochter gedacht wird. So bleibt die schöne Agnes Bernauer durch ihren tragischen Tod für alle Zeiten mit der Stadt Straubing verbunden.

Der erste Wittelsbacher Kaiser
Ludwig IV. der Bayer

Es war wohl einer seltsamen Konstellation des Schicksals geschuldet, dass das weit verzweigte Haus der Wittelsbacher zwei römisch-deutsche Kaiser stellte, aber erst im Jahre 1806 von Napoleons Gnaden die Königskrone erhielt. Vor ihnen wurden die Preußen Könige, die Sachsen und selbst in kleineren Ländern durften sich die Herrscher die Königskrone aufs Haupt setzen. Warum dies den Wittelsbachern versagt blieb, darüber kann heute nur spekuliert werden. Sie brachten es zwar zur Kurfürstenwürde, aber jeder Anlauf, die Königskrone zu erwerben, scheiterte an den jeweiligen Kaisern – obwohl die Wittelsbacher ihnen vielfach aus ärgster Not geholfen hatten.

Das Schicksal der beiden Wittelsbacher, die zum Kaiser gewählt wurden, das von Ludwig dem Bayern und das von Karl VII., verlief höchst unterschiedlich. Dies hing natürlich mit den Zeitumständen zusammen, die Situation im Reich im 14. Jahrhundert war nicht mit der im 18. zu vergleichen. Außerdem saßen zwei völlig verschiedene Menschen auf dem Kaiserthron: Der eine, Ludwig IV. der Bayer, war ein Kämpfer bis zu seinem Tod, der andere war ein schwacher, kränklicher Mann, der die Kaiserwürde nur dem Preußenkönig Friedrich II. zu verdanken hatte, der seiner Konkurrentin Maria Theresia schaden wollte.

Ludwig der Bayer war aus einer politisch unklaren Situation heraus zum Kaiser gewählt worden, da man sich auf Seiten der Kurfürsten nicht einigen konnte. Dadurch war er gezwungen, beinahe ein Leben lang zu kämpfen, und darüber hinaus machten ihm die Päpste größte Schwierigkeiten. Sie belegten ihn mit dem gefürchteten Bann, den Papst Clemens VI. auch nicht aufhob, als Ludwig der Bayer im Jahre 1347 auf dem Totenbett lag. Dies hätte bedeutet, dass ihm kein christliches Begräbnis zuteil werden konnte.

Der Kampf um die Macht vor allem in Oberitalien hatte bereits unter Papst Johannes XXII. begonnen. Der Vertreter Christi auf dem Stuhle Petri hatte noch als uralter Mann seine Ansprüche als Reichsvikar angemeldet und dem »Bayern«, wie er den Wittelsbacher Ludwig verächtlich nannte, zu verstehen gegeben, dass er als alleiniges Oberhaupt der Kirche in der gesamten christlichen Welt auch politisch ein Machtwort zu sprechen hätte. Um dies deutlich zu demonstrieren, hatte er sich geweigert, einen der beiden Männer, die die Reichsfürsten als deutschen König bestimmt hatten, nach ihrer Wahl anzuerkennen. Dabei war die Doppelwahl im Jahre 1314 ohnehin mehr als unglücklich, denn die Großen des Reiches hatten mit Ludwig und dem Habsburger Friedrich dem Schönen zwei Männern ihr Votum gegeben, die zwar von Jugend auf befreundet gewesen waren, aber jetzt, als es um die Königskrone ging, in verschiedenen Lagern standen. Der Konflikt zwischen den beiden Vettern, der sich zugleich zu einem Ringen zwischen Habsburgern und Wittelsbachern entwickelte, endete schließlich auf dem Schlachtfeld bei Mühldorf in Oberbayern im Jahre 1322. Ludwig der Bayer ging als Sieger hervor, wobei er sich ungewöhnlich konziliant zeigte, denn er bot Friedrich, der jahrelang in

Der erste Kaiser aus dem Hause Wittelsbach:
Ludwig IV. der Bayer (1281/82–1347)

einer Art Ehrengefangenschaft auf Burg Trausnitz festge-
halten worden war, die Mitregentschaft an.

Vielleicht war die gemeinsam verbrachte Jugendzeit in
Wien der Grund für diese noble Geste. Ludwigs Mutter Mathilde, eine Tochter König Rudolfs I. von Habsburg, hatte den Knaben, der um die Jahreswende 1281/82
in München das Licht der Welt erblickt hatte, nach dem
frühen Tod des Vaters, Herzog Ludwig II. des Strengen,
als Zwölfjährigen zu den Wiener Verwandten geschickt,
wo er sich auf ein politisches Amt vorbereiten sollte.
Ihr Plan ging dahin, dass Ludwig neben seinem Bruder
Rudolf Mitregent im Herzogtum Oberbayern werden
sollte. Und da schien ihr, einer Schwester des Habsburger
Königs Albrecht I., der Wiener Hof die geeignete Stätte
zu sein, um dem jungen Mann Einblick in die politischen
Gegebenheiten zu vermitteln. Mathildes Idee war gut und
vor allem versöhnlich gemeint, führte aber zu langjährigen Streitigkeiten zwischen Ludwig und seinem Bruder,
was die Mutter unter allen Umständen hatte vermeiden
wollen.

In Wien lernte Ludwig, ein aufgeschlossener junger
Mann, nicht nur die Kunst des politischen Handelns, sondern auch mehrere Sprachen, was ihm in seinem zukünftigen, ungewöhnlich aufregenden Leben zugutekommen
sollte.

Ludwig war in eine wirre, teilweise unübersichtliche
Zeit hineingeboren worden, denn die Machtverhältnisse
waren nach der »kaiserlosen, der schrecklichen Zeit« noch
lange nicht geklärt. Drei Familien buhlten um die Vor-
herrschaft im Reich, das im Inneren keineswegs befriedet
war: Auf der einen Seite standen die Luxemburger, auf der
anderen die Wittelsbacher als mächtige Herren im süddeutschen Raum und im Südosten und später auch im

Westen die Habsburger, die den Vorteil genossen, durch ihre Könige Rudolf I. und seinen Sohn Albrecht I. schon große Macht ausgeübt zu haben. Da man aber von Seiten der deutschen Fürsten keine erbliche Machtkonzentration akzeptieren wollte, versuchte man zunächst, andere Familien an die Spitze des Reiches zu holen. Die Wittelsbacher hatten nun eine echte Chance.

Mit seiner Wahl zum deutschen König stand Ludwig plötzlich im grellen Licht der Politik, was in der damaligen Zeit vor allem Schattenseiten nach sich zog. Denn der Kampf um die Macht, der Kampf um neue Gebiete, musste erst gewonnen werden. Nur einem starken Herrscher war es unter den gegebenen Umständen möglich, sich rundum zu behaupten. Ludwig erkannte von Anfang an, dass er seine Hausmacht erweitern und vergrößern musste, wollte er die erste Position im Reich einnehmen. Deshalb war es für ihn wichtig, dass ihm zunächst Niederbayern zufiel, über das sein Bruder Rudolf geherrscht hatte. Zusätzlich brachte ihm auch seine erste Gemahlin eine schöne Mitgift ein. Durch Beatrix, die Tochter des Herzogs von Schlesien-Glogau, versprach er sich nach dem Tod des Schwiegervaters dessen Gebiete im Norden. Allerdings verstarb die junge Frau noch vor ihrem Vater, sodass Ludwig dieses Erbe nicht antreten konnte. Mehr Glück hatte er mit seiner zweiten Gemahlin, der Tochter des Grafen Wilhelm III. von Holland, Hennegau und Seeland, denn diese Gebiete schienen zumindest für seine Erben aussichtsreich zu sein. Auch die Pfalz unterstand schließlich Ludwig, sodass er Schritt für Schritt zu einem der Mächtigsten im Reich aufstieg, vor allem, als es ihm durch einen genialen Schachzug gelang, nach dem Tode des letzten Askaniers im Jahre 1323 die Mark Brandenburg für seinen Sohn Ludwig zu rekrutieren. In aller Eile belehnte er den erst achtjährigen Ludwig mit dieser wichtigen Mark, die nicht nur wegen der Gebiete im Norden für den Bayern von großer Bedeutung war, Brandenburg brachte Ludwig und seinen Nachkommen zusätzlich noch die Kurwürde.

Im Süden von Ludwigs Herrschaftsgebiet lebte eine junge Frau, die von Kindheit an zum Kämpfen verurteilt war. Die einzige Tochter Heinrichs von Kärnten, Margarete, war unglückseligerweise schon als ganz junges Mädchen mit dem Sohn Johanns von Böhmen verheiratet worden, wobei weder Margarete, noch der vom Vater auserwählte »Ehemann« Johann gefragt worden waren, ob sie einverstanden sein würden. Denn es hatte sich sehr bald herausgestellt, dass sich bei den beiden jungen Leuten eine abgrundtiefe Abneigung bemerkbar machte, die darin gipfelte, dass sich Margarete, als sie alt genug dazu gewesen wäre, weigerte, die Ehe mit Johann zu vollziehen. Auch der Böhme zeigte nicht das geringste Interesse an der Tirolerin, sodass die beiden feindlichen Nichteheleute jahrelang nicht nur nebeneinander her lebten, sondern sich auch gegenseitig auszuboten versuchten. Johanns Bruder, der spätere Kaiser Karl IV., erkannte die Wichtigkeit dieser Verbindung, denn Margarete war schließlich die Herrin von Tirol, das durch seine Alpenpässe von großer strategischer Bedeutung war. Aber auch Karl gelang es nicht, den Bruder oder Margarete dahin zu bringen, friedlich miteinander umzugehen.

Schließlich wurden die Auseinandersetzungen mit Waffengewalt ausgetragen, wobei nicht nur Ludwig der Bayer, an den sich Margarete in ihrer Not gewandt hatte, sondern auch der Papst Partei ergriffen. Und damit begann der jahrelange Kampf sowohl Margaretes, die man abwertend die »Maultasch« nannte, und Ludwigs gegen den Papst.

Und da Papst Johannes XXII., der in Avignon residierte, den »Bayern« als König nicht anerkannte, waren Feindseligkeiten und Streitigkeiten auf höchster Ebene in Sicht. Wahrscheinlich hatte Johannes XXII., hinter dem der König von Frankreich stand, nicht mit einem solch hartnäckigen Gegner wie dem Wittelsbacher gerechnet, der weder Tod noch Teufel und schon gar nicht den Papst fürchtete. Denn als »der Bayer« erfuhr, dass ihn der Papst der Ketzerbegünstigung zieh und einen dahingehenden Anschlag an der Domtür von Avignon hatte anbringen lassen, legte Ludwig zunächst Berufung gegen die Maßnahmen des Heiligen Vaters ein, da dieser ihm zusätzlich noch vorgeworfen hatte, ohne päpstliche Approbation den Titel eines deutschen Königs zu führen. Ludwig sollte unverzüglich die Krone niederlegen und vor einem päpstlichen Gericht in Avignon erscheinen. In der sogenannten Nürnberger Appelation weigerte sich der König, worauf der Papst am 23. März 1324 den Kirchenbann über den Wittelsbacher verhängte, eine Strafe, die sich bis dato für jeden, der mit ihr belegt worden war, katastrophal ausgewirkt hatte. Der König wurde nicht allein exkommuniziert, sondern auch alle, die ihm nach wie vor treu zur Seite standen, waren damit von den Sakramenten ausgeschlossen.

Der Papst sollte sich, wie sich bald herausstellte, geirrt haben, wenn er geglaubt hatte, dass Ludwig klein beigeben würde. Einerseits hatte der Papst in seinem Exil in Avignon, wo er in den Einflussbereich der französischen Könige geraten war, ohnehin schon viel von seiner absoluten Macht eingebüßt. Und andererseits zeigte sich, dass sich Ludwig der Bayer innerhalb des Reiches bereits eine so stabile Positon geschaffen hatte, dass er Johannes XXII. durchaus die Stirn bieten konnte. Er ging zum Gegenangriff über, indem er den Papst der Ketzerei anklagte, worauf ein nochmaliger Bann und das Interdikt folgten. Durch diese drakonischen Kirchenstrafen war der deutsche König gleichsam vogelfrei, jedermann hätte ihn zu jeder Zeit ungestraft umbringen können.

Aber Ludwig der Bayer ließ sich durch nichts von seinen Plänen abhalten, er hatte nur ein Ziel vor Augen: den Zug nach Rom, wo er sich – wenn auch nicht vom Papst – zum Kaiser krönen lassen wollte. Nicht aus persönlicher Eitelkeit strebte er die Kaiserkrone an, er wollte klare Verhältnisse vor allem mit den oberitalienischen Städten und Frankreich schaffen. In Mailand erlebte er einen ersten Höhepunkt auf seinem Italienzug, als ihm die eiserne Krone der Langobarden aufs Haupt gesetzt wurde.

In Rom hatten die Vertreter der Stadt schon ungeduldig auf den deutschen König und seine Gemahlin gewartet. Und da der Papst nach wie vor in Avignon weilte, beschloss man von Seiten der Stadtregierung, dass Sciarra Colonna, der sich Volkskapitän nannte, und vier Bischöfe die Krönung Ludwigs am 17. Januar 1328 in der Peterskirche vornehmen sollten. Und so geschah es auch unter dem lauten Jubel des Volkes von Rom.

Der Papst aber hatte das Kriegsbeil noch lange nicht begraben. Er schickte, kaum waren ihm die Vorgänge in Rom zu Ohren gekommen, noch einmal eine Bannbulle in die Stadt, durch die Ludwig als Kaiser und König abgesetzt werden sollte, entrechtet und enteignet. Die Antwort des Wittelsbachers ließ nicht lange auf sich warten: In der Peterskirche verkündete Ludwig offiziell die Absetzung des Papstes, wobei er als Grund anführte, dass Johannes XXII. hartnäckig von Rom fernbliebe, Rebellion und Krieg unter die Menschen brächte und ein gefährlicher Verfechter von Irrlehren wäre. Außerdem verurteilte der Kaiser Johannes XXII. zum Tode.

Nach diesen Vorgängen wurde ein neuer Papst, Nikolaus V., vom römischen Volk akklamiert, der Ludwig noch einmal die Kaiserkrone aufsetzte. Es schien zunächst so, als hätte sich nun das Verhältnis zwischen Kaiser und Papst zum Besseren gewendet. Als aber Ludwig versuchte, Nikolaus V. dazu zu bewegen, den Bann von ihm zu nehmen, zeigte auch dieser Papst dem Bayern die kalte Schulter.

Eine neue Eskalation mit der Kirche bahnte sich an, als sich Margarete Maultasch von ihrem »Scheinehemann« Johann offiziell trennte. Sie verjagte ihn mithilfe ihrer Tiroler Anhängerschar kurzerhand aus dem »heiligen Land« Tirol. Nun bot sich eine reiche Braut für den Sohn des Kaisers an: Sie würde nicht nur Tirol mit in die Ehe bringen, sondern das Land auch den Wittelsbachern sichern. Dass durch das Eingreifen von Gevatter Tod alles anders kommen würde, das konnte noch niemand ahnen.

Da es zu dieser Zeit unmöglich war, eine einmal geschlossene Ehe aufzulösen, auch wenn die Ehefrau immer noch Jungfrau war, war allen Beteilgten von Anfang an klar, dass der Papst in hellsten Aufruhr geraten würde allein bei dem Gedanken, dass Margarete Ludwig von Brandenburg die Hand fürs Leben reichen könnte. Aber sie war eine tapfere Frau, die die Höllenstrafen, die mit dem Bann verbunden waren, nicht fürchtete und an der Seite des bayerischen Prinzen endlich einer glücklichen Zukunft entgegengehen wollte. Auch Ludwig von Brandenburg rang sich nach anfänglichem Zaudern durch, in eine Ehe mit der Tirolerin einzuwilligen. Die Umstände auf der Brautfahrt von München über die verschneiten Pässe erwiesen sich allerdings als ungewöhnlich widrig. Schneestürme und Eisregen zwangen die Hochzeitsgesellschaft oft zu tagelangem Müßiggang, bevor man endlich weiterziehen konnte. Dabei ereignete sich ein tragischer Unfall, bei dem der Bischof von Frei-

sing auf dem Jaufenpass mit seinem Pferd in den Abgrund
stürzte. Er hatte sich bereit erklärt, das Brautpaar zu trauen.
Viele der Getreuen verließen daraufhin den Hochzeitszug,
denn man glaubte in dem Unglück einen Fingerzeig des
Himmels zu sehen, eine Warnung Gottes.

Am Faschingssonntag, dem 10. Februar des Jahres
1342, nahm endlich der Brautzug von Schloss Tirol seinen
Weg zum Kelleramt in Meran, wo die ersehnte Hochzeit
stattfinden konnte. Schon am Tag nach den Feierlichkeiten belehnte der Kaiser seinen Sohn und dessen Gemahlin
offiziell mit Margaretes Ländern.

Es war dem Kaiser, aber auch dem jungen Ehepaar von
Anfang an klar, dass in den nächsten Jahren die Aufregungen kein Ende nehmen würden. Denn nicht nur der ver-
triebene Exehemann streute die unglaublichsten Gerüchte
über Margarete aus, auch dessen Bruder Karl, der den Verlust Tirols nicht verschmerzen konnte, versuchte zunächst,
sich mit Waffengewalt das zu holen, dessen er sich schon
jahrelang sicher gewähnt hatte. Er scheute auch nicht
davor zurück, Margarete in übelster Weise zu verleumden.
Der scheinbare »Erwerb« Tirols war für die Wittelsbacher
mit ungeahnten Aufregungen verbunden. Nicht der Bann,
der die beiden Herrscher von Tirol traf, war für Kaiser
Ludwig das Hauptproblem. Die widrigen Umstände, die
durch Naturkatastrophen und Aufstände vor allem in den
Gebieten jenseits der Alpen hervorgerufen wurden, ließen
ihn nicht zur Ruhe kommen.

In den 33 Jahren seiner Regierungszeit waren ihm nur
sechs Jahre in seinem geliebten München vergönnt. Er
war ein Reisekaiser wie später der Habsburger Karl V.
Aber trotz seiner langen Abwesenheit gehörte sein Herz
den Bayern, die ihn wie kaum einen anderen Herrscher
liebten. Viele Geschichten ranken sich um seine Volks-

tümlichkeit. So sollen ihn die Münchner Sauerbäcker bei Mühldorf »herausgewalkt« haben. Trotz oder vielleicht gerade wegen seines Dauerstreites mit den Päpsten liebte man den Kaiser, dem es gelungen war, die Einheit der altbaierischen Lande herzustellen. Die Bevölkerung der Städte unterstützte er, wo es nur möglich war, schützte die Juden vor Verfolgungen und üblen Nachreden und kümmerte sich intensiv um die Rechtspflege. Er war ein echter, wenn auch meist ferner Vater Bayerns, so wie später einer seiner Nachfahren, »Vater Max«, der erste bayerische König.

Seinen Tod am 11. Oktober 1347 beklagte man überall in seinen bayerischen Ländern. Auf einer Bärenjagd bei Fürstenfeldbruck traf ihn völlig überraschend der Schlag. In den Armen eines Bauern konnte er nur noch mühsam flüstern: »Süzze künigin, unser fraue, bis pei meiner schidung!«, bevor er endgültig verschied. Trotz des Bannes war Ludwig ein Leben lang ein frommer Mann gewesen.

Obwohl die Kirchengesetze jahrhundertelang unerbittlich waren, wurde der gebannte Kaiser in der Frauenkirche in München unter großer Anteilnahme der Bevölkerung beigesetzt. Erst Kurfürst Maximilian soll es im Jahre 1625 gelungen sein, die Kirchenstrafe aufheben zu lassen, sodass der erste Wittelsbacher Kaiser, Ludwig der Bayer, in Frieden ruhen konnte.

Herzog Ludwig IX. der Reiche (1417–1479)

Die Landshuter Hochzeit
Sisis Urahn Ludwig IX. der Reiche

Hochzeiten im Hause Wittelsbach wurden seit eh und je prunkvoll begangen. Freilich gestalteten sich in mageren Zeiten die Festlichkeiten etwas bescheidener, aber auch dann hatte das Volk Gelegenheit, mit den hohen Herrschaften zu feiern. Bei Spiel und Tanz, bei Bier und Wein ließ man das erlauchte Brautpaar hochleben. Aus so mancher Hochzeit wurde geradezu ein Volksfest, wie das heute noch berühmte Oktoberfest anlässlich der Hochzeit des ältesten Sohnes von König Maximilian I. Joseph, Kronprinz Ludwig.

Die Hochzeitsbräuche waren zwar von Land zu Land verschieden, aber auch die Wittelsbacher hatten den Brauch übernommen, dass die eigentliche Eheschließung im Land des Bräutigams stattfinden sollte. Auf diese Weise wurde zweimal gefeiert, einmal in der Heimat der Braut und das zweite Mal in der Residenz des Bräutigams. Selbst für die Schwester von Kaiserin Elisabeth, Marie, die den Thronfolger von Neapel ehelichen musste, wurde auf Veranlassung des damaligen Bayernkönigs Ludwig II. in München eine glanzvolle Hochzeit per procurationem veranstaltet, wobei der Bruder der Braut als Stellvertreter vor dem Priester das Ja-Wort für den fernen Bräutigam sprach. Die tatsächliche Hochzeit in Neapel war dann nur noch eine leere Zeremonie, da der völlig unattraktive Bräutigam nicht in der Lage war, die Ehe mit seiner Braut zu vollziehen, was die schöne Marie keineswegs bedauerte.

Warum bei Kaiserin Elisabeth nicht auch in München eine Hochzeit per procurationem angesetzt wurde, ist nicht bekannt. Denn gerade die Habsburger legten Wert auf diese Form der Eheschließung. Vielleicht, weil die Zeit zwischen der Verlobung bis zur Hochzeit in Wien im April sehr kurz bemessen war. Außerdem kannte Kaiser Franz Joseph wahrscheinlich die finanzielle Lage seines zukünftigen Schwiegervaters Max in Bayern, sodass er annehmen musste, dass eine glanzvolle Hochzeit in der bayerischen Hauptstadt ein großes Loch in das Budget der Familie gerissen hätte.

Viele Hochzeiten im Hause Wittelsbach sind in die Geschichte eingegangen, doch eine ist bis heute besonders im Gedächtnis der Nachwelt geblieben: die Landshuter Fürstenhochzeit.

Niemals zuvor hatte die Stadt Landshut etwas derart Pompöses erlebt wie unter der Regentschaft von Herzog Ludwig IX. dem Reichen, der aller Welt seinen unermesslichen Reichtum bei der Hochzeit seines Sohnes Georg im Jahre 1475 zeigte. Die Kunde von diesem glanzvollen Fest sollte sich weit über die Grenzen Bayerns hinaus verbreiten.

Wahrscheinlich hatte sich der Wittelsbacher Herzog Ludwig der Reiche schon lange, bevor sein Sohn Georg den Kinderschuhen entwachsen war, Gedanken gemacht, welche Gemahlin für den reichen Jüngling infrage kommen könnte. Dabei ging es ihm freilich nicht um das Eheglück seines Sohnes, sondern eher um eine günstige, gewinnbringende Verbindung, denn Liebe oder Zuneigung zwischen den Ehegatten waren für die Eltern jener Zeit, wenn sie ihre Kinder verheiraten wollten, belanglos

bis unbedeutend. Auch das Äußere der Braut schien für
Herzog Ludwig keine Rolle zu spielen, lediglich die Herkunft und vielleicht auch die Mitgift waren entscheidend.

Die Tochter des Polenkönigs Kasimir IV. Jagiello schien
für den Bayernherzog eine erstrebenswerte Braut für seinen Sohn zu sein, obwohl Hedwigs Vater schon mit dem
Ungarnkönig Matthias Corvinus im Gespräch gewesen
war. Aber der Pole erwies sich als sehr wählerisch, was den
Zukünftigen seiner schönen Tochter Jadwiga betraf. Als
er von Ludwigs Reichtum erfuhr, zogen sich die Ehean-
bahnungsgespräche zwischen dem Herzog von Bayern-
Landshut und dem König von Polen nicht allzu lange hin.
Geld und Gold waren eben die besten Heiratsvermittler.
Denn Matthias hatte einen gewaltigen Fehler begangen
und horrende Summen als Mitgift der Braut gefordert.
Da war der Bayer schon von anderer Natur, er hatte selber Geld genug, sodass sich seine Forderungen bezüglich
des Heiratsgutes seiner Tochter in Grenzen hielten. Daher
entschloss sich Kasimir ziemlich rasch, seine Tochter nach
Niederbayern ziehen zu lassen, noch dazu, wo die bayerischen Brautwerber dem Polenkönig in überschwengli-
chen Worten die Annehmlichkeiten geschildert hatten,
die seine Tochter in Landshut erwarten würden, einer
Stadt, in der Künstler und Handwerker gleichermaßen
geschätzt wurden. Hier ließ es sich gut leben, denn der
Herzog hatte es verstanden, durch moderate Gesetze dem
Volk die Möglichkeit zu geben, einen gewissen Wohlstand
zu erwerben. Dem Fleißigen und Tüchtigen standen viele
Möglichkeiten offen. Die Rüstungsschmiede etwa liefer-
ten ihre kunstvoll gefertigten Rüstungen, die manchmal
sogar mit Gold verziert waren, bis an den spanischen Hof.
Landshut galt im süddeutschen Raum als das Mekka der
Händler, es war Umschlagplatz zwischen Nord und Süd,

wodurch es natürlich auch in kultureller Hinsicht ein Ort des Austausches war. Ludwig der Reiche und später sein Sohn Georg wachten streng darüber, dass es zu keinen wie immer gearteten Unregelmäßigkeiten kam, vor allem in der Bierbrauerei: Eine eigene Bierpolizei richtete ihr größtes Augenmerk auf die Einhaltung bestimmter Regeln, die Herzog Georg 1497 festgelegt hatte. Bierpanscher galten als Frevler und wurden an Leib und Gut streng bestraft.

Hierher sollte nun die junge Prinzessin Jadwiga, die als Tochter des polnischen Königs Kasimir IV. Jagiello und der Elisabeth von Habsburg am 21. September 1457 in Krakau geboren wurde, ziehen. Aber bevor die Hochzeitsglocken läuten konnten, musste noch ein entscheidendes Ehehindernis beseitigt werden: Der zukünftige Bräutigam Georg war mit Jadwiga enger verwandt, als es die Kirche erlaubte. Seine Großmutter war wie Jadwigas Mutter eine Habsburgerin, weshalb eine Dispens von Seiten des Papstes benötigt wurde. Aber mit Geld konnte man auch in der damaligen Zeit einiges regeln und so erwies sich der Papst als einsichtig und ließ sich bewegen, seine Einwände gegen die bevorstehende Heirat aufzugeben.

Als Mitgift für Jadwiga wurden 32 000 Goldgulden festgesetzt, eine Summe, deren Höhe zunächst alle in Staunen versetzte. Was damals niemand wissen konnte, war die Tatsache, dass Kasimir niemals die Absicht gehabt hatte, den Betrag je auszubezahlen.

Die Brautfahrt wurde für das junge Mädchen zu einer einzigen Strapaze. Sie führte über Berlin nach Leipzig und über Nürnberg schließlich nach Landshut. Die Route hatte der Brautführer Herzog Otto II. von Neumarkt bewusst so ausgewählt, denn die zweimonatige Reise sollte Jadwiga einen Einblick in verschiedene deutsche Verhältnisse bieten. Die Verkehrswege waren schlecht und die

Fahrt in den zugigen Kutschen ungeheuer anstrengend, sodass Jadwiga jede Ruhepause in den Städten, wo sie jubelnd empfangen wurde, eine willkommene Abwechslung war. Endlich erreichte das Mädchen, das nach den Abbildungen, die von ihr vorhanden sind, ungewöhnlich zierlich und hübsch gewesen sein muss, Landshut, wo der 23-jährige Bräutigam sie erwartete.

Was Jadwiga, die ab dem Zeitpunkt, an dem sie den Fuß auf bayerischen Boden setzte, Hedwig genannt wurde, nicht ahnen konnte, war das Ausmaß des Festes, das sie anlässlich ihrer Hochzeit am 14. November in Landshut erwartete. Ihr Schwiegervater feierte gern in großem Stil. Daher hatte er jetzt alles nur Erdenkliche aufgeboten, um die Hochzeit zu einem der glanzvollsten Feste in der Geschichte werden zu lassen. Nicht nur die ranghöchsten bayerischen Adeligen waren eingeladen worden, selbst Kaiser Friedrich III., ein sonst eher zurückgezogen lebender Herrscher, war mit seinem attraktiven Sohn Maximilian in der niederbayerischen Stadt erschienen. Dass der Kaiser höchstselbst zusammen mit dem Erzbischof von Köln der jungen Braut bis zum siebenten Markstein der Stadt entgegenging, wobei der Weg eine Meile weit mit bunten Tüchern belegt war, um zu verhindern, dass die junge Braut womöglich im letzten Moment über einen spitzen Stein stolperte, betrachtete man als wahre Sensation. Auch die ehemaligen Feinde von Herzog Ludwig dem Reichen ritten einträchtig auf ihren Pferden in Landshut ein, um beim Fest aller Feste dem Brautpaar durch ihre Anwesenheit die Ehre und Versicherung zu geben, dass alle Kontroversen beseitigt seien. Freudig gestimmt erwarteten die 10 000 Gäste die Hochzeit, von der der Kurfürst von Brandenburg, Albrecht Achilles, behauptete, dass sie eine »göttliche Fügung« wäre, zum »Nutzen von Christenheit und Reich«.

Die Mehrzahl der Gäste war zu Pferd in Landshut erschienen, sodass man rund um die Stadt vor großen Schwierigkeiten stand, denn nicht allein die hohen Herrschaften und ihr Gefolge waren standesgemäß unterzubringen, auch die 9000 Tiere galt es zu versorgen. Die Stadt selber war auf Hochglanz herausgeputzt worden, bunte Fahnen flatterten im Herbstwind von den Häusern, vor denen man »edelsteinverzierte Gegenstände« aufgestellt hatte, die in der spärlichen Herbstsonne glänzten. 1100 Trompeter und Pfeifer machten Musik, die in allen Straßen und Gassen ertönte, sodass ein Augenzeuge berichtete: »Item der Königin pliesen und pfyffen aus der Herberge in die Kirchen und von der Kirchen in die Herberg vorbei hundert Trompeter und Pfeifer; das gab in der Kirchen ein solch Gedön, das einer nicht sein aigen wort hören konnte.«

Höhepunkt des Festes war natürlich die Trauung der beiden jungen Leute, die der Erzbischof von Salzburg, Bernhard von Rohr, in der Kirche St. Martin, deren Bau allerdings noch nicht abgeschlossen war, vornahm. Im Anschluss an die Trauungszeremonie zog die Hochzeitsgesellschaft zum Rathaus der Stadt, wo das üppige Festbankett stattfand, an das sich der Brauttanz anschloss, bei dem Kaiser Friedrich III. die entzückende Braut persönlich zum Hochzeitsreigen geleitete. Wer von den Anstrengungen des Tages ermüdet war, der tat gut daran, sich rasch zu erholen, denn die Festivitäten dauerten noch weitere fünf Tage, in denen Ringelstechen, Ritterturniere und andere Wettkämpfe angesagt waren, natürlich verbunden mit ausgiebigen Ess- und Trinkgelagen.

Aber nicht nur die Reichen und Schönen feierten begeistert mit dem Brautpaar. Der Herzog hatte angeordnet, dass die Hochzeit seines Sohnes Georg, der einmal sein Nachfolger werden sollte, auch für die kleinen Leute ein unvergessliches Fest würde. Daher brutzelten Tausende Hühner und Gänse auf langen Spießen zur Bewirtung des Volkes, ebenso Hunderte von Ochsen, Schweinen und Schafen. Der Duft des gebratenen Fleisches verbreitete sich in der ganzen Stadt. Und wie im Schlaraffenland sprudelten aus den Brunnen Bier und Wein »und Männlein und Weiblein scharten sich an diesen Lustquellen und ergötzten sich kübelweise an dem edlen Nass«. Wo der Wein ist, ist der Tanz nicht weit, Musikanten sorgten für die richtige Stimmung, ein unvergleichliches Fest erreichte seinen Höhepunkt.

Aber einmal ging auch diese glanzvolle Hochzeit, die Herzog Ludwig 55 000 Goldgulden gekostet hatte, zu Ende, die junge Frau wurde von ihrem Ehemann nach Burghausen gebracht, wie das in der Familie so üblich war, und der Alltag begann. Georg selber blieb, auch als er im Jahre 1479 nach dem Tod seines Vaters die Herrschaft über sein Herzogtum antrat, in Landshut, wo er Gerüchten zufolge ein lockeres Leben führte. Dass er aber Hedwig in Burghausen eingesperrt haben soll, ist wahrscheinlich ein böswilliges Gerücht. Über die Zahl der Kinder aus dieser Ehe ist man uneins, denn nur zwei Töchter überlebten, die eventuellen Söhne kamen nicht bis ins Erwachsenenalter. Da Georg erkannte, dass er keinen männlichen Nachfolger haben würde, vererbte er sein Herzogtum an seine Tochter Elisabeth, die mit Ruprecht von der Pfalz verheiratet war. Dieses Testament sollte bald nach dem Tode Hedwigs 1502 und Georgs 1503 zum Anlass für einen blutigen Erbfolgekrieg werden.

Die prächtige Hochzeit von anno dazumal geriet nicht in Vergessenheit. Noch in unseren Tagen zelebriert man alle vier Jahre die »Landshuter Hochzeit«.

Max II. Emanuel,
der »Blaue Kurfürst« (1662–1726)

Der verhinderte König
Maximilian II. Emanuel

Wer sich auf den bayerischen Kurfürsten Maximilian II. Emanuel verließ, musste wahrscheinlich schon sehr bald erkennen, dass er auf Sand gebaut hatte, denn kaum ein bayerischer Herrscher war so wetterwendisch wie dieser Barockfürst, einer der bedeutendsten Ahnen der späteren Kaiserin von Österreich. Denn unter seiner Regentschaft bestand die Chance, dass die Wittelsbacher bereits an der Wende zum 18. Jahrhundert die Königswürde hätten verliehen bekommen können.

Maximilians Vater, Kurfürst Ferdinand Maria, hatte die langersehnte Geburt seines Sohnes am 11. Juli 1662 mit einem großen Fest gefeiert, hatte es doch jahrelang so ausgesehen, als würde ihm das Schicksal einen Nachfolger verwehren. Die Begeisterung des stolzen Vaters war so groß, dass er seiner Gemahlin Henriette Adelheid so viel Geld schenkte, dass sie Schloss Nymphenburg errichten lassen konnte, ein Schloss, das in der späteren bayerischen Geschichte noch eine große Rolle spielen sollte. Als fromme Katholikin wollte die Mutter aber auch dem Himmel ihren Dank abstatten, weshalb sie den Auftrag zum Bau der Theatinerkirche gab, die nicht nur ein echtes Wahrzeichen für München, sondern auch die Begräbnisstätte für so manchen Wittelsbacher werden sollte.

Die Jugendzeit des Prinzen war von dem Bemühen seines Vaters geprägt, das durch den Dreißigjährigen Krieg schwer verwüstete Land neu aufzubauen. Der Kurfürst setzte daran, die Unsicherheit, die landauf landab herrschte, zu bekämpfen und solide Verhältnisse zu schaffen, damit Ruhe und Ordnung wieder einkehren konnten. Zudem gelang es ihm, sich aus den größeren Konflikten, die sich zwischen Frankreich und den Habsburgern anbahnten, geschickt herauszuhalten, denn alles konnte Bayern brauchen, nur keine weiteren kriegerischen Auseinandersetzungen. Die Energien, die er für seine Strategien benötigte, zehrten an seinen Kräften. Dazu kam, dass im Jahre 1674 große Teile der Residenz durch einen Brand zerstört wurden, der durch die Unachtsamkeit einer italienischen Kammerfrau verursacht worden war. Dies war geradezu schicksalhaft, denn die junge Gemahlin des Kurfürsten, Henriette Adelheid, erlitt durch das Großfeuer einen Schock, von dem sie sich nicht mehr erholte. Sie siechte noch zwei Jahre dahin, bevor sie starb. Den Tod der von ihm über alles geliebten Frau verkraftete Ferdinand Maria nur schwer. Er zog sich immer mehr aus der Politik, die ihn anzuwidern begann, in sein Schloss nach Schleißheim zurück. Dort starb er ganz plötzlich, nur 43 Jahre alt. Der »Pacificus«, wie ihn ein Jesuitenpater nannte, der »Friedensfreund«, hinterließ einen jungen, dynamischen Nachfolger, dem die Zukunft alle Chancen bot.

Kaum hatte sein Vater die Augen für immer geschlossen, als das große Buhlen von Seiten Frankreichs und der Habsburger um die Gunst des neuen bayerischen Herrschers Maximilian II. Emanuel begann. Alle möglichen Gerüchte tauchten an den europäischen Höfen auf, von denen die Mär, dass der Vater des neuen Regenten einen nicht unbeträchtlichen Staatsschatz angehäuft haben sollte, besondere Beachtung fand. Und da vor allem die Habsburger durch die zahlreichen Feldzüge und Abwehrkämpfe gegen die Türken stets ein leeres Staatssäckel hatten, schauten sie begehrlich nach München, insbesondere, als Kaiser Leopold I. heiratsfähige Töchter hatte. Natürlich lockte auch den französischen König das große Geld, aber zunächst hatte er das Nachsehen, denn seltsamerweise sah Maximilian II. Emanuel, der später – aufgrund seiner blauen Kleidung in den Türkenkriegen – als der »blaue Kurfürst« in die Geschichte eingehen sollte, größere Chancen für sich und seine politischen Ambitionen darin, sich auf die Seite der Habsburger zu schlagen. Immerhin hatte der Kaiser die Möglichkeit, ihn zum König zu ernennen. Und obwohl er vieles, was in der nächsten Zeit in Bayern geschah, von den Franzosen kopiert hatte, wandte er sich nach Wien und warb um die Hand der keineswegs begehrenswerten Kaisertochter Maria Antonia. Das Mädchen war im Aussehen leider eher nach ihrem Vater geraten als nach der spanischen Mutter Margarita Theresa, die uns auf den Bildern von Velázquez anmutig erscheint, obwohl sie einen Buckel gehabt haben soll.

Kaiser Leopold I. willigte in die Hochzeit seiner Tochter mit dem bayerischen Kurfürsten zwar ein, aber eine Ernennung seines Schwiegersohnes zum König von Bayern kam ihm nach wie vor nicht in den Sinn. Auch nicht, als sich der Kurfürst in der Abwehrschlacht vor Wien 1683 mit seinem bayerischen Heer besondere Verdienste erwarb. Er war wie der polnische König Jan Sobieski und Herzog Karl V. von Lothringen einer der Männer, die die Einnahme des Bollwerkes Wien durch die Osmanen verhinderten. Damit ließ es Kurfürst Maximilian II. Emanuel aber nicht bewenden: Er setzte Kara Mustafa, den die Schlappe vor Wien letztlich das Leben kostete, nach und griff die Türken in der ungarischen Tiefebene an. Am 6. September 1688 wagte er schließlich tollkühn den Sturm auf Belgrad, wodurch sein Name und sein Ruhm in ganz Europa bekannt wurden.

Vielleicht war genau das der Grund, warum sich Kaiser Leopold nicht entschließen konnte, dem Schwiegersohn den Wunsch nach der Königskrone zu erfüllen, denn er selber war alles andere als ein Krieger. Er hatte, als er vom Anmarsch der Türken in Richtung Wien erfuhr, kurzerhand die wichtigsten Dinge zusammenpacken lassen und sich mit seiner Familie zunächst nach Passau und dann nach Linz abgesetzt. Den Helden sollten andere spielen. Den Sieg allerdings kostete Leopold I. weidlich aus. Er ließ nicht zu, dass denjenigen, die Wien tatsächlich vor der Einnahme durch die Osmanen bewahrt hatten, die ihnen gebührenden Ehren zuteil wurden. Auch das beherzte Eingreifen des »blauen Kurfürsten« war dem Kaiser keine Königskrone für Bayern wert, obwohl er ansonsten nicht mit den Insignien der Königswürde geizte. So wurde der Kurfürst von Sachsen 1697 König von Polen und Friedrich I. 1701 König von Preußen. Vielleicht war ihm der Wittelsbacher durch seine kriegerischen Erfolge zu beliebt geworden. Private Gründe, die gegen die Königswürde des Kurfürsten sprachen, kamen für Kaiser Leopold I. sicherlich nicht in Betracht. Dass nämlich die Ehe seiner Tochter mit dem dynamischen Mann keineswegs glücklich geworden war, interessierte den kaiserlichen Vater wahrscheinlich nicht besonders, da kaum eine der arrangierten Ehen im Himmel geschlossen wurde, vor allem nicht, wenn die Braut so unattraktiv wie Maria Antonia war. Wie es von ihr verlangt worden war, hatte sie ihre Pflicht erfüllt, indem sie einen Sohn zur Welt brachte, Joseph Ferdinand. Seine Geburt allerdings überlebte sie nicht.

Dieser Knabe sollte schon sehr früh im Mittelpunkt der internationalen Politik stehen, denn der kinderlose spanische König Karl II., der letzte Habsburger auf dem spanischen Thron, machte ihn zum Erben der spanischen Krone. Freilich war Joseph Ferdinand durch seine Mutter mit Karl verwandt, aber keiner der europäischen Fürsten hatte vermutet, dass der König, der deutliche Kennzeichen von Degeneration zeigte, ausgerechnet ein Kind zu seinem Nachfolger einsetzen würde. Der Tod des erst sechsjährigen Knaben machte jedoch alle Erbverträge zunichte, wobei Gerüchte nicht verstummen wollten, er wäre eventuell vergiftet worden. Dabei war nicht auszuschließen, dass die Habsburger ihre Hände im Spiel hatten. Nach dem Tod des Kindes und des spanischen Königs kam es, wie es zu befürchten gewesen war: Man griff wieder einmal zu den Waffen. Der spanische Erfolgekrieg, der überall in Europa einen hohen Blutzoll kosten sollte, brach im Jahre 1701 aus.

Das einzige, was Maximilian II. Emanuel beim Kaiser erreicht hatte, war die Ernennung zum Ritter des Goldenen Vlieses und die Verleihung des Titels Generalissimus. Nicht viel für einen ehrgeizigen Mann wie ihn.

Enttäuscht von den Habsburgern, gab es für den Wittelsbacher eigentlich nur noch einen Weg, um wirklich in der großen Politik mitmischen zu können: die Annäherung an Frankreich. Was er nicht wissen konnte, war, dass auch dieser Schachzug für ihn mit einem »Matt« enden würde. Seine bayerischen Truppen wurden genauso wie die französischen 1704 bei Höchstädt vernichtend geschlagen. Er selber musste Hals über Kopf fliehen, um seine Haut zu retten, da über ihn die Reichsacht verhängt worden war. Kurfürst Maximilian II. Emanuel war vogelfrei.

49

Die kaiserlichen Truppen konnten nach diesem Sieg ohne Widerstand in Bayern einmarschieren und München besetzen. Endlich war es den Habsburgern gelungen, ihre Herrschaft über Bayern auszudehnen.

Aber es war ein einziges Trauerspiel, das nun begann, denn ohne jegliches Fingerspitzengefühl gingen die kaiserlichen Beamten vor, erhöhten im ganzen Land drastisch die Steuern, setzten die Interimskurfürstin Therese Kunigunde ab, sodass Bayern direkt dem Kaiser unterstellt wurde. Allerorten rekrutierte man Truppen, rücksichtslos und auf brutale Weise. Daher war es kein Wunder, dass der Widerstand gegen den Kaiser und seine Mannen in der Bevölkerung von Tag zu Tag wuchs. In Oberbayern gärte es genauso wie in Niederbayern und der Oberpfalz. Die Revolutionäre, die die Absicht hatten, das kaiserliche Joch abzuschütteln, begannen zunächst in aller Heimlichkeit, überall die Männer dazu zu bewegen, den Kampf gegen das Habsburger Joch aufzunehmen. Dabei gingen die Kampfbereiten keineswegs zimperlich vor, wer von den Bauern nicht mitmachen wollte, der musste gewärtig sein, dass sein Hof niedergebrannt und sein Vieh getötet wurde.

Die aufgestaute Volkswut brach sich am Weihnachtstag des Jahres 1705 Bahn. 2769 völlig unzureichend bewaffnete Männer, die von 300 Reitern unterstützt wurden, warfen sich auf die bestens ausgerüsteten kaiserlichen Besatzer, die durch Informanten schon vorgewarnt waren. Es kam zu einem unvorstellbaren Gemetzel, das damit endete, dass die Reste der aufständischen Bauern bis in die Sendlinger Kirche verfolgt wurden. Dort hatten sie in der verzweifelten Hoffnung, dass die kaiserlichen Schergen den heiligen Ort respektieren würden, Zuflucht gesucht. Sie hatten sich gründlich getäuscht. Mann für Mann wurde erschlagen oder erstochen, ganz Sendling wurde geplündert und die Kirche zerstört. Diese Schreckensnacht, in der sich vor allem Württemberger und Ungarn durch ihr brutales Vorgehen unrühmlich hervortaten, sollte als »Sendlinger Mordweihnacht« in die Geschichte eingehen.

Was kaum zu erwarten gewesen war, trat danach ein: Der Kaiser änderte seine Politik den Bayern gegenüber, er befahl, die überhöhten Steuern abzuschaffen, und erließ eine Amnestie für alle, die mit den Aufständischen konspiriert hatten.

Es dauerte noch Jahre, bis der »blaue Kurfürst« wieder nach Bayern zurückkehren konnte. Er musste erst abwarten, bis der Konflikt um die Nachfolge in Spanien beigelegt war. Endlich, im Jahre 1715, erhielt Maximilian II. Emanuel die Erlaubnis, sein Heimatland wieder betreten zu dürfen. Von Seiten der Habsburger hatte man ihm jahrelang unterschwellig die Schuld an dem Bauernaufstand in die Schuhe geschoben, obwohl er sich, als echter Barockfürst, offiziell keineswegs hinter die Bauern gestellt hatte.

Endlich wurde es ruhiger um den Wittelsbacher. Auch privat hatten sich die Turbulenzen, denen er ausgesetzt gewesen war, gelegt. Nachdem seine erste Gemahlin jung gestorben und seine zweite Verlobte noch vor der Hochzeit die Augen für immer geschlossen hatte, vermählte er sich mit Therese Kunigunde, einer Tochter des polnischen Königs Johann III. Sobieski, mit der er noch zehn Kinder zeugte. Immer mehr zog er sich ins Privatleben zurück und widmete sich der Kunst. Als Sammler scheute er nicht die gewaltige Summe von 90 000 Gulden, um zwölf Gemälde von Peter Paul Rubens anzukaufen, die später den Grundstock für die Alte Pinakothek in München bildeten. Daneben brachte er viel Geld auf, um

Schloss Schleißheim fertig bauen zu lassen und den Bau von Schloss Fürstenried zu beginnen. Sein Hof in München wurde ein Mekka für Künstler und Wissenschaftler aus ganz Europa. Er wurde durch sein Mäzenatentum ein Vorbild für die späteren bayerischen Könige Ludwig I., den Onkel von Kaiserin Elisabeth, und für dessen Enkel, den Märchenkönig Ludwig II.

Da Maximilian II. Emanuel viel von seiner einstigen Energie verloren und einen Ausgleich mit seinen früheren Gegnern im Auge hatte, suchte er auch den Frieden mit den Habsburgern. Als Zeichen der guten Nachbarschaft, die für alle Zeiten bestehen sollte, verheiratete er seinen Sohn Karl Albrecht, der später einmal als zweiter Wittelsbacher die Kaiserkrone tragen sollte, mit Maria Amalie, der Tochter des Habsburger Kaisers.

Ein Schlaganfall im Jahre 1726 setzte dem Leben des »blauen Kurfürsten« überraschend ein Ende. Seine sterblichen Überreste wurden unter großem Anteil der Bevölkerung in der Theatinerkirche in München beigesetzt.

Das zweite
Wittelsbacher Zwischenspiel im Reich
Kaiser Karl VII.

So sehr sich Kaiser Karl VI. auch bemüht hatte, seine Tochter Maria Theresia mithilfe der »Pragmatischen Sanktion« als seine Nachfolgerin europaweit durchzusetzen, die Aktion misslang. Überraschungskaiser wurde der unbedeutende Wittelsbacher Kurfürst Karl Albrecht.

Als Kaiser Karl VI. im Jahr 1740 überraschend starb, stand nicht nur seine Tochter Maria Theresia vor schier unlösbaren Problemen, auch die Reichsfürsten waren von Ratlosigkeit erfasst. Denn der männliche Stamm der österreichischen habsburgischen Linie war ausgestorben. Zwar gab es in Europa Verwandtschaft mit den Habsburgern mehr als genug, aber nur in weiblicher Linie. Und da einige Fürsten an der Kaiserkrone interessiert waren, kam man auf die beinahe absurde Idee, in der Rechtsgeschichte weit zurückzugehen, bis auf das »Privilegium minus« aus dem Jahre 1156, in dem festgeschrieben stand, dass auch die weibliche Linie des Hauses regierungsberechtigt war. Die Folge dieser Erkenntnis war, dass es nicht nur für den Wittelsbacher Karl Albrecht reizvoll war, die Kaisernachfolge anzustreben, da er mit einer Tochter des verstorbenen Kaisers Josephs I. verheiratet war, sondern auch für Friedrich August von Sachsen und Polen, der ebenfalls eine Tochter Josephs zur Frau hatte, weshalb es eigentlich zu einer Auseinandersetzung zwischen diesen beiden Fürsten hätte kommen müssen. Da aber Maria Theresia von Anfang an alle hatte wissen lassen, dass sie das Erbe ihrer Ahnen auch mit Waffengewalt verteidigen wollte, kannte man in Europa eigentlich nur einen Feind: Maria Theresia. Dass bei der europaweiten Hetze gegen die junge Erzherzogin vor allem der König von Preußen, Friedrich II., gewaltig mitmischte, war kein Wunder, da Friedrich vor allem die österreichischen Gebiete in Schlesien unter seine Herrschaft bringen wollte.

Es war eine beinahe unüberschaubare Allianz von Feinden, die der jungen Maria Theresia gegenüberstand, für die es zunächst galt, ihre Gebiete zu verteidigen. Sie musste einem Heer von Gegnern Paroli bieten, denn die Bayern fielen in Österreich und Böhmen ein, wobei der bayerische Kurfürst Karl Albrecht das Ziel hatte, zunächst zum König von Böhmen gekrönt zu werden, was ihm nach erfolgreichen Schlachten auch gelang. Dadurch erwirkte er Anspruch auf die deutsche Kaiserkrone, wie dies von alters her Sitte war.

Karl Albrecht, der am 6. August 1697 in Brüssel geboren war, hatte einen berühmt-berüchtigten Vater, den »blauen Kurfürsten« Maximilian II. Emanuel, der sich als Sieger über die Türken einen Namen gemacht hatte. Enttäuscht über seinen Schwiegervater Kaiser Leopold I. hatte er sich gegen die Habsburger auf die Seite der Franzosen geschlagen, erlitt mit diesen in der Schlacht bei Höchstädt eine vernichtende Niederlage, sodass er Bayern verlassen musste. Er zog sich zunächst in die Niederlande zurück, wo seine zweite Gemahlin, die Tochter des polnischen Königs, Therese Kunigunde, ihm den Sohn Karl Albrecht gebar. Als die Reichsacht und Aberacht über den »blauen Kurfürsten« verhängt wurde, floh er nach Paris und begab sich unter den Schutz Ludwigs XIV., während seine Gemahlin zunächst die Regentschaft in München übernahm, schließlich aber in Venedig lebte, während die Kinder in Klagenfurt und Graz von den besten Lehrern unterrichtet wurden. Als der unselige Spanische Erbfolgekrieg 1714 schließlich

Der zweite Kaiser aus dem Hause Wittelsbach:
Karl VII. (1726–1745)

beendet war, konnte die Familie nach München zurückkehren, wo Karl Albrecht für volljährig und regierungsfähig erklärt wurde. Bevor er sich allerdings politisch
betätigen wollte, unternahm der junge, aufgeschlossene
Wittelsbacher ausgedehnte Bildungsreisen, die ihn nach
Italien, aber auch an den Kaiserhof nach Wien führten.
Man hatte die Reise in die Kaiserstadt bewusst gewählt,
denn es bestand die Hoffnung, dass der junge Mann an
einer Tochter Kaiser Josephs Gefallen finden würde. Und
so geschah es auch. Es dauerte nicht lange, da warb Karl
Albrecht um die Hand Maria Amalies, wobei es seltsam
erscheint, dass Bayern vor der Heirat ganz formell auf
eventuelle Ansprüche auf den deutschen Kaiserthron
verzichtete. Aber was im Jahre 1722 ausgehandelt worden war, war 18 Jahre später aus dem Gedächtnis Karl
Albrechts verschwunden.

Die Hochzeit des Kurfürstensohnes mit der Kaisertochter wurde zu einem Großereignis in München, der
»blaue Kurfürst« verstand zu feiern, immerhin hatte er
in Versailles den Luxus, der am französischen Königshof
herrschte, in vielfacher Weise kennengelernt. Nach den
tagelangen Banketten und Festlichkeiten wurde das frisch
vermählte Paar nach Frankreich geschickt, wo es an der
Hochzeit des jungen französischen Königs Ludwigs XV.
mit Maria Lesczcynska teilnahm, die am 5. September
1725 stattfand. Obwohl Ludwig XV. wenig Interesse an
politischen Belangen zeigte, war es Karl Albrecht doch
möglich gewesen, einen gewissen persönlichen Kontakt
herzustellen, der ihm später zugute kommen sollte.

Ein Jahr später starb Karl Albrechts Vater. Sein Sohn
hatte das Glück, in einer eher ruhigen Zeit regieren zu
können, sodass er sich mehr seinen privaten Ambitionen
hingeben konnte, als sich mit schwierigen Regierungs-

aufgaben beschäftigen zu müssen. Mit seiner Gemahlin
zeugte er sieben Kinder, vergnügte sich aber auch mit
verschiedenen Mätressen, deren Söhne und Töchter er
nicht nur anerkannte, sondern auch reichlich versorgte.
Hatte er für seine Gemahlin Maria Amalie im Schloss-
park von Nymphenburg die Amalienburg erbauen lassen,
so schenkte er seiner Geliebten, der Freiin Morawitzki,
das Palais Porcia und seinem Sohn Franz Ludwig, den
er mit Sophie Caroline von Ingelheim gezeugt hatte, das
Palais Holnstein, nachdem er ihn zum Grafen ernannt
hatte. All das kostete natürlich sehr viel Geld, sodass die
privaten Ausgaben des Kurfürsten schon bald 35 Prozent
des Staatshaushaltes ausmachten. Dazu kamen noch
gewaltige Summen für die Aufrüstung des Heeres nach
französischem Vorbild.

Vielleicht trug sein aufwendiger Lebensstil in München, der in ganz Europa in gewisser Weise bewundert
wurde, dazu bei, dass Karl Albrecht für die meisten deutschen Fürsten überraschend am 24. Januar 1742 einstim-
mig zum deutschen Kaiser gewählt wurde. Wahrscheinlich hatte der Wittelsbacher selber nicht damit gerechnet, denn er war zu diesem Zeitpunkt schon ein kranker
Mann. Was den tatsächlichen Ausschlag für die seltsame
Wahl gab, wusste wahrscheinlich nur Friedrich II. Der
schwache Kaiser ohne wirkliche Hausmacht konnte den
Plänen des Preußenkönigs kaum gefährlich werden.

Die Krönung in Frankfurt am Main war prachtvoll
inszeniert und barg dennoch sehr viel Tragik in sich.
Denn der neue Kaiser Karl VII. schrieb einen Tag nach
dem Fest an Graf Ignaz Törring die deprimierenden Zeilen: »Meine Krönung ist gestern vor sich gegangen, mit
einer Pracht und einem Jubel ohnegleichen, aber ich sah
mich zur gleichen Zeit von Stein- und Gichtschmerzen

angefallen. Krank, ohne Land, ohne Geld, kann ich mich wahrlich mit Job, dem Mann der Schmerzen vergleichen.«

Das weitere Schicksal des neuen Kaisers war traurig. Die habsburgischen Truppen waren in München während der Abwesenheit des Wittelsbachers einmarschiert, die Panduren verwüsteten weite Teile Niederbayerns aufs Schrecklichste, sodass Kaiser Karl VII. im Exil bleiben musste. Er war im wahrsten Sinne des Wortes ein Kaiser ohne Land, der sich die Zeit damit vertrieb, alle möglichen Ehrentitel zu verleihen, wie Johann Caspar Goethe, dem Vater des Dichterfürsten, den Titel »Wirklicher Kaiserlicher Rat«.

Erst als die Österreicher München räumten, da der Preußenkönig wieder zu den Waffen gegen die habsburgischen Truppen gerufen hatte, konnte der Kaiser, über den der Spottvers von Mund zu Mund ging: »et Caesar et nihil« – sowohl Kaiser als auch nichts – 1744 in sein Bayernland zurückkehren. Als kranker Mann, schmerzgeplagt wie er war, erfreute er sich dennoch an dem nicht enden wollenden Jubel der Münchner Bevölkerung bei seinem Einzug. Mit seinen 47 Jahren erholte er sich nicht mehr und konnte sich kaum noch um politische Belange kümmern. Nichts war von den anfänglichen Hoffnungen geblieben. Die letzten Monate seines kurzen Lebens verbrachte er nahezu in Einsamkeit, da die Ärzte kein Rezept gegen das sich weiter verschlimmernde Gichtleiden fanden. Als er am 20. Januar 1745 in Nymphenburg starb, hinterließ er einen erst 18-jährigen Sohn, Kurfürst Maximilian III. Joseph, der versuchte, das Erbe seines Vaters aufrechtzuerhalten. Als er die großen Schwierigkeiten erkannte, die auf ihn zukommen würden, schloss er mit Maria Theresia im April in Füssen einen Sonderfrieden.

Der Traum der Wittelsbacher von der Kaiserkrone war damit ausgeträumt. Erst ein gutes halbes Jahrhundert später sollten sie endlich Könige werden und bis 1918 auf dem bayerischen Thron sitzen.

Kaiser Karl VII., der Wittelsbacher Überraschungskaiser, wurde in der Theatinerkirche in München beigesetzt. Sein Herz allerdings ruht in der Gnadenkapelle in Altötting.

Der erste König von Bayern, Max I. Joseph (1756–1825),
und seine Familie beim Richtfest von Wildbad Kreuth

Endlich ein König für Bayern
Elisabeths Großvater Maximilian I. Joseph

Es ist ein weiteres Kuriosum in der Geschichte, dass der erste bayerische König aus dem Hause Wittelsbach nicht aus Bayern kam, sondern aus Schwetzingen bei Mannheim, wo Maximilian Joseph am 27. Mai 1756 zur Welt kam. Damals ahnte niemand, dass dieser Knabe dereinst auf dem eigens für ihn geschaffenen Königsthron in München sitzen würde. Aber der Tod spielte wie so oft Schicksal, denn der anverwandte Wittelsbacher Kurfürst Karl Theodor war kinderlos gestorben, sodass zunächst guter Rat teuer war, wer sein Nachfolger in Bayern werden sollte. Der junge Maximilian Joseph war der nächste Verwandte und kam somit als Regent infrage. Dass er im Jahre 1806 zum König ernannt werden sollte, verdankte er seiner undurchsichtigen Haltung Frankreich gegenüber.

Maximilian Joseph kannte die Franzosen von klein auf, hatten sie doch, als er noch ein Kind war, die Pfalz besetzt, wobei sie keineswegs zimperlich mit Land und Leuten umgegangen waren. Obwohl die Familie des jungen Mannes keinen direkten Schaden durch sie erlitten hatte, blieb Maximilian Josephs Verhältnis Frankreich gegenüber ein Leben lang ambivalent. Und das sollte sich für ihn lohnen. So galt er lange Zeit als Freund der Franzosen, namentlich Napoleons, um dann doch ein Bündnis mit den Österreichern einzugehen, als es darum ging, Napoleon in der

Völkerschlacht bei Leipzig zu besiegen. Ausschlaggebend für diesen Gesinnungswechsel war aber schließlich die große Zahl der bayerischen Gefallenen in Russland, deren Einsatz Napoleon gefordert hatte. Maximilian Joseph überwand sein Gefühl der Dankbarkeit dem französischen Kaiser gegenüber und stellte sich gegen ihn, obwohl ihm Napoleon am 1. Januar 1806 die bayerische Königskrone aufs Haupt gesetzt hatte. In aller Eile wurden Krone und Szepter angefertigt, ohne die ein König undenkbar gewesen wäre, auch nach der Französischen Revolution. Denn nach den durchaus bescheidenen Anfängen und dem kometenhaften Aufstieg liebte es Napoleon, in großem Stil zu feiern, und dazu gehörte auch eine von ihm inszenierte Königskrönung.

Natürlich hatten sich die Münchner ein spektakuläres Fest ihres neuen Königs erwartet, aber Maximilian I. Joseph blieb auch auf dem Königsthron bei seiner Devise: »Wir bleiben die Alten!« Und das bedeutete jegliche Entsagung von Prunk und Pomp.

Ob König Maximilian I. Joseph ein großes politisches Talent besaß, ist fraglich, denn er war viel zu sehr Privatmann, er liebte den engen Kontakt mit dem Volk, das ihm schon bei seinem Einzug in München einen begeisterten Empfang bereitet hatte. Er war und blieb ein echter König zum Anfassen, dem man, ohne sich verstellen und anbiedern zu müssen, seine Sorgen und Nöte schildern und von dem man sich Hilfe erhoffen konnte. Daher wurde er überall, wohin er kam, freudig begrüßt. Als er nach der Völkerschlacht bei Leipzig gesund und wohlbehalten zurückkehrte, zwängte sich der Braumeister Pschorr durch die jubelnde Menge und rief begeistert aus: »Ja mei Maxl, daß'd nur grad da bist! Iatz geht alles wieder guat.«

Dabei wurde in dieser Zeit der bayerische Staat von oben bis unten umgekrempelt, wobei der einfache Mann nicht ahnte, dass alles, was zu dieser Zeit in Bayern an großen Reformen im Namen des Königs durchgeführt wurde, von dessen genialem Berater und mehrfachem Minister, dem Grafen Montgelas, ersonnen und in die Tat umgesetzt wurde. Denn ganz im Gegensatz zu Fürst Metternich mit seinen rückschrittlichen Ideen in Österreich läutete Montgelas in Bayern eine neue Zeit ein. Er verstand es, die 83 Gebiete, die um die Wende vom 18. zum 19. Jahrhundert zu Bayern kamen, teilweise als Belohnung für eine gewisse Bündnistreue, andererseits als Tausch gegen Städte und entfernt liegende Ländereien, in das altbayerische Gebiet (Oberbayern, Niederbayern, Oberpfalz) zu integrieren. Die ausgearbeitete Verfassung, die er durchbrachte, setzte modern anmutende politische Maßstäbe für die Zukunft, Neuerungen wurden in allen Lebensbereichen durchgeführt, die Gleichheit vor dem Gesetz wurde genauso festgeschrieben wie die Garantie der Sicherheit der Person und des Eigentums, dazu kam eine, wenngleich eingeschränkte, Meinungs- und Pressefreiheit. Und da durch die neu hinzugekommenen Territorien plötzlich sehr viele Protestanten unter bayerischer Herrschaft standen, wurde festgesetzt, dass auch Andersgläubige ihre Religion ohne restriktive Maßnahmen ausüben durften.

All das geschah natürlich mit Genehmigung des Königs, wobei die Kirchenreform, die Montgelas durchführte, in ihrer rigorosen Form freilich nicht dem moderaten Wesen Maximilian I. Josephs entsprach. In den Augen des Königs überspannte Montgelas den Bogen bei Weitem, als er die ältesten Klöster aufheben ließ, das Inventar verkaufte, sodass vor allem die wertvollen Bücher und Kunstschätze unter den Hammer kamen. Wie sich herausstellen sollte, ein unwiederbringlicher Verlust.

Es war vor allem sein Vorgehen gegen die Kirche, das die Absetzung Montgelas' durch ein Entlassungsdekret des Königs herbeiführte. Obwohl Maximilian I. Joseph mit dem Handeln seines Ministers immer zufrieden gewesen war, widersetzte er sich nicht, als auch der älteste Sohn Ludwig, der Kronprinz, die Absetzung des allmächtigen Montgelas forderte. Vielleicht tat dem König sein schnelles Handeln später leid, als er am 2. Februar 1817 das Entlassungsdekret unterzeichnete, das man Montgelas überbrachte. Dieser bewahrte Haltung und räumte mit stoischer Ruhe das Feld.

Wahrscheinlich konnte der König gar nicht abschätzen, was Montgelas als seine rechte Hand jahrelang vollbracht hatte. Ein Jahr später, 1818, wurde die Verfassung verkündet, auf die der König den Verfassungseid leistete. Bayern war durch die politische Weitsicht Montgelas' und durch die Akzeptanz, die der König den Vorschlägen entgegenbrachte, zu einem modernen Staat geworden, von dem Anselm von Feuerbach behauptete: »Kein Land ist wohl jetzt in Europa, wo freier gesprochen, freier geschrieben, offener gehandelt wird als hier in Bayern.«

Außenpolitisch allerdings sah die Lage für Bayern nicht so rosig aus, denn immerhin standen zu Beginn des 19. Jahrhunderts französische Truppen in fremden Territorien, wohin das Auge schaute. Maximilian I. Joseph gelang es, durch eine etwas dubiose Schaukelpolitik das Beste aus der Situation zu machen, wenngleich er sich, als es für ihn opportun schien, mit den Österreichern arrangierte. Dass Napoleon ihm die Königskrone verschafft hatte, vergaß er den Franzosen allerdings nie. Auch eine enge familiäre Verbindung, die ursprünglich von bayeri-

scher Seite rundweg abgelehnt wurde, trug dazu bei, dass
Maximilian I. Joseph den Franzosen gegenüber nach wie
vor gewogen blieb. Napoleon, der von jeher bestrebt war,
die Familie Bonaparte aufzuwerten, hatte die Hand einer
Tochter des neuen Königs für seinen Stiefsohn Eugène
de Beauharnais verlangt. Das junge Mädchen hatte sich
zunächst standhaft gegen diese vorgeschlagene Heirat
gewehrt, als sie den schönen Jüngling jedoch von Angesicht zu Angesicht sah, willigte sie in die Verbindung ein.
Nicht nur der bayerische König war mit seinem französischen Schwiegersohn, der der Sohn von Napoleons erster
Gemahlin Joséphine war, äußerst zufrieden, die Ehe seiner
Tochter Auguste wurde auch ungewöhnlich glücklich.

Maximilian I. Joseph selbst war zweimal verheiratet.
Von den zahlreichen Kindern sollten einige eine besondere
Rolle in der Zukunft spielen. Sein ältester Sohn Ludwig
trat die Nachfolge auf dem bayerischen Thron an, seine
Tochter Karoline Auguste wurde die vierte Gemahlin des
habsburgischen Kaisers Franz I., die Tochter Sophie sollte
als Mutter des späteren Kaisers Franz Joseph I. als »ein-
ziger Mann am Kaiserhof« gelten und deren Schwester
Ludovika ging in die Geschichte als Mutter von Kaiserin
Elisabeth ein. Eines hatten die Töchter gemeinsam: Sie
fielen, wohin sie auch kamen, durch ihre ungewöhnliche
Schönheit auf.

Das bedeutete jedoch nicht, dass sie auch ungewöhnlich
glücklich wurden. Die schöne Sophie wurde aus politischen
Gründen trotz ihrer Proteste und heißen Tränen an den
unattraktiven Habsburger Erzherzog Franz Karl verheiratet und ihre nicht minder reizvolle Schwester Ludovika
an den von ihr ungeliebten Maximilian in Bayern, einen
Wittelsbacher einer Nebenlinie. Ihre Kinder sollten Kaiser
Franz Joseph und Kaiserin Elisabeth von Österreich sein.

Deren Großvater König Maximilian I. Joseph war ein unermüdlicher Arbeiter, der tagtäglich um sechs Uhr in der Früh aufstand und sich Punkt zehn Uhr schlafen legte. Obwohl ihm das eigentliche Kunstverständnis fehlte, verabsäumte er es dennoch nicht, bedeutende Künstler nach München zu ziehen und einige Gemälde zu kaufen. Auch das Theater und die Literatur seiner Zeit sagten ihm wenig. Dennoch genehmigte er den Abriss eines Klosters, um Platz zu schaffen für den Neubau eines Theaters. Zunächst tat er dies mit der stillen Zustimmung des Volkes. Als einige Jahre später das Nationaltheater in Flammen aufging, sahen die Münchner darin eine Strafe Gottes, weil der König es gewagt hatte, eine heilige Stätte dem Erdboden gleichzumachen.

Aber es dauerte nicht lange, da hatte sich der Volkszorn gelegt und man liebte nach wie vor seinen König, der stets aller Welt zeigte, wie wichtig jeder einzelne Bürger für ihn war. Wenn er nicht auf seinem Schloss am Tegernsee weilte, für das er Gemälde holländischer Meister gekauft hatte, hielt er sich mit Vorliebe auf den Märkten auf, wo er sich, meist unerkannt, ein Vergnügen daraus machte, mitzubieten, wobei sein Bayerisch so perfekt klang, als hätte er diese Mundart schon immer gesprochen. Oft wurde er bei derlei Auktionen Ohrenzeuge so mancher derber Witze, über die er lauthals lachen konnte, sehr zur Missbilligung seiner Hofschranzen. Wenn der König besonders bei Laune war, ließ er »einfache Stalldirnen oder Schrannenbauern« kommen, die als Schauspieler auftreten und ihren groben Späßen freien Lauf lassen sollten. Maximilian I. Joseph war König, wenn es von ihm gefordert wurde, und Mensch, wenn er sich erholen und amüsieren wollte. Dies sprach er einmal seinen Höflingen gegenüber klar aus: »Ich bin nicht den ganzen Tag König ... und ich bin glücklich, Augenblicke zu finden, wo ich es vergessen kann.«

Je älter er wurde, um so mehr zog er sich ins Tegernseer Land zurück, wo er aber immer noch anstrengende Bergtouren unternahm und in einfachen Wirtshäusern einkehrte. Um die Politik kümmerte er sich kaum mehr, er überließ das Ruder im Staat seinem Sohn Ludwig, der gut vorbereitet war. Als er in der Zeit des Oktoberfestes im Jahr 1825 einen Ball besuchte, fiel er wie auch sonst durch seine Gesprächsfreudigkeit und seine Liebenswürdigkeit auf. Die Damen und Herren seiner Gesellschaft ahnten nicht, dass der letzte Tag des bayerischen Königs Maximilian I. Joseph angebrochen war. Ungewöhnlich zeitig verließ der König den Ball, fuhr nach Nymphenburg und starb in der Nacht vom 12. auf den 13. Oktober.

Die Trauer in Bayern um den »Vater Max« war überwältigend. In Vergessenheit geriet er nie. Ein ehrendes ewiges Andenken schuf das Volk ihm beim Kartenspielen: Beim Watten, einem typisch bayerischen Kartenspiel, heißt der Herzkönig »Max«.

König Ludwig I. (1825–1868 / abgedankt 1848)

Ein viel umschwärmter Mann
Elisabeths Onkel König Ludwig I.

Er war zwar nicht schön, doch sehr charmant, dabei klug und auch galant, kein Belami, aber doch ein Leben lang verliebt. Dass er attraktiven Damen nicht widerstehen konnte, brachte ihn allerdings um Krone und Land.

Als Ludwig, der Sohn des späteren ersten bayerischen Königs Maximilian I. Joseph 1786 in Strassburg zur Welt kam, konnte niemand ahnen, dass der Knabe dereinst auf dem bayerischen Thron in München sitzen würde, allzu undurchsichtig waren die politischen Verhältnisse in jener Zeit. Er und seine Umgebung konnten sich auch nicht ausmalen, dass außer ihm auch seine Schwestern beinahe eine Bilderbuchkarriere machen würden. Denn Karoline Auguste sollte die vierte Gemahlin des österreichischen Kaisers Franz werden, der zwar wirklich kein Traummann war, aber immerhin auf dem altehrwürdigen Habsburgerthron saß. Auch Ludwigs schöne Halbschwestern Sophie und Ludovika traten ins Licht der Öffentlichkeit, Sophie wurde die Mutter von Kaiser Franz Joseph und ihre Schwester Ludovika brachte am Heiligen Abend des Jahres 1837 die spätere Kaiserin Elisabeth zur Welt. Ludwig hatte daher außer einem Vater, der bayerischer König werden sollte, eine prominente Verwandtschaft, mit der er stets in gutem Einvernehmen stand.

Ludwigs Jugendzeit war allerdings von nicht geringen Aufregungen geprägt, denn sein Vater Maximilian I. Joseph, ein Bewunderer der französischen Bourbonen, hatte zunächst auf das falsche Pferd gesetzt: Er hatte den später so unglücklichen französischen König Ludwig XVI. gebeten, den erstgeborenen Sohn aus der Taufe zu heben. Der französische König ließ dem Knaben als Taufgeschenk das französische Obersten-Patent überreichen, in der Hoffnung, dass Ludwig sich stets mit Frankreich verbunden fühlen möge. Wie so oft hat sich Ludwig XVI. gründlich getäuscht.

Durch die Wirren der Französischen Revolution und die anschließenden Koalitionskriege war Ludwigs Jugendzeit von ständig wechselnden Aufregungen und Aufenthaltsorten geprägt, von plötzlichem Aufbruch im Morgengrauen, wenn verkündet wurde, dass feindliche Truppen im Anmarsch wären. Flucht wurde für den Knaben zu etwas Alltäglichem. Die Familie zog rast- und ruhelos von Darmstadt nach Mannheim, von dort nach Rohrbach und Schwetzingen, um schließlich für längere Zeit in Würzburg Quartier zu nehmen, wo auch einige Geschwister von Ludwig zur Welt kamen.

Solange Ludwigs Mutter lebte, war alles Ungemach für den heranwachsenden Sohn noch halbwegs erträglich gewesen, aber nach ihrem frühen Tod vereinsamten die Kinder zusehends. Der Vater kümmerte sich kaum um die Familie, denn einerseits nahm er die Chance, auf den neu geschaffenen bayerischen Königsthron zu gelangen, mit Begeisterung wahr, andererseits ging er wieder auf Freiersfüßen. Schon bald nach dem Trauerjahr führte er Karoline Friederike von Baden zum Traualtar, die ihm in den nächsten Jahren weitere sieben Kinder schenkte, unter ihnen Sophie und Ludovika.

Ludwig entwickelte sich zu einem ungewöhnlich wissbegierigen jungen Mann, der sich schon sehr bald vom schönen Geschlecht angezogen fühlte. Auf seinen Italienreisen lernte er so manche verführerische Italienerin kennen, deren Charme er erlag. Die ungekrönte Königin seines Herzens wurde die attraktive Marianna Marchesa Florenzi, der Ludwig mehr als 3000 Briefe schrieb. Die hochgebildete Frau, die Schönheit, Esprit und Geist vereinte, erregte dadurch Aufsehen, dass sie die Werke des deutschen Philosophen Schelling ins Italienische übersetzte.

Es waren vor allem Sängerinnen und Schauspielerinnen, die der Prinz faszinierend fand, wie die Sopranistin Karoline Lizius oder die Schauspielerin Konstanze Dahn. Ludwig machte aus seinem Herzen keine Mördergrube, wenn ihm eine schöne Frau gefiel, im Gegenteil: Er gab seinem Hofmaler Joseph Karl Stieler den Auftrag, für ihn eine Schönheitengalerie anzulegen, in welcher der Künstler die schönsten Damen des Landes im Porträt verewigen sollte. Auch ein äußerst attraktives Mädchen, seine eigene Halbschwester Sophie, die spätere Schwiegermutter von Kaiserin Elisabeth, befand sich unter den Auserkorenen. Und wäre Ludwig länger bayerischer König gewesen, so wären sicherlich die Porträts der schönen Kinder Ludovikas in der Galerie verewigt worden. Denn alle Söhne und Töchter von Herzog Max in Bayern und seiner Gemahlin Ludovika waren außerordentlich attraktive Menschen, wobei Elisabeth aufgrund ihrer Popularität als Kaiserin von Österreich lange Zeit als die schönste Frau der Welt gelten sollte.

Ludwig war allerdings in dem Reigen der schönen Wittelsbacher eine Ausnahme. Denn sein bescheidenes Aussehen ließ die Herzen der jungen Mädchen sicherlich nicht höher schlagen, mit seinem Höcker auf der Stirn, seinem spärlichen rötlichen Haar und seiner schmächtigen Gestalt glich er wahrhaft keinem Don Juan. Aber die Damen, die ihn von Jugend an kannten, vergaßen sein Äußeres über seinem ungewöhnlich liebenswürdigen Wesen. Dazu kam, dass er als weit gereister, gebildeter junger Mann durch seine interessanten Erzählungen die Aufmerksamkeit auf sich zog. Man merkte sofort, dass der zukünftige König alles anders als sein Vater machen würde, der seinem Minister und Intimus Montgelas allzu lange die Zügel in der Hand gelassen hatte.

Ludwig hatte im Gegensatz zu den habsburgischen Erzherzögen die Möglichkeit, an den Universitäten Göttingen und Landshut zu studieren, denn sein Vater König Maximilian I. Joseph hatte erkannt, dass nur ein rundum gebildeter Mensch den schweren Aufgaben, die ihm später als König zufielen, gewachsen sein würde. Diese Auffassung vertraten allerdings nur wenige Herrscher. Kaiser Franz Joseph etwa konnte nicht dazu bewogen werden, seinem hochbegabten Sohn Rudolf eine universitäre Ausbildung zukommen zu lassen. Auch die Mutter des Kronprinzen, Kaiserin Elisabeth, nahm keinen Einfluss auf ihren Gemahl, um Rudolf diese Chance zu ermöglichen. Sie hätte nur nach Bayern, in ihr Heimatland, schauen müssen, um zu erkennen, dass selbst ihre Schwester Helene ihren Söhnen den Weg auf die Universitäten öffnete. Aber in den habsburgischen Traditionen war dies nicht festgeschrieben, daher erachtete man es nicht als nötig, die bestmögliche Ausbildung für den künftigen Kaiser zu wählen.

Nachdem Ludwig Physik, Chemie und Mathematik nebst den Geisteswissenschaften studiert hatte, ließ er schon bald erkennen, dass die Politik, die er dereinst zu machen beabsichtigte, nach sozialwissenschaftlichen Kriterien ausgerichtet sein würde. Er wollte aus Bayern einen Musterstaat machen, in dem er sich selber um alles kümmern wollte. Nicht die Minister sollten entscheidende Dinge beschließen, sondern er, der König, war das Zentrum der Macht, wobei der Staat, den er aufbauen wollte, keine absolute Monarchie sein sollte, wie dies Metternich durch sein striktes Restitutionsprogramm in den habs-

Die schöne Lola Montez (1821–1861)

burgischen Ländern durchzusetzen versucht hatte, sondern ein Wohlfahrtsstaat mit zufriedenen Bürgern, deren Wohl ihm vor allem am Herzen lag. Sein Bayern sollte ein besonderes Land in Mitteleuropa werden, hier sollten Kunst und Wissenschaft den Ton angeben. Auf seinen Reisen nach Italien hatte er die Schönheiten der Antike bewundert und in jungen Jahren den Plan gefasst, aus der beinahe noch mittelalterlichen Kleinstadt München eine Kunstmetropole zu machen, von der man sagen sollte, dass jeder gebildete Mensch in Europa dieses Mekka der Kunst gesehen haben müsse. Freilich fragte sich so mancher einfache Bürger, wenn er die riesigen Baustellen in München sah, woher das Geld für die geplanten und im Bau befindlichen Museen und Galerien kommen sollte, er vergaß darüber aber, dass Menschen aus allen Teilen Bayerns hier in der Hauptstadt Arbeit fanden, dass dadurch also der allgemeine Wohlstand im Land gehoben wurde.

Bald war es auch für die größten Schwarzseher in Staate eine erstaunliche Tatsache, dass Ludwig, nachdem er nach dem Tod seines Vaters im Jahre 1825 König geworden war, durch seine Bautätigkeit und seine Reformen nicht den Staatsbankrott herbeiführte. Sein Geheimnis lag in den gezielten Sparmaßnahmen und der Vereinfachung der Verwaltung, wodurch er große Geldsummen einsparen konnte. Der aufgeblähte Behördenapparat wurde zusammengezogen, ja selbst die Kosten für seine Hofhaltung wurden eingeschränkt. Er konnte sich das auch leisten, ohne an Ansehen zu verlieren, denn sein Königtum war jung und baute nicht auf jahrhundertealten Traditionen auf. In Österreich wäre eine derart bescheidene Hofhaltung nicht möglich gewesen, denn immerhin galt es für den Kaiser, nach außen hin zu repräsentieren. Wenn auch Kaiser Franz Joseph persönlich ein bescheidener Mann war, so konnte er nicht wie Ludwig als Privatmann durch Wien spazieren. Der aufgeblähte Hofstaat, die Bautätigkeit an der Ringstraße, die Apanagen für die zahlreichen Erzherzöge sowie die Reisen und Jagdaufenthalte der Kaiserin in England und Ungarn verschlangen Unsummen.

König Ludwig I. führte ein ganz anderes Leben. Ganz im Gegensatz zu seinem Enkel Ludwig II., der aus dem Vollen schöpfte, wenn es galt, seinen Traum von den Märchenschlössern zu verwirklichen, ohne einen Gedanken daran zu verschwenden, wie sich der bayerische Staat dies alles leisten konnte, kalkulierte der erste Ludwig ganz genau. Jeglicher Pomp in der Familie wurde abgeschafft, wie ein einfacher Bürger spazierte der König im grauen Gehrock durch die Straßen Münchens, legte aber größten Wert darauf, von seinen Untertanen ehrfürchtig gegrüßt zu werden. Dabei konnte es schon vorkommen, dass er mit seinem Spazierstock einem Vorübergehenden den Hut vom Kopfe schlug, wenn dieser den König nicht erkannt oder es verabsäumt hatte, seinen »Diener« zu machen.

Mit Ludwig I. zog eine neue Zeit in Bayern ein. Als technisch interessierter Mensch war er für den Bau der Eisenbahn genauso aufgeschlossen wie für den Ausbau der Wasserstraßen, der sich durch eine Verbindung der Flüsse Main und Donau anbot. Vordringlich allerdings war für ihn die Verwirklichung des Gedanken, eine Universität nach München zu bringen. Es konnte nicht angehen, dass die kleine Stadt Landshut eine Hochschule besaß und die Studenten nach Niederbayern gehen mussten, um akademische Würden zu erlangen. Ludwig konnte nicht ahnen, dass es gerade die Münchner Studenten sein würden, die in seinem Leben eine entscheidende Rolle spielen sollten. Zunächst sahen die jungen Leute in Ludwig einen aufgeschlossenen Monarchen, der vieles im Staat auch nach humanistischen Grundsätzen, wie sie ein Johann Wolfgang von Goethe geprägt hatte, verwirklichen wollte. Von Jugend auf war Ludwig ein Verehrer des Dichterfürsten gewesen und hatte mehrmals Einladungen an Goethe geschickt, die dieser aufgrund seines fortgeschrittenen Alters nicht wahrnehmen konnte. Ludwig, der den berühmten Geheimrat unbedingt kennenlernen wollte, wusste sich zu helfen. Er zauderte nicht lange, legte einfache Kleidung an, fuhr nach Weimar und wartete wie ein gewöhnlicher Student ab, bis ihn der Dichterfürst empfing.

Anders allerdings war seine Einstellung Napoleon gegenüber, dem er eigentlich seine Krone zu verdanken hatte. Als Hasser der Franzosen, die ihm die schönsten Jugendjahre gestohlen hatten, konnte er dem Korsen keinerlei Sympathie entgegenbringen, und obwohl er einmal sogar gezwungen war, mit dem Kaiser in einem Zelt eine Nacht zu verbringen, änderte er seine Meinung nicht.

Für Ludwig wäre das Leben wahrscheinlich, trotz mancher absurder politischer Abenteuer, die er vor allem seinem Sohn Otto antat, indem er alles daran setzte, ihn zum König von Griechenland zu machen, in geordneten Bahnen verlaufen, hätte er nicht eines schönen Tages den Teufel in Weibsgestalt kennengelernt, dem er nicht entrinnen konnte. Er hatte schon viele Amouren, auch nach seiner Eheschließung mit Therese von Sachsen-Hildburghausen, hinter sich, als er in die Netze der verführerischen »spanischen Tänzerin« Lola Montez geriet. Bis dahin waren alle außerehelichen Abenteuer Ludwigs für seine Gemahlin absehbar gewesen. Therese, die er auf Betreiben seines Vaters im Jahre 1810 geheiratet hatte, wusste, dass Ludwig, der seiner Frau ein Leben lang von Herzen zugetan war, nach einiger Zeit der heftigen Leidenschaft zu ihr zurückkehren würde. Sie war zwar niemals seine Traumfrau gewesen, aber das Fest, das der königliche Vater Maximilian I. Joseph anlässlich der Hochzeit der beiden jungen Leute gegeben hatte, blieb den Münchnern noch lange, ja bis heute als Oktoberfest mit Bieranstich, Ochsenbratereien und Trachtenmusik in Erinnerung.

Mit dem Auftauchen von Lola Montez veränderte sich im Leben Ludwigs beinahe alles. Der Weg der dubiosen Frau, die wahrscheinlich in Irland geboren und die zweimal nach Indien gereist war, führte schließlich nach München, wo sie als Tänzerin auftreten wollte. Da aber ihre Tanzkünste mehr als dürftig waren, erhielt sie kein Engagement. Als sie gerüchteweise vernahm, dass der alternde König jungen, schönen Frauen gegenüber besonders charmant und empfänglich war, beschloss sie, irgendeinen Weg zu finden, um ihre Wünsche Ludwig I. vorzutragen. Was ihr schließlich auch gelang. Lola Montez hatte richtig kalkuliert, denn der König war vom ersten Augenblick an von ihren himmelblauen Augen, dem schwarzen Haar und ihrer grazilen und doch üppigen Gestalt fasziniert. Und da sie sich in keiner Weise zierte, wurde sie schon nach kurzer Zeit die Geliebte des Sechzigjährigen. Ludwig war durch dieses Liebesabenteuer wie ausgewechselt, er fühlte sich wie ein frisch verliebter Jüngling, dem die Welt offenzustehen schien. An einen seiner Freunde schrieb er folgende Zeilen: »Ich kann mich mit dem Vesuv vergleichen, der für erloschen galt, bis er plötzlich wieder ausbrach. Ich glaubte, ich könnte nicht mehr der Liebe Leidenschaft fühlen, hielt mein Herz für ausgebrannt. Aber nicht ein Mann mit vierzig Jahren, wie ein Jüngling von Zwanzig, ja, comme un amoureux des quinze fasste mich die Leidenschaft wie nie zuvor. Esslust und Schlaf verlor ich zum Teil, fiebrig heiß wallte mein Blut … Ich war glücklich, bin glücklich. Einen neuen Schwung hat mein Leben bekommen …«

Seltsamerweise trat durch Lolas Einfluss zunächst eine positive Veränderung in der Politik ein, das »Ministerium der Morgenröte« weckte Hoffnungen auf mehr Freiheit auf allen Gebieten. Hatte unter dem von Karl von Abel geführten Kabinett eine strenge katholische Richtung den Ton angegeben, obwohl der König in Glaubensfragen aufgeschlossen war – immerhin war seine Gattin Protestantin –, so zeichneten sich jetzt Reformen ab. Politische Gefangene erhielten überraschend ihre Freiheit wieder und die Juden erlangten endlich eine Gleichstellung im Staat. Der Einfluss der schönen Mätresse schien sich positiv auf die Politik auszuwirken.

Aber eine Lola Montez war weit davon entfernt, eine Wohltäterin Bayerns zu sein. Sie verfolgte lediglich ihre Privatinteressen und die waren einerseits die Erlangung der Staatsbürgerschaft und vor allem Einfluss, Macht und Reichtum. All dies bot ihr der bis über beide Ohren verliebte König. Er hob ihretwegen Verbote auf, wie das Verbot des Rauchens in der Öffentlichkeit, da Lola demonstrativ Zigarren rauchte. Er ernannte sie zur Gräfin »Landsfeld«, nachdem er ihr die bayerische Staatsbürgerschaft verliehen hatte. Er beschenkte sie reich aus seiner Privatschatulle, zu der sie schon bald unumschränkten Zugang hatte. Lola wurde in kurzer Zeit zu einer reichen Frau, die allerdings nicht nur dem König schöne Augen machte, sondern auch so manchem jungen, kräftigen Studenten. So berichtete ein gewisser Elias Pleißner von einem leidenschaftlichen Abenteuer mit der schönen Lola, das in Studentenkreisen Aufsehen erregte. Es bildete sich eine

Die Gemahlin Ludwigs I., Therese, im Ornat als Königin
(1792–1854)

Gruppierung innerhalb der Studentenschaft namens Alemannia, die der schönen Tänzerin mit Leib und Leben ergeben war.

Es konnte nicht ausbleiben, dass man in München das dubiose Treiben der Lola Montez mit Argusaugen betrachtete. Wie konnte der König so vernarrt sein und die Absichten der Frau nicht erkennen? Geradezu Empörung rief die Tatsache hervor, dass Ludwig Lola am 20. November 1846 in seinem Testament mit 100 000 Gulden bedachte. Doch damit nicht genug. In den beiden nächsten Jahren erhielt Lola für ihre Dienste die riesige Summe von 158 084 Gulden, ein Vermögen, wenn man bedenkt, dass ein Richter zu dieser Zeit ganze 600 Gulden im Jahr verdiente – freilich auf andere Weise.

Überall, wohin er kam, machte Ludwig kein Hehl daraus, wie sehr er Lola Montez schätzte und liebte. Die Macht, die die Dame über den König ausübte, kannte keine Grenzen. Lola Montez war zur wahren Herrscherin in Bayern geworden, ihr Wille war gleichsam Gesetz. Sie bewirkte, dass Minister, die ihr nicht zu Gesicht standen, von einem Tag auf den anderen entlassen wurden, dass jeder, der ihr gegenüber einen schiefen Blick riskierte oder eine geflüsterte Bemerkung machte, bestraft oder gar ins Gefängnis geworfen wurde, sie schreckte nicht vor Handgreiflichkeiten zurück und ohrfeigte Leute auf offener Straße oder schlug sie mit der Reitpeitsche ins Gesicht, so wie sie dies in Indien gesehen hatte.

In München begann man sich gegen diese wüste Frau zu wehren, auch wenn man zunächst fürchten musste, den Zorn des Königs, der ihr hörig war, auf sich zu ziehen. Man setzte alles daran, Ludwig davon zu überzeugen, dass Lola hinter seinem Rücken noch andere Verhältnisse unterhielt, was diese, darüber befragt, aufs Heftigste leugnete. Und der König glaubte ihr jedes Wort, wenn er in ihre schönen blauen Augen schaute.

Ludwigs Verhalten und seine Abhängigkeit von der übel beleumundeten Tänzerin erregten Aufsehen in ganz Europa. Niemand konnte den Bayernkönig verstehen, am allerwenigsten seine Geschwister. Die Königin von Sachsen, eine Schwester Ludwigs, bot Lola Montez 2000 Gulden jährlich an, wenn sie den König frei gab. Auch aus Österreich kamen gute Ratschläge, wie sich Ludwig aus dem Bann der »Teufelin« befreien sollte. In christlichen Kreisen konnte man für Ludwigs »Sinnesverwirrung« auch kein Verständnis aufbringen. Seine bigotten Schwestern Sophie in Wien und auch Ludovika in Possenhofen ließen Messen lesen, in denen man darum betete, dass Ludwig endlich die Augen aufgehen sollten. Man begann im Familienkreise, den König zu meiden, das gute Verhältnis, das Ludwig ein Leben lang mit seinen Geschwistern gehabt hatte, geriet ernsthaft in Gefahr. Aber der König schien blind und taub zu sein, die Vorwürfe und Ratschläge seiner Schwestern waren für ihn nicht existent. Und als der Erzbischof von München, Karl August von Reisach, seine Teilnahme am Hofball absagen ließ, tat Ludwig den beinahe sprichwörtlichen Ausspruch: »Bleib er bei seiner Stola, ich bleib bei meiner Lola!«

Die Stimmung in der Münchner Bevölkerung der spanischen Tänzerin gegenüber wurde immer aggressiver. Man begann Spottgedichte auf sie zu verfassen und versuchte sie zu verfolgen, wenn sie sich demonstrativ irgendwo zeigte, wo größere Menschenansammlungen waren. Pflastersteine flogen hinter ihrer Kutsche her, sodass Lola um Leib und Leben fürchten musste. Diese Unmutsäußerungen des Volkes hielten die Dame trotzdem nicht davon ab, vor versammelter Menschenmenge mit einem Sektglas in der Hand zu erscheinen. Diese Provokation hätte sie beinahe das Leben gekostet.

Natürlich kamen alle Eskapaden seiner Geliebten auch dem König zu Ohren, der in eine tiefe Krise gestürzt wurde. Er ahnte, dass er Krone und Land verlieren würde, wenn er sich weiterhin hinter Lola stellte. Zunächst war er aber zu schwach, eine endgültige Entscheidung zu treffen. Nach langem Hin und Her entschloss er sich schließlich doch, die Tore der Residenz für sein Liebchen sperren zu lassen. Als Lola, verfolgt von einer wütenden Menge, Schutz bei ihrem Liebhaber suchen wollte, fand sie keinen Einlass. Auf Drängen des Bürgermeisters von Steindorf, der bis zum König vorgelassen worden war, gab Ludwig die Erlaubnis, die Pforten der Universität, die er aufgrund der revoltierenden Studenten hatte schließen lassen, wieder zu öffnen, und entschied, wenn auch mit halb gebrochenem Herzen, Lola aus der Stadt zu verbannen.

Das war leichter gesagt als getan, denn so leicht gab eine Lola Montez nicht auf. Als Mann verkleidet schlich sie an der Seite ihres Liebhabers Pleißner durch die Stadt, um irgendwie an den König heranzukommen. Als ihr Treiben entdeckt wurde, drückte man ihr einen Pass in die Hand, der auf den Namen Mrs. Bolton lautete, und setzte sie in den Zug nach Lindau, von wo aus sie nach Paris weiterreisen sollte.

Die Abschiebung der Lola Montez kam für König Ludwig I. fünf Minuten vor zwölf. Denn die Wellen der Revolution von 1848 schwappten auf Bayern über, wobei man in erster Linie die Günstlinge der Montez ins Visier nahm. Anfang März stellte man Forderungen nach Pressefreiheit an den König, man verlangte ein neues Polizeigesetz, öffentliche Gerichtsverhandlungen, Befreiung der Bauern und die sofortige Einberufung des

Landtages. All dies überforderte den König, der in einer ausweglosen seelischen Verfassung war. Daher übernahm der Bruder, Prinz Karl, die Verhandlungen mit den Revolutionsführern.

Die Frage, ob Lola Montez bei einem letzten geheimen Treffen Ludwig den Tipp gegeben hatte, als König zurückzutreten, wird wohl nie ganz geklärt werden. Wahrscheinlich resignierte Ludwig, als er am 20. März 1848 den männlichen Mitgliedern des Hauses Wittelsbach seinen Thronverzicht zugunsten seines ältesten Sohnes Maximilian Joseph bekannt gab. In seiner Abschiedsrede wandte er sich mit folgenden Worten an sein Volk:

»Eine neue Richtung hat begonnen, eine andere als in der Verfassungsurkunde enthaltene, in welcher ich nun im 23. Jahre geherrscht ... dem Wohle meines Volkes war mein Leben geweiht; als wenn ich eines Freistaates Beamter gewesen, so gewissenhaft ging ich mit dem Staatsgute, mit den Steuergeldern um. Ich kann jedem offen in die Augen sehen. Und nun meinen tief gefühlten Dank allen, die mir anhingen. Auch vom Throne heruntergestiegen, schlägt mein Herz glühend für Bayern, für Teutschland!«

Aus dem bayerischen König wurde ein Privatmann. In München hatte man ihm die Affäre mit Lola Montez recht bald verziehen, man grüßte den abgedankten König mit derselben Hochachtung wie in früheren Zeiten. Im Jahre 1854 starb seine Gemahlin Therese, die ein Leben lang Verständnis für ihren unsteten Gatten aufgebracht hatte. Der alte ehemalige König glaubte ihren Tod nicht überwinden zu können. Er suchte Trost im Ausland, zog von Salzburg, wo er sich längere Zeit aufgehalten hatte, nach Italien und schließlich nach Nizza. In der Stadt an der Riviera starb er 14 Jahre später, am 29. Februar 1868.

Unter großer Beteiligung der Bevölkerung wurde der Sarg mit den sterblichen Überresten des bedeutendsten bayerischen Königs nach München überführt und durch die Straßen getragen, vorbei an den Prachtbauten in der Ludwigstraße, die er hatte errichten lassen und die mit seinem Namen für alle Zeiten verbunden sind. In der Basilika St. Bonifatius fand König Ludwig I. in einem Marmorsarkophag seine letzte Ruhestätte.

Das griechische Abenteuer
Elisabeths Cousin König Otto

Was uns heute seltsam anmutet, war im 19. Jahrhundert keineswegs ungewöhnlich: Durch den Einfluss der europäischen Großmächte war es möglich, dass in verschiedenen Ländern Kaiser und Könige regierten, die weder von Geburt an das Land kannten, in dem sie als Herrscher eingesetzt waren, noch dessen Sprache beherrschten und schon gar nicht die Mentalität des Volkes verstanden. Ein ähnliches Schicksal wie dem Habsburger Maximilian, dem jüngeren Bruder von Kaiser Franz Joseph, der von Napoleon III. in eigennütziger Weise nach Mexiko verschachert wurde, hätte beinahe Otto, dem Sohn des bayerischen Königs Ludwig I., in Griechenland widerfahren können, wäre er nicht gemeinsam mit seiner Gemahlin im Jahre 1862, als es zu einem großen Aufstand gegen den bayerischen Herrscher kam, außer Landes gewesen. So rettete er Leib und Leben, indem er ein Schiff bestieg, das ihm die Engländer, die dereinst gemeinsam mit den Franzosen Königsmacher gewesen waren, zur Verfügung stellten und auf dem er ins sichere Bayern zurückkehren konnte.

Der junge Otto, ein Bruder von Ludovika, der späteren Mutter von Kaiserin Elisabeth, hatte wahrscheinlich gar nicht gewusst, wie ihm im Jahre 1830 geschah, als er, der beinahe noch in den Kinderschuhen steckte, plötzlich ins Rampenlicht der internationalen Politik geschoben wurde. Denn in London, wo sich die Staatsmänner zusammengesetzt hatten, um einen Plan auszuarbeiten, wie es nach der Befreiung Griechenlands vom türkischen Joch im Land der Hellenen weitergehen sollte, war man auf die eher seltsam anmutende Idee verfallen, den zweitgeborenen Sohn des Bayernkönigs als griechischen König vorzuschlagen. Dabei ging man von verschiedenen Überlegungen aus, denn einerseits suchte man keinen starken Mann, der das Land neu organisieren und aufbauen konnte, da man in so einem Falle um den Einfluss, den gerade England, Frankreich und Russland in dem strategisch wichtigen Land auch weiterhin haben wollten, fürchtete, und andererseits war die Vorliebe des bayerischen Königs Ludwig I. für alles Griechische weit über die Grenzen Bayerns hinaus bekannt. Da der ältere Sohn Maximilian Joseph selbstverständlich die Nachfolge des Vaters in Bayern antreten musste, schien der junge Otto mit seinen 15 Jahren genau der Richtige zu sein. Für den stolzen Vater, der sich durch das Angebot mehr als geschmeichelt fühlte, gab es kaum Bedenken, das »zweite Londoner Protokoll« zu akzeptieren, durch das sein mittlerweile 17-jähriger Sohn offiziell zum König von Griechenland ernannt wurde.

Otto war herzlich wenig gefragt worden, wie er selbst sich seine Zukunft vorgestellt hatte. Bis dahin hatte er eher das beschauliche Leben eines zukünftigen Privatgelehrten geführt. Sein Vater hatte ihm die besten Lehrer zur Seite gestellt, vor allem Dichter und Wissenschaftler hatten den jungen Mann in die Grundlagen der europäischen Kultur einzuweihen versucht, sodass Otto sein Land, in dem er noch als Minderjähriger die Regierungsgeschäfte übernehmen sollte, zwar in der Theorie von den Anfängen bis zur Gegenwart kannte, von den aktuellen, überaus schwierigen politischen Gegebenheiten aber nicht die geringste Ahnung hatte. Auch in einem Schnellverfahren war es niemandem möglich, dem sehr jungen Mann die Probleme, mit denen das Land nach der jahrhundertelangen türkischen Besatzung zu kämpfen hatte, klarzumachen, geschweige denn ein Patentrezept zu entwickeln, wie es in Griechenland weitergehen sollte.

Es muss für den Jüngling ein bedrückendes Gefühl gewesen sein, beinahe von einem Moment auf den anderen in ein politisch eiskaltes Wasser geworfen zu werden, denn Berichten zufolge klagte er nicht nur einmal seiner Mutter Therese von Sachsen-Hildburghausen, die er besonders liebte, sein Leid und seine Ängste. Auch die Mutter fürchtete für die Zukunft des geliebten Sohnes, da sie sich genauso wie er nicht vorstellen konnte, dass Otto bar aller politischen Erfahrung in dem darniederliegenden Land Ruhe und Ordnung herstellen und wirtschaftlichen Aufschwung herbeiführen sollte.

Wie ein Blinder tappte der junge Prinz in die griechische Falle, als er in der Hafenstadt Nauplion am 6. Februar 1833 griechischen Boden betrat. Die Reise in sein neues Königreich hatte allein zweieinhalb Monate gedauert, mit ihm waren 3500 bayerische Soldaten an Land gegangen, die König Ludwig I. dem Sohn zu seiner eigenen Sicherheit vorsichtshalber mitgegeben hatte. So sicher schien sich Ludwig I. trotz aller Euphorie doch nicht gewesen zu sein, denn jetzt, als es ernst wurde und Otto sein Amt antreten sollte, tauchten auch bei Ludwig erste Zweifel auf, ob es richtig gewesen war, dem Angebot der Allianz-Mächte zuzustimmen.

Der Empfang in Griechenland war für den jungen König überaus freundlich, man war nur allseits überrascht, dass Otto noch minderjährig war. Zunächst akzeptierte man auch noch den Regentschaftsrat, der hauptsächlich aus bayerischen Beamten sowie begeisterten Humanisten und besonderen Kennern des griechischen Altertums bestand. Als man aber erkannte, dass diese Bayern überhaupt keinen Zugang zur griechischen Bevölkerung suchten und ihre wissenschaftlichen Privatambitionen verfolgten, kam es zu ersten Unmutsäußerungen von Seiten des Volkes. Was man gebraucht hätte, wäre ein entschlossener König gewesen, der mit all seinen Kräften versuchte, den Staat lebensfähig zu machen. Denn die finanziellen Probleme wurden von Tag zu Tag größer, die Situation des Staates war katastrophal, Athen war größtenteils zerstört, die ausgebluteten Bauern lebten von einem Tag auf den anderen und als Folge des Hungers stellten sich Seuchen ein. In dieser verzeifelten Lage befand sich das Land und mit ihm der völlig unfähige junge König aus dem Hause Wittelsbach.

Die Schutzmächte England, Frankreich und auch Russland hatten dem darniederliegenden Land zwar 60 Millionen Francs als Überbrückungshilfe zugesagt, aber nur einen Bruchteil wirklich ausgezahlt. Sie wollten Griechenland auf alle Fälle in Abhängigkeit halten und das war so lange möglich, als der junge König ein Spielball ihrer Interessen war. Daher setzten sie alles daran, dass er keine eigene Politik betreiben konnte. Dazu kam, dass Otto auf den verhängnisvollen Rat seines Vaters hörte, in Griechenland keine Verfassung zuzulassen. Ludwig I. begründete dies damit, dass er selber in Bayern mit einer allzu großen Liberalisierung schlechte Erfahrungen gemacht hätte. Eine straffe Zentralgewalt schien das Mittel zu sein, um Volk und Staat in den Griff zu bekommen. Dass ihm als Fremdem dies niemals gelingen konnte, erkannte Otto erst, als es längst zu spät war.

Denn schon bald nach seinem tatsächlichen Regierungsantritt bildeten sich geheime Gruppierungen, die nichts
anderes im Sinn hatten, als den König zu boykottieren
und ihn zu Fall zu bringen. Wohlmeinende Menschen
um Otto gab es nur wenige und denjenigen, die es nicht
schlecht mit ihm meinten und ihn warnten, schenkte
er genauso wenig Gehör wie seiner schönen Gemahlin,

König Otto I. von Griechenland (1815–1867)

die mit offenen Augen und Ohren durch die Welt ging. Amalie, die Tochter des Großherzogs von Oldenburg, die er 1836 geheiratet hatte, zeigte ihm an vielen Beispielen auf, wie verkehrt er die Lage in seinem Land einschätzte, aber Otto war unbelehrbar. Dazu kamen die religiösen Gegensätze in dem von der griechisch-orthodoxen Kirche beherrschten Gebiet. Man hatte noch akzeptiert, dass der König dem römisch-katholischen Glauben angehörte, aber der erhoffte Kronprinz sollte dereinst auf den Glauben des Landes getauft werden. Otto und Amalie entgingen dem religiösen Dilemma dadurch, dass die Gemahlin des Königs nach einer Fehlgeburt keine Kinder mehr bekommen konnte. Amalie selber war auch nach der Heirat mit dem katholischen Bayern Protestantin geblieben. Es zeugte von der Toleranz König Ludwigs I., dass die Trauung in Oldenburg nach beiderlei Ritus, dem katholischen und dem protestantischen, vollzogen worden war.

Vielleicht war es die Kinderlosigkeit, die Otto schon sehr bald in die Arme schöner Frauen trieb, obwohl er seine eigene Frau auch nicht unansehnlich fand. Denn nachdem die Eltern die Ehe zwischen beiden beschlossen hatten, äußerte er sich, dass er »zwar noch nicht völlig in dieses anbetungswürdige Geschöpf verliebt sei, daß aber sicher bald echte Liebe in ihm wachsen würde«. Ob dies wirklich der Fall war, bleibt dahingestellt, doch Amalie muss eine wirklich schöne Frau gewesen sein, da Ottos Vater Ludwig I., der als besonderer Frauenkenner galt, sich bewundernd über die Schwiegertochter äußerte und sie als »Modell« bezeichnete.

Vater und Sohn schienen in gewisser Weise den gleichen Geschmack bezüglich der Reize schöner Damen gehabt zu haben, denn Otto wurde auch mehr als eine Romanze mit Jane Digby, einer ehemaligen Geliebten seines Vaters, nachgesagt.

Es ist erstaunlich, dass der junge König, der die neugriechische Sprache in kürzester Zeit erlernte, nicht für die Idee zu gewinnen war, griechische Berater einzustellen und mit ihnen gemeinsam Politik zu machen. Er verließ sich nach wie vor auf die bayerischen Beamten und ihre abstrusen Ideen, die von vornherein zum Scheitern verurteilt waren. So ließ er viele zerstörte Gebäude in Athen wieder aufbauen und ein Schloss errichten, aber das war nicht das, was das Volk, das nach wie vor hungerte, dringend benötigte. Im Gegenteil, diese Bautätigkeit bereitete noch mehr böses Blut, denn sie kostete Unsummen Geldes, das der Not leidenden Bevölkerung vorenthalten blieb. Daher kam es, als 1843 die letzten bayerischen Soldaten das Land verließen, zu den ersten bewaffneten Unruhen, die sich nicht nur auf Athen beschränkten. Es war zu befürchten, dass sich ein gewaltiger Flächenbrand entwickelte, der ganz Griechenland erfassen könnte. Im letzten Moment handelte der junge König, indem er einen Griechen, Andreas Metaxas, zum Ministerpräsidenten ernannte.

Im Laufe der folgenden Jahre bekämpften sich verfeindete Gruppierungen, die von den Westmächten, die nach wie vor ihr dubioses Spiel trieben, unterstützt wurden. Als der König 1862 gerade außer Landes war, brach der große Aufstand gegen den Bayern los. Otto konnte von Glück sprechen, dass ihn die Westmächte daran hinderten, nach Griechenland zurückzukehren, wie dies seine spontane Absicht gewesen war, als er von den Unruhen erfuhr. Es blieb ihm nichts anderes übrig, als zusammen mit seiner Gemahlin und den Kronjuwelen, die er mit sich führte, ins Land seiner Väter zurückzukehren. Das griechische Abenteuer war samt und sonders gescheitert. Im Exil in Bamberg führte er zunächst noch ein beschauliches Leben, wobei er freilich immer noch dem Land, in dem er König gewesen war, nachtrauerte. Im Alter von 52 Jahren starb der glücklose Cousin von Kaiserin Elisabeth überraschenderweise an Masern.

Gute Partien auf dem Heiratsmarkt
Elisabeths Tanten

Kaiser Franz bezeichnete seine vierte Gemahlin als »häusliche Perle«. Als der dreimal verwitwete habsburgische Kaiser sie so nannte, war Karoline Auguste keineswegs eine beneidenswerte Frau, denn das Schicksal hatte es mit dem einst unbeschwerten Mädchen, das als Tochter des späteren Königs Maximilian I. Joseph am 8. Februar 1792 zur Welt kam, nicht besonders gut gemeint. Als kleines Kind war Karoline Charlotte Auguste an den meist tödlich verlaufenden Pocken erkrankt. Wie durch ein Wunder hatte sie die schwere Krankheit überstanden, zurückgeblieben waren jedoch entstellende Narben im Gesicht, unter denen sie ein Leben lang litt. So machte sie den für sie auserkorenen Bräutigam, den württembergischen Erbprinzen Wilhelm auf diesen gravierenden Schönheitsfehler schon vor der Hochzeit aufmerksam, obwohl den jungen Mann die Narben im Gesicht seiner Zukünftigen in keiner Weise interessierten. Denn für ihn war die von den jeweiligen Eltern arrangierte Hochzeit ohnedies nur eine Farce, er hatte nicht die geringste Ambition, mit Karoline die Ehe zu vollziehen. Als in der Liebe erfahrener Mann hielt er sich lieber an seine diversen Gespielinnen, vor allem aber an seine ständige Maitresse, die er unter keinen Umständen aufzugeben gedachte.

Obwohl die Eltern wussten, wie sich der Sohn seiner jungen Braut gegenüber benahm, bestanden sie auf dieser unseligen Eheschließung, die nach katholischem und protestantischem Ritus vollzogen wurde. Während die Geistlichen alles taten, um den Segen des Himmels für das junge Paar zu erflehen, flüsterte Wilhelm Karoline deutlich hörbar zu: »Wir sind Opfer der Politik«, wobei er vergaß, dass eigentlich nur die junge Frau unglücklichen Zeiten entgegenging. Denn nach dem prächtigen Hochzeitsmahl weigerte sich Wilhelm, neben seiner soeben angetrauten Gemahlin in der Kutsche von München nach Stuttgart zu fahren, um nicht Gefahr zu laufen, wenigstens einige Worte mit Karoline wechseln zu müssen. Völlig deprimiert durch das ablehnende Verhalten ihres Gemahls kam die junge Frau in Stuttgart an, wo sie in einem Nebenflügel des Schlosses untergebracht wurde. Ihren lebens- und liebeslustigen Gatten bekam sie daher kaum zu Gesicht. Nur wenn ab und zu ein Festbankett veranstaltet wurde, verlangte Wilhelms Vater, der württembergische König Friedrich, dass der Sohn an der Seite seiner Gemahlin zu erscheinen hatte. Dabei wusste alle Welt, dass Wilhelm die Ehe mit Karoline nicht vollzogen hatte und dies auch in fernerer Zukunft nicht zu tun gedachte. Beinahe verzweifelt schrieb Karoline an ihren geliebten Bruder Ludwig, mit dem sie genauso wie mit ihren Schwestern Sophie und Ludovika in engem Kontakt stand, nach München: »Morgen ist es ein Jahr her, daß ich mein Ja-Wort gegeben habe und die Folgen eines solchen Wortes sind nie vorauszusehen.«

Obwohl die Situation völlig verfahren war, hoffte der württembergische König immer noch, dass der Sohn mit der Zeit erkennen würde, dass Karoline eine ungewöhnlich liebenswürdige Person war, an deren Seite er glück-

Drei Töchter von König Max I. Joseph:
Ludovika, Sophie und Marie

lich werden konnte. Aber alle Wünsche in diese Richtung waren völlig vergebens, sodass man von allen Seiten allmählich zu der Einsicht kam, dass es nur eine einzige Lösung des Problems geben konnte: die Scheidung. Und da es für niemanden ein Geheimnis war, dass die Ehe niemals vollzogen worden war, kam König Friedrich zu dem Schluss, dass ein evangelisches Konsortium die Trennung dieser Ehe im Jahre 1814 durchführen sollte. Und so geschah es auch. Allerdings war es zusätzlich nötig, dass auch der Papst mit der Auflösung der Ehe einverstanden war, denn sonst wäre es Karoline nicht mehr möglich gewesen zu heiraten. Papst Pius VII. annulierte im Januar 1816 die Ehe, wobei Wilhelm die Alleinschuld traf, »der ein intimes Zusammensein mit dem von ihm als reizlos empfundenen Mädchen bewusst gemieden und von Anfang an nur eine Scheinehe zur Wahrung seiner persönlichen Freiheit beabsichtigt hatte«.

Als Abfindung für die Zeit am württembergischen Hof wurden Karoline 40 000 Gulden zugesprochen.

In den einsamen Jahren in Stuttgart hatte Karoline Zeit und Muße gehabt, sich mit den schönen Künsten zu beschäftigen. Da sie ein ausgesprochenes Zeichentalent besaß, verbrachte sie viele Stunden vor ihrer Staffelei. Daneben lernte sie Englisch, vertiefte ihre Italienischkenntnisse und wurde eine Kennerin der Literatur ihrer Zeit, wobei es ihr besonders die Werke Goethes angetan hatten. Kurzum, als sie aus Stuttgart wegging, war sie eine in den Künsten gebildete Frau.

Ihre Rückkehr nach München wurde nicht nur für sie zu einem Freudenfest. Auch ihr Lieblingsbruder Ludwig, der ihr in den Jahren in der Ferne brieflich eine große Stütze gewesen war, bereitete ihr einen begeisterten Empfang. Allerdings war sich Karoline bewusst,

dass sie wahrscheinlich nicht allzu lang in der bayerischen Hauptstadt bleiben konnte, denn kaum war sie
geschieden, pochten schon die ersten Heiratskandidaten
an die Tore. Immerhin war sie die Tochter des bayerischen Königs, dazu noch katholisch, sodass sie vor allem
eine interessante Partie für die Habsburger war, aber auch
für so manchen oberitalienischen Fürsten als Gemahlin
infrage kam. Die beste Partie schien für König Maximilian I. Joseph der verwitwete österreichische Kaiser zu
sein, der schon drei Gemahlinnen zu Grabe getragen
hatte. Dass Kaiser Franz beinahe der Großvater der jungen Frau hätte sein können, störte in der damaligen Zeit,
wo es lediglich um standesgemäße Geburt und vielleicht
noch um Geld ging, herzlich wenig. Daher machte der
ältliche Brautwerber das Rennen.

Schweren Herzens nahm Caroline Auguste, wie sie sich
fortan nannte, wieder einmal Abschied von ihrer Heimat
und ihrer Familie, die sie so sehr liebte, um nach Wien, in
eine für sie völlig andere Welt zu gehen. Denn das Leben
am Kaiserhof war keineswegs luxuriös oder aufwendig,
Kaiser Franz war für seine Sparsamkeit bekannt. Selbst
das Geld, das für die Hochzeit am 10. November 1816
veranschlagt worden war, hielt er zurück und spendete es
für die Armen der Stadt, die auf diese Weise ein groß-
zügiges Weihnachtsgeschenk erhielten. Der »gute Kaiser«
hatte sich wie schon des Öfteren seinen Wienern gegenüber weitherzig erwiesen. Dass die junge Braut sich ein
etwas pompöseres Hochzeitsfest erwartet hatte, daran
dachte der ältliche Bräutigam nicht. In München, bei der
Eheschließung per procurationem, bei der Carolines Bruder Ludwig den Bräutigam vertreten hatte, hatten sich im
Gegensatz zu Wien die Tische gebogen, es war getanzt
und gelacht worden, bis der neue Tag anbrach.

Wenn man auch Kaiser Franz ein eher biedermeierliches Leben nachsagte, so machte sich doch an allen Ecken und Enden des Wiener Hofes noch immer das Spanische Hofzeremoniell breit. Dazu kam, dass sich der viel zu alte Ehemann seiner jungen Frau gegenüber äußerst zurückhaltend und schweigsam verhielt, wobei aber allgemein bekannt war, dass er Caroline als »Engel des Hauses« und »liebes Weib« bezeichnete. Wahrscheinlich war Kaiser Franz nach drei vorangegangenen Ehen gar nicht mehr in der Lage, große Gefühle zu zeigen.

Umso mehr zog es die junge Frau zu dem unglücklichen Sohn Napoleons, der als »König von Rom« in Paris das Licht der Welt erblickt hatte und nach der Absetzung seines berühmten Vaters mit seiner Mutter Marie Louise nach Wien gekommen war. Hier lebte er als Herzog von Reichstatt unter der Obhut des kaiserlichen Großvaters. Die eigene Mutter, die als Regentin in Parma eingesetzt war, kümmerte sich so gut wie gar nicht um den schönen jungen Sohn. Gottlob gab es am Wiener Hof aber etliche Damen, die die Gesellschaft des charmanten jungen Mannes schätzten, wie Caroline Auguste und ihre Schwester Sophie, die mit dem eher linkischen Erzherzog Franz Karl, dem zweitgeborenen Sohn von Kaiser Franz verheiratet war, der herzlich wenig mit seiner bezaubernden Gemahlin anzufangen wusste. Zwar mussten sowohl Caroline Auguste als auch Sophie bei ihrer Zuneigung für den jungen Reichstatt vorsichtig sein, denn die Spitzel, die Fürst Metternich, der alles bestimmende Kanzler, überall postiert hatte, trugen das, was sie erlauschten, aber auch wild Zusammengereimtes ihrem Herrn zu. Denn nach wie vor sorgte man sich insgeheim, dass der Sohn des einst so gefürchteten Napoleon später in der europäischen Politik mitmischen könnte. Daher bewachte man Franz, wie ihn sein Großvater nannte, beinahe Tag und Nacht, selbst als er schon schwer lungenkrank war. Sein früher Tod erschütterte seine »Stiefgroßmutter« schwer, sie war es, die wirkliche Tränen der Trauer an seiner Bahre vergoss.

Die beiden Schwestern Caroline Auguste und Sophie waren durch ihre Heiraten in ein besonderes verwandtschaftliches Verhältnis geraten. Vor allem auch noch

Die vierte Gemahlin von Kaiser Franz I. (1768–1835),
Karoline Auguste (1792–1873)

dadurch, dass Sophies Sohn Kaiser Franz Joseph seine Cousine Sisi zu seiner Frau gemacht hatte. Dadurch wurde Sisis Tante Caroline Auguste zugleich auch ihre ange- heiratete Großmutter und für deren Schwester, Erzher- zogin Sophie, die Schwiegermutter, genauso wie Sophie Sisis Tante und gleichzeitig ihre Schwiegermutter wurde. Zugleich waren die beiden Schwestern Caroline Auguste und Sophie sowie Ludovika nach wie vor die Schwestern des bayerischen Königs Ludwigs I. Eine wahrhaft kompli- zierte Verwandtschaft.

Durch den großen Altersunterschied zwischen Kaiser Franz und seiner vierten Gemahlin war es nur selbstver- ständlich, dass Caroline Auguste ihn um Jahrzehnte über- lebte. Die einstige Wittelsbacherin wurde im Laufe der Jahre zu einer viel geachteten Persönlichkeit, die sich rüh- rend um Menschen kümmerte, die am Rande der Gesell- schaft dahinvegetierten. Um ihnen zu helfen, gründete sie Kinderbewahranstalten, Waisen- und Krankenhäuser und linderte die Not, wo sie nur konnte. Daneben war sie in der Kaiserfamilie als »alte Kaiserin« hoch angesehen. Nicht nur der Nachfolger von Kaiser Franz, der bedauerns- werte Ferdinand, ein schwerer Epileptiker, suchte ihren Rat und ihre Hilfe, auch der junge Kaiser Franz Joseph sah in ihr die »wahre Großmama«. Da sie keine eigenen Kinder hatte, schenkte sie ihre ganze Liebe den Enkeln ihres Gemahls. Dass »Franzi« und seine Geschwister eine halbwegs unbeschwerte Kindheit im Kreise einer echten Familie erleben konnten, war zum großen Teil auch ihr Verdienst. Caroline Auguste veranstaltete für die Enkel- Neffen Theateraufführungen, Bälle und Schlittenfahrten, an denen sie selber begeistert teilnahm.

Obwohl man sie in Wien liebte, beschloss Caroline Auguste im fortgeschrittenen Alter nach Salzburg zu übersiedeln, wo sie sich ebenfalls karitativ betätigte. Sie unterstützte die Halleiner Schulschwestern und gab große Summen zur Unterstützung von Hilfsorganisationen aus, die von ihr gegründet worden waren. Sie war wahrhaft ein »guter Engel« nicht nur in der Kaiserfamilie.

Die Kaiserin wurde sehr alt, sie starb einen Tag vor ihrem 81. Geburtstag. Der Name der vierten Gemahlin von Kaiser Franz, der Wittelsbacherin Caroline Auguste, lebt in der Stadt Salzburg weiter in den Namen »Museum Carolino Augusteum« und »Karolinenbrücke«.

Erzherzogin Sophie (1805–1872)
mit dem jungen Franz (1830–1916)

Sisis Schwiegermutter war auch ihre Tante
Sophie von Bayern

Napoleon hatte es möglich gemacht: Er hatte den Wittelsbacher Kurfürsten Maximilian Joseph auf den bayerischen Königsthron gesetzt, wodurch die Familie zu hohen Ehren gekommen war. Mit einem Mal waren auch die Töchter des neuen Königs als Gemahlinnen für Prinzen aus ganz Europa interessant geworden. Die Mädchen waren aus mehreren Gründen auf dem Heiratsmarkt gefragt. Außer ihrer Schönheit konnten sie noch etwas in die Waagschale werfen, was vor allem im Hause Habsburg besonders geschätzt wurde: Sie waren streng katholisch und daher doppelt anziehend. Alles andere war eigentlich für das Erzhaus nebensächlich, Hauptsache, die eventuelle zukünftige Kaiserin war standesgemäß.

Obwohl König Maximilian I. Joseph mit einer Protestantin verheiratet war, so war der Bayernkönig doch sehr froh, als er aus Wien einen deutlichen Wink bekam, dass Kaiser Franz eine eventuelle Heirat seines Sohnes Franz Karl mit einer Wittelsbacherin ins Auge fasste. Nachdem dem Kaiser aus München signalisiert worden war, dass die schöne Sophie wohl die geeignete Braut für den jungen Erzherzog sein würde, stand den schriftlichen Abmachungen zwischen den beiden Häusern nichts mehr im Wege. Niemand hatte sich Gedanken darüber gemacht, ob die beiden jungen Leute zusammenpassen oder ob sie

mit den Verträgen, die ihre Eltern geschlossen hatten, einverstanden sein würden. Das Wort des Vaters galt, alles
andere war unwichtig. Sophie und ihre Schwester Ludovika wurden über die Pläne der Eltern erst informiert, als
alles schon abgehandelt war. Dabei verheimlichte man
vor allem Sophie das Aussehen und das Wesen ihres
zukünftigen Ehemannes, denn sonst wäre das Mädchen
beim Anblick des Erzherzogs nicht beinahe in Ohnmacht
gefallen.

Sophie und Ludovika, eine schöner als die andere,
waren ausgesprochene Lieblinge der Münchner, die von
den beiden Mädchen entzückt waren, wenn sie mit ihrer
kleinen Kutsche, die von zwei Ponys gezogen wurde,
durch die Stadt fuhren. Dass zwei Königskinder sich so
unters Volk mischen konnten, war dem Regierungsstil
ihres Vaters zuzuschreiben, der zwar für sich selber jeden
Respekt verlangte, seine Kinder aber äußerst liberal und
freizügig erzog. Seinen Söhnen und Töchtern sollte eine
unbeschwerte Kindheit vergönnt sein, das spätere Leben
würde ihnen ohnehin viel abverlangen. Einzig und allein
absolute Pünktlichkeit forderte der König von seinen
Familienmitgliedern und er konnte sehr ungemütlich
werden, wenn man dieses Gebot übertrat. Maximilian I.
Joseph liebte seine Kinder – freilich auf seine Weise, in der
politische Überlegungen eine große Rolle spielten. Denn
es galt, das neue bayerische Königtum zu festigen, indem
gute Beziehungen zu den Nachbarstaaten und vor allem
zum mächtigen Habsburgerreich hergestellt wurden. Und
was war besser, als eine verwandtschaftliche Beziehung
der beiden Häuser?

Die Wittelsbacherinnen konnten in der Heiratsangele-
genheit noch von Glück im Unglück sprechen, denn der
älteste Sohn von Kaiser Franz, Ferdinand, wurde mit der

bedauernswerten Maria Anna von Sardinien-Piemont vermählt. Er war das Opfer seiner allzu nah verwandten Eltern. Täglich schüttelten ihn Dutzende von epileptischen Anfällen, durch die er so geschwächt wurde, dass er sich kaum auf den Beinen halten konnte. Von seiner schweren Krankheit gezeichnet, wirkte der durchaus intelligente Ferdinand einfältig, sodass man von ihm in Wien boshafterweise nur von »Ferdinand dem Trottel« sprach, eine ungerechte Unterstellung. Dass er auch zeugungsunfähig sein sollte, diese Fama verbreitete sich ebenfalls wie ein Lauffeuer, sodass die Hoffnung des Kaiserhauses auf dem zweiten Sohn Franz Karl lag, dem aber auch nicht gerade feuriges Blut durch die Adern rann. Aber immerhin war er eine außerordentlich gute Partie, wenn man bedachte, dass Ferdinand aufgrund seines schlechten Gesundheitszustandes eventuell nicht regierungsfähig war und daher womöglich sein Bruder Kaiser werden konnte – und seine zukünftige Gemahlin Kaiserin. Welch eine verlockende Aussicht für König Maximilian I. Joseph. Da war es schon angebracht, über viele negative Aspekte, die Franz Karl mit in die Ehe brachte, hinwegzusehen. Die junge Sophie würde sich im Laufe der Zeit zu arrangieren wissen, dessen war man sich am bayerischen Königshof sicher.

Sophie war natürlich mit keinem Wort gefragt worden, ob sie dem Wiener Erzherzog die Hand fürs Leben reichen wollte. Was hätte sie auch sagen sollen? Sie kannte Franz Karl nicht, und als sie ihn endlich am Starnberger See kennenlernte, war es viel zu spät. Wie alle Mädchen ihrer Zeit hatte sie einen Märchenprinzen erwartet, der sie zum Altar führen würde. Dass sich der Traummann schon bei seiner Ankunft in Oberbayern für sie in einen Albtraummann verwandeln würde, das konnte sie beileibe nicht ahnen. Wohlweislich hatte man Sophie so ziemlich alles verschwiegen, was man über den jungen Franz Karl in Erfahrung gebracht hatte, denn sowohl der König als auch seine zweite Gemahlin Karoline Friederike Wilhelmine vertraten die Ansicht, dass man üblem Gerede keinen Glauben schenken sollte. Wie leicht konnte es sein, dass die Berichte über das Äußere des Bräutigams oder über sein lethargisches Wesen aus boshaftem Munde kamen und womöglich nicht der Wahrheit entsprachen.

Die Wirklichkeit sah aber noch viel schlimmer aus als alle Gerüchte. Denn als der dünne, linkische junge Mann mit der allzu hohen Stirn und den schläfrigen wasserblauen Augen der Kutsche entstieg und sich ratlos, vor Verlegenheit errötend, umsah, glaubte Sophie in Ohnmacht fallen zu müssen. Das konnte doch nicht wahr sein, dass sie, die von so vielen gut aussehenden Männern umschwärmt war, ausgerechnet ein Leben lang an diesen eher tölpelhaften, hölzernen Erzherzog gekettet sein sollte! Die Begrüßung fiel daher äußerst kühl aus, wobei Franz Karl von allem Anfang an wenig Interesse an seiner entzückenden Braut zeigte, ja sie kaum beachtete und stattdessen mit dem König über die Jagd plauderte. Sophie stand da, angetan mit ihrem schönsten rosa Kleid, den aufgedrehten Stoppellocken und konnte sich in ihrer Enttäuschung kaum fassen. Sie wollte, sie konnte diesen Habsburger nicht heiraten, das mussten die Eltern doch einsehen.

Aber so sehr König Max und seine Gemahlin die Tochter liebten, sie konnten ihr diese Verbindung nicht ersparen. Politik ging über persönliche Interessen. Ein Zurück gab es nicht, die Sache war zwischen dem Haus Habsburg und den Wittelsbachern abgemacht und dabei blieb es.

Der Hochzeitstermin und der Zeitpunkt der Abreise aus München wurden festgelegt. Der König überwachte höchstpersönlich die Aussteuer seiner Tochter, denn Sophie sollte nicht wie eine arme Provinzbraut am Kaiserhof eintreffen. Die renommiertesten Modekünstler wurden engagiert, um die schönsten Roben für die junge Braut zu kreiieren, in denen Sophie die ersten Damen der Wiener Gesellschaft in den Schatten stellen würde. Zu all den prächtigen Kleidern suchte der königliche Papa, ein ausgesprochener Edelsteinexperte, noch den passenden kostbaren Schmuck aus.

So ausstaffiert, mit tausend Segenswünschen der Eltern und Geschwister, traf die unglückliche Wittelsbacher Braut in Wien ein. In den Wochen vor der Hochzeit war kein Tag vergangen, an dem Sophie nicht tränenreich stundenlang mit ihrem Schicksal gehadert hatte. Auch der überaus herzliche Empfang, den ihr Kaiser Franz bereitete, konnte sie nicht darüber hinwegtrösten, dass sie schon bald dem aufgezwungenen Bräutigam, dessen Gegenwart ihr unerträglich war, das Ja-Wort geben sollte.

Kaiser Franz war von der attraktiven Schwiegertochter begeistert. Kaum hatte es sich in der Stadt herumgesprochen, dass der Kaiser mit dem schönen Mädchen an der Seite in der offenen Kutsche durch Wien fuhr, schon standen die Wiener überall Spalier, um die zukünftige Gemahlin von Erzherzog Franz Karl in Augenschein zu nehmen. So mancher dachte wohl mitleidig bei sich, dass dieses bezaubernde Mädchen wirklich einen anderen Bräutigam als Franz Karl verdient hätte.

Über der Hochzeit Sophies lag, wie konnte es anders sein, ein dunkler Schatten. Sie hatte keine andere Möglichkeit, als durch ein hingehauchtes Ja ihr Einverständnis zu dieser Verbindung, die sie nicht gewollt hatte, zu geben. Sie hätte wahrlich Grund zur Verzweiflung gehabt, denn sie befand sich nicht nur, wie auch später ihre Schwiegertochter Elisabeth, an dem von starren Traditionen beherrschten Wiener Hof mit seiner für sie undurchschaubaren Gesellschaft, sondern sie hatte noch dazu einen Ehemann an ihrer Seite, der kaum Interesse an ihr als Frau zeigte und bei jeder Gelegenheit offen kundtat, dass er am liebsten seine Ruhe haben würde. Obwohl selbst der Kaiser seinen Sohn immer wieder aufforderte, sich mehr um seine junge Frau zu kümmern, prallten alle Ratschläge an Franz Karl ab. Dabei ging es schließlich um die Zukunft des Hauses: Der Erzherzog musste einen Sohn zeugen, darauf wartete man in der ganzen großen Monarchie. In seiner Lethargie bemerkte Franz Karl nicht, dass andere junge Männer seiner attraktiven Gemahlin den Hof und schöne Augen machten, wie der fesche Gustav Prinz von Wasa oder auch der »deliziöse Reichstatt«, Franz, der Sohn von Napoleon und Marie Louise. Diese jungen Leute waren der einzige Lichtblick für Sophie in den ersten Jahren am Kaiserhof, mit ihnen verbrachte sie viele Stunden und tanzte nächtelang auf den Bällen, während der eigene Ehemann nur gezwungenermaßen das Tanzbein schwang. Es machte Franz Karl nichts aus, dass seine Gemahlin mit ihren Kavalieren flirtete, denn letztlich interessierte ihn nicht, was Sophie tat. Daher konnte sie sich das Leben so einrichten, dass es für sie halbwegs erträglich wurde. Sie lebte von ihrem Ehemann zwar nicht von Tisch und Bett getrennt, aber an den ehelichen Pflichten, an die sich Franz Karl ab und zu doch zu erinnern schien, hatte sie kein gesteigertes Interesse. Einzig und allein die Tatsache, dass sie zwar einige Fehlgeburten erlitten, aber immer noch keinen zukünftigen Kaiser geboren hatte, bedrückte Sophie. Denn sie konnte sich, wenn sie den armen Ferdinand betrachte, ausrechnen, dass ihr eventueller Sohn einmal tatsächlich die Kaiserkrone tragen würde.

Nach den ersten Monaten am Wiener Kaiserhof, in denen sie mit wachen Augen ihre neue Welt betrachtete, merkte sie schon bald, dass nicht Kaiser Franz die Politik im Habsburgerreich bestimmte, sondern der allmächtige Staatskanzler Fürst Metternich. Im Gegensatz zur politischen Einstellung ihres Vaters in München versuchte Metternich die Zeit zurückzudrehen, als hätte es keine Revolution in Frankreich und keine napoleonischen Kriege gegeben. Fortschrittliches Denken wurde von der Tradition und vom Wissen um das Althergebrachte beiseitegedrängt, jedes freie Wort wurde verboten, die Presse kontrolliert und das Theater zensuriert. Die Geheimpolizei war immer und überall präsent und verhaftete jeden, der anders dachte.

Es verwundert, dass Sophie, die so freizügig aufgewachsen war, Metternich und sein System keineswegs infrage stellte. Wahrscheinlich war es eine Schwärmerei für den immer noch schönen Herzensbrecher Metternich, aus dessen Munde alle Anweisungen kamen, dass sie seine Politik widerspruchslos akzeptierte, ja sich sogar in dieser Denkweise unterrichten ließ. Fast alles, was sie später als Mutter des Kaisers anordnete, entsprach den Metternichschen Vorstellungen. In dieser Rückschrittlichkeit, die sie für einen Herrscher für unumgänglich notwendig hielt, erzog sie ihren Sohn Franz Joseph, der im Jahre 1830 zur Welt kam.

Der spätere Kaiser war ein schönes Kind, das so gar nichts von seinem unansehnlichen Vater hatte. Kein Wunder, dass die junge Mutter stolz auf ihren »Franzi« war, nicht nur auf sein Äußeres, sondern auch auf seine Gehorsamkeit und sein Interesse am Soldatspielen. Natürlich konnte einiges Gemunkel nicht ausbleiben, ob Franz Karl tatsächlich der Vater des Knaben und seines

Bruders Maximilian war, denn man suchte vergeblich nach Ähnlichkeiten. So mancher Zweifler hätte der schönen Sophie ein galantes Abenteuer mit Folgen durchaus vergönnt. Die offizielle Erklärung für den Kindersegen, der sich einstellte, waren die Kuren in Ischl, wo das Solewasser eine stimulierende Wirkung auf wen auch immer gehabt haben soll.

Nach dem Tod von Kaiser Franz I. 1835 wurde tatsächlich seinem Sohn Ferdinand die Krone auf das wackelige Haupt gesetzt. Da der neue Kaiser jedoch zu krank war, um die Regierungsgeschäfte führen zu können, wurden Metternich jetzt endgültig alle Türen und Tore geöffnet. Er konnte schalten und walten nach Lust und Laune, so lange, bis es in Wien und überall in der Monarchie zu ersten Aufständen gegen ihn kam. Die allgemeine Unzufriedenheit schlug sich zunächst in Vandalenakten nieder, die immer mehr eskalierten, sodass die kaiserliche Familie und natürlich Metternich um ihr Leben fürchten mussten. Die Einzige, die in dieser prekären Situation klaren Kopf behielt, war Erzherzogin Sophie. Sie bereitete die Flucht nach Innsbruck vor, wo die Tiroler der Kaiserfamilie eine gewisse Sicherheit boten.

Hier, in der Stadt am Inn, kam es zu einer seltsamen Begegnung. Denn Sophies Schwester Ludovika, die ebenso unglücklich wie Sophie verheiratet war, war mit ihren Kindern nach Innsbruck gereist, um die Familie der Schwester zu besuchen. Mit von der Partie war die kleine Sisi, in die sich der Bruder des zukünftigen Kaisers Franz Joseph, Karl Ludwig, bis über beide Ohren verliebte. Auch die elfjährige Sisi fand Gefallen an dem lustigen Burschen, wobei natürlich keines der Kinder ahnte, wie die Zukunft wirklich aussehen würde. Auch Franz, wie der Kaiser zur damaligen Zeit noch hieß, war gekommen, hatte aber von

Sisi nicht die geringste Notiz genommen, war doch ein Kind für einen 18-Jährigen völlig uninteressant.

Nach den revolutionären Bedrohungen in Wien sah die politisch genau kalkulierende Sophie für die Zukunft nur eine einzige Möglichkeit, das Heft wieder in die Hand zu bekommen und die Monarchie zu retten: indem Ferdinand abdankte und seinem Neffen Franz den Weg zum Kaiserthron frei machte. Dass Sophie dabei auf ihre eigene Thronbesteigung als Kaiserin verzichtete, lag in der Unfähigkeit ihres Gemahls begründet, politische Entscheidungen treffen zu wollen. Sophie erkannte klar, dass man mit einem Kaiser Franz Karl zwar nicht ganz, aber doch, den Teufel mit dem Beelzebub ausgetrieben hätte. Und das war etwas, das zum Ende des Kaisertums hätte führen können.

Kaiser Ferdinand dankte im Spätherbst 1848 in Olmütz tatsächlich zugunsten seines Neffen ab. Sophie war am Ziel ihrer Wünsche. Ihr Franzi, der sich als Kaiser Franz Joseph nannte, würde in Hinkunft das Habsburgerreich ganz in ihrem konservativen, streng katholischen Sinne regieren. In den ersten Jahren wollte sie ihm zur Hand gehen und ihm den Rücken stärken. Ihre Verbindungen zu Kardinal Rauscher und Fürst Schwarzenberg nutzte sie, um einflussreiche Männer im Umkreis ihres »Privatkaisers« zu etablieren. Franz Joseph traf zunächst keine eigenen Entscheidungen, eine Tatsache, die in vielen Fällen verhängnisvoll war. Die »liebe Mama« stand ihm ständig mit Rat und Tat zur Seite. Schon bald galt die Erzherzogin, eine Wittelsbacherin, die Großtante des »bayerischen Märchenkönigs«, als der »einzige Mann« am Habsburger Hof.

In allem, was der junge Kaiser in den nächsten Jahren beschloss, hörte er auf die Meinung seiner Mutter, nur in einer Sache sträubte er sich mit Händen und Füßen. Seine

Ehefrau wollte er sich selber aussuchen, obwohl die Erzherzogin mit ihrer Schwester Ludovika bereits besprochen hatte, dass deren älteste Tochter Helene die ideale Braut für Franz Joseph wäre. Es kam aber anders, als sich die Schwestern die Sache ausgedacht hatten. Franz Joseph verliebte sich in die noch nicht sechzehnjährige Elisabeth, die jüngere Schwester Nénés, wie Helene im Familienkreis genannt wurde. Die kindliche Sisi würde Kaiserin seines Herzens für immer sein und damit auch Kaiserin von Österreich, das stand für Franz Joseph fest.

Dass der Kaiser mit Sisi die falsche Frau geheiratet hatte, musste er wahrscheinlich im Laufe der Jahre schmerzlich selber erkennen. Denn Elisabeth fühlte sich in Wien eingesperrt, sie war mimosenhaft empfindlich und entwickelte eine Abneigung ihrer Schwiegermutter gegenüber, die sich erst nach Jahrzehnten allmählich legte, als die Kaiserin kaum mehr am Wiener Hof weilte. Dabei hätte Sisi bedenken müssen, wie glücklich sie sich schätzen musste, einen attraktiven Mann an ihrer Seite zu haben, der sie liebte. Ihre Schwiegermutter hatte als junge Frau ein anderes Schicksal erfahren.

Vielleicht war Sophie im Laufe der Zeit hart geworden und konnte daher die Gefühlsausbrüche ihrer Schwiegertochter kaum nachvollziehen. Sie versuchte, die Familie am Wiener Kaiserhof zusammenzuhalten, wobei sie wahrscheinlich einen gravierenden Fehler beging: Sie nahm Elisabeth die Kinder weg. Aber was uns heute grausam erscheint, war in den hohen und höchsten Familien durch Jahrhunderte hindurch üblich. Die Kinder kamen gleich nach der Geburt in die Hände von Ajos und Ajas, die Eltern sahen sie höchst selten, sie hatten anderes zu tun. Sisi verstand das alles nicht, da sie in völliger Freiheit am Starnberger See aufgewachsen war. Sie interessierte sich nicht für die Traditionen, die am Wiener Hof herrschten, und lehnte daher alles vehement ab, was sie einzuengen schien.

Dabei waren es vielleicht gerade Sophie und später auch der »Opapa« Franz Karl, die für die Kinder einen Anker darstellten, die Gisela und Rudolf eine etwas wärmere Atmosphäre boten, die sich um sie kümmerten, während ihre Mutter in Weltschmerz versunken ruhelos durch die Welt zog. In vielen Aussagen Giselas und Rudolfs finden sich Hinweise, wie sehr die beiden die Großeltern liebten.

Je älter Sophie wurde, desto mehr zog sie sich zurück. Mit der Zeit hatte sie auch zu ihrem Ehemann ein normales Verhältnis gefunden und erkannt, dass Franz Karl im Grunde seines Wesens gutmütig war. Schließlich unterstützte er die oft darbenden Schauspieler am Theater und setzte sich auch für die Blinden ein. Auch Sophie schätzte das Wiener Theater und interessierte sich für die Kunst. Sie hätte einen ruhigen Lebensabend verbringen können, wenn nicht ein schwerer Schicksalsschlag ihre letzten Lebensjahre überschattet hätte. Ihr Lieblingssohn Maximilian, der Sonnyboy in der Familie, wurde in Mexiko 1867 im Auftrag von Benito Juárez erschossen. Seinen Leichnam wickelte man in eine Decke und überführte ihn zu seiner Mutter nach Wien, wo er unter großer Anteilnahme der Bevölkerung feierlich in der Kapuzinergruft beigesetzt wurde.

Nach diesem schrecklichen Erlebnis schwand Sophies Lebensenergie zusehends. Aus der einst so dynamischen Frau war eine lebensmüde alte Dame geworden, die nur noch ihre Ruhe haben wollte. Auch die Einstellung zu ihrer Schwiegertochter hatte sich geändert, zwar suchte man nach wie vor nicht den Kontakt, wenn es sich aber nicht vermeiden ließ, ging man sich auch nicht mehr aus dem Wege.

Das Ende Sophies kam schneller als erwartet. Nach einer Theateraufführung setzte sich die Kaisermutter auf ihren Balkon, um noch etwas Luft zu schöpfen. Müde, wie sie war, schlief sie ein und wurde erst munter, als sie in der Kühle der Nacht zu frösteln begann. Sie hatte sich eine schwere Verkühlung zugezogen, die für sie todbringend sein sollte. Als die Ärzte alle Hoffnung auf Rettung aufgegeben hatten, versammelte sich die ganze Familie an ihrem Sterbebett. Auch Kaiserin Elisabeth war aus Südtirol auf schnellstem Wege herbeigeeilt, um ihrem Gemahl in dieser schweren Stunde ausnahmsweise beizustehen. Der Tod löschte auch für sie so manche leidvolle Erinnerung aus, die sie beinahe ein Leben lang mit ihrer Schwiegermutter verbunden hatte.

Mit Erzherzogin Sophie war eine starke Frau dahingegangen. Sie hätte es in der Hand gehabt, ihren Sohn zu einem liberal denkenden Menschen zu erziehen, der die Monarchie in eine bessere Zukunft hätte führen können. Aber sie hatte in ihrem traditionellen Denken, das jeden Fortschritt ablehnte, die Signale der Zeit nicht erkannt. Sie hätte die Zukunft Europas zum Besseren wenden können.

Zwei Menschen, die sich nicht verstanden
Elisabeths Eltern

Ehen werden im Himmel geschlossen oder aber, wie es in der Vergangenheit üblich war, von den Eltern vereinbart. Gott Amor hatte bei den dynastischen Überlegungen kein Wort mitzureden, sodass es nur selten vorkam, dass die einander bestimmten Ehepartner glücklich werden konnten. Politischer Vorteil, Abstammung und Ländergewinn waren die Faktoren für langfristige Heiratsverträge, die manchmal schon bei der Geburt der jeweiligen Kinder geschlossen wurden.

Dass die arrangierten Ehen auch in der Wittelsbacher Familie gang und gäbe waren, lässt sich über Jahrhunderte nachweisen, wobei es zu der Zeit, als die Wittelsbacher noch Kurfürsten waren, leichter war, entsprechende Partner zu finden. Nachdem sie die Königswürde erlangt hatten, wurde die Auswahl an geeigneten Ehepartnern deutlich geringer, denn viele Fürstengeschlechter, die bis dahin in verwandtschaftlichen Beziehungen zu den Wittelsbachern gestanden hatten, kamen nicht mehr infrage, wenn es darum ging, eine Braut oder einen Bräutigam zu stellen; sie waren von einem Tag auf den anderen nicht mehr »würdig«. So blieb die Großmutter von Kaiserin Elisabeth immer eine Außenseiterin in der Hierarchie, obwohl Amalie Luise von Arenberg mit den renommiertesten Adelsgeschlechtern wie den Lobkowitz, Schwar-

zenberg, Liechtenstein und Esterházy nahe verwandt war
und dem Hochadel angehörte. Doch die Arenbergs waren
dennoch nicht souverän und damit nicht »würdig«. Es war
diese Großmutter, die einen Strich durch die Hochzeit
ihrer Enkelin hätte machen können. Denn Elisabeth war
wegen Amalie Luise ebenfalls beinahe nicht » würdig« für
das allerhöchste Haus, worüber die adelige Gesellschaft in
Wien, die den Gotha in- und auswendig kannte, die Nase
rümpfte. Man wollte und konnte von Seiten der höchstge-
stellten Damen nicht einsehen, dass man hinter einer Kaiserin gehen sollte, die eine »derartige« Großmutter unter
ihren Ahnen hatte

Außer, dass Amalie Luise von Arenberg diesen Makel
der Geburt aufwies, war sie auch sonst beinahe ein Leben
lang ein bedauernswertes Wesen. Denn man hatte sie
an den Sohn von Herzog Wilhelm in Bayern verheiratet, einen jungen Mann namens Pius August, der landauf landab den denkbar schlechtesten Ruf hatte und für
seine unberechenbare Aggressivität bekannt war. Der
leidgeprüfte Vater von Pius hatte erwartet, dass die sanfte
Amalie den ungebärdigen Sohn würde zügeln können,
aber er hatte die Rechnung ohne Pius gemacht, der sich
weder von seiner jungen Frau noch von irgendjemandem
etwas sagen und von seinen Untaten abhalten ließ. Schon
als junger Mann war er überall, wohin er kam, für sein
unbeherrschtes Wesen bekannt und gefürchtet. Selbst seinem übermächtigen Vater, der mit dem ersten bayerischen
König, Maximilian I. Joseph, dem er die Herzogswürde
verdankte, eng befreundet und zudem verwandt war, war
es nicht gelungen, dem Sohn Sitten und Manieren bei-
zubringen. Unberechenbar, wie Pius war, lauerte er den
Bauern der Umgebung auf, griff sie an und verprügelte
sie. Seine junge Frau Amalie, die am 4. Dezember 1808

einen Sohn Maximilian zur Welt gebracht hatte, musste froh sein, wenn sich die Wut ihres Mannes nicht gegen sie richtete. Die Ausschreitungen des tollen Herzogs wurden selbst in der damaligen Zeit, als die adeligen Herren beinahe uneingeschränkt tun und lassen konnten, was sie wollten, den Behörden allmählich zu viel. Man scheute nicht davor zurück, die Polizei einzuschalten, sodass Pius immer wieder, wenn auch nur vorübergehend, in Polizeigewahrsam genommen wurde. Da nützte auch die königliche Verwandtschaft nichts. Pius' Geisteszustand verschlimmerte sich von Tag zu Tag, er verfiel in Depressionen, um im nächsten Moment alles um sich herum zu zertrümmern. Schließlich blieb nur noch ein Ausweg: Er wurde in eine Einsiedelei verbannt, wo es niemanden gab, den er drangsalieren konnte. Dort in der Einsamkeit beendete Sisis Großvater, über den man in der Familie tunlichst nicht sprach, sein unnützes Leben. Obwohl er ein Wittelsbacher Herzog war, war er im Grunde genommen alles andere als »würdig«.

Dieser renitente Sohn war eine Lebensenttäuschung für Herzog Wilhelm, den ehrsamen Urgroßvater der zukünftigen Kaiserin von Österreich. Daher war es nur zu verständlich, dass seine ganze Hoffnung auf seinem kleinen Enkel Maximilian ruhte, den der König von Bayern aus der Taufe gehoben hatte. Zur Freude des Großvaters entwickelte sich Max zu einem aufgeschlossenen, fröhlichen Kind, das Interesse an vielen Bereichen des Lebens zeigte. Aus ihm konnte wirklich einmal etwas werden, dachte der Großvater und kam schon bald mit König Maximilian I. Joseph überein, dass eine von dessen Töchtern dereinst den zukünftigen Herzog Maximilian in Bayern ehelichen sollte.

Es war dies zwar etwas ungewöhnlich, da König Maximilian I. Joseph alles daran setzte, seine zahlreichen Töchter aus erster und zweiter Ehe absolut standesgemäß zu verheiraten. Eine Tochter ehelichte den König von Sachsen, eine andere den zukünftigen König von Preußen, eine dritte den ältlichen habsburgischen verwitweten Kaiser Franz I. und die schöne Sophie den unattraktiven Erzherzog Franz Karl, der vielleicht einmal Kaiser von Österreich werden konnte. Seine Töchter, Sisis zukünftige Tanten, waren für den neu ernannten Bayernkönig eine Garantie, dass er in Europa auch nach dem Sturz Napoleons, seines Gönners, anerkannt wurde. Die Töchter waren politisches Kapital gewesen, das der König gewinnbringend eingesetzt hatte. Eine Tochter sollte, wenn auch unter ihrem Stand, als Geste der Freundschaft mit Herzog Wilhelm mit dessen Enkel verheiratet werden. Aber dieses Mädchen starb schon im Kindesalter, sodass nur noch Ludovika übrig blieb, die nun als Braut von Herzog Maximilian in Bayern galt.

Die jungen Leute der beiden Wittelsbacher Familien kannten einander von Kindheit an, ihr Verhältnis war aber niemals über eine sehr lockere Bekanntschaft hinausgegangen. Von den sehr früh getroffenen Abmachungen der Väter hatten weder Maximilian noch Ludovika eine Ahnung. Das Versprechen der Väter traf die beiden jungen Leute wie ein Blitz aus heiterem Himmel, denn beide hatten ganz andere Absichten für die Zukunft als ein gemeinsames Leben.

Im Laufe der Jahre war Ludovika zu einem besonders schönen jungen Mädchen herangewachsen, das auch schon einen Schwarm hatte. Freilich nur aus der Ferne bewunderte sie den schönen Miguel von Braganza, den zukünftigen König von Portugal. In ihren Träumen sah sie sich schon an dessen Seite auf dem portugiesischen Thron sitzen. Aber für König Maximilian I. Joseph kam eine Heirat mit dem portugiesischen Thronfolger für seine

Tochter nicht infrage, zu dubios zeichnete sich die politische Situation Portugals ab, es war keineswegs gesichert, dass Miguel dereinst den Thron besteigen würde. Dass seine schöne Tochter ihr Herz an den Portugiesen verloren hatte, rührte den König herzlich wenig.

Auch Herzog Maximilian in Bayern, ein durchaus attraktiver junger Mann, war verliebt – in ein Bürgermädchen, das er, wie er sich vorstellte, unbedingt zum Traualtar führen wollte, auch gegen den Widerstand des Großvaters. In seiner naiven Verliebtheit hatte er sich das viel leichter vorgestellt. Die Realität, der er nicht zu entkommen vermochte, sah allerdings ganz anders aus. Die Abmachungen aus früheren Zeiten galten auch jetzt noch und mussten, zum Entsetzen der beiden jungen Leute, eingelöst werden. Da hatten weder die Tränen Ludovikas noch die Proteste von Max die geringste Bedeutung. Beschlossen war beschlossen, obwohl König Maximilian I. Joseph im Allgemeinen ein rührender Familienvater war, zählten die Argumente seiner Tochter, dass sie Herzog Max niemals lieben werde, überhaupt nichts.

Auch Herzog Max in Bayern stand auf verlorenem Posten. Er hatte es zwar als Mann wesentlich leichter, sich ein zukünftiges Leben an der Seite dieser ungeliebten Frau einzurichten, aber vom großen Glück schienen beide ein Leben lang entfernt zu sein. Darüber wollte er Ludovika von vornherein aufklären. In kalten Worten machte er ihr klar, dass er keinerlei Gefühle für sie empfand und wahrscheinlich niemals empfinden würde. Natürlich hatte das junge Mädchen kaum etwas anderes erwartet, aber diese nüchternen Worte ihres aufgezwungenen Bräutigams trafen sie dennoch schmerzlich.

Der Hochzeitstermin wurde festgelegt, die Braut königlich ausgestattet und der Bräutigam gleichsam zum Altar geschleppt. Obwohl die Hochzeit mit allem Prunk am Starnberger See gefeiert wurde, wo Dutzende Blasmusikkapellen das Brautpaar und die zahlreichen Gäste, die von fern und nah gekommen waren, unterhalten sollten, glich die kirchliche Trauung eher einer Totenmesse als einem Freudenfest. Als der Priester die entscheidenden Worte, die zum Ja der Brautleute führten, sprach, wandten sich beide voneinander ab und blickten in die andere Richtung, bevor sie ihre Zustimmung zu dieser erzwungenen Ehe herauspressten.

Die darauf folgende Hochzeitsnacht entwickelte sich zu einer Katastrophe. Nachdem Ludovika von ihrer Mutter und einigen auserwählten Damen ins Brautgemach geführt worden war, sank sie todmüde in die seidenen Kissen. Sie wünschte sich nichts sehnlicher nach diesem schrecklichen Tag als Ruhe. Und da ihr Max ohnedies von vornherein erklärt hatte, dass er an ihr nicht das geringste Interesse haben würde, nahm sie an, dass auch er sich zurückziehen würde. Sie sollte sich getäuscht haben. Denn der junge Mann liebte seine frisch angetraute Gemahlin zwar nicht, ihre schöne Gestalt reizte ihn aber als Mann. Ohne Umschweife stürmte er ins Brautgemach und forderte seine ehelichen Rechte ein, für Ludovika eine Ungeheuerlichkeit, da sie, wie viele andere junge Mädchen, keine Ahnung hatte, was in der Hochzeitsnacht passieren würde. Als Max versuchte, sie in die Arme zu nehmen, überfiel die junge Frau blankes Entsetzen, das ihr Bärenkräfte verlieh. Sie konnte sich befreien und versetzte dem verdutzten Bräutigam einen Stoß, der ihn in einen offenen Schrank taumeln ließ. Bevor er aufstehen konnte, warf Ludovika in höchster Erregung die Schranktüren zu und drehte den Schlüssel zweimal im Schloss um, sodass Max in dem Kasten gefangen war. Der Beginn der Ehe

*Das junge Paar Ludovika (1808–1892) und Herzog Max
in Bayern (1808–1888) beim Spaziergang am Tegernsee*

von Sisis Eltern verlief somit wahrhaft ungewöhnlich und dramatisch

Wie lange es dauerte, bis sich die beiden zu einer halbwegs erträglichen Form des ehelichen Zusammenlebens durchgerungen hatten, ist nur Spekulation, denn auch in späteren Zeiten tauchten immer wieder ernsthafte Diskrepanzen zwischen Ludovika und Max auf, zu unterschiedlich waren ihre Charaktere und zu verschieden ihre Interessen und ihre Vorstellungen vom Leben. Max, von seinem Großvater Wilhelm als Oberhaupt der Familie derer »in Bayern« bestimmt, war beinahe bürgerlich erzogen und aufgewachsen. Er hatte ein öffentliches Gymnasium in München besucht, das nach seinem Gründer »Albertinum« genannt wurde, und erfuhr hier eine solide Ausbildung in den alten und neuen Sprachen. Daneben wurden ihm auch Kenntnisse im Bereich der Naturwissenschaft vermittelt, ohne dass man die literarische und musikalische Bildung vernachlässigt hätte. Da man in dieser Schule die Ansicht vertrat, dass ein gesunder Geist nur in einem gesunden Körper seinen Platz hatte, wurde der körperlichen Ertüchtigung viel Wert beigemessen. Reitstunden, gymnastische Übungen und lange Wanderungen, was Max besonders liebte, sollten die Gesundheit der Zöglinge stärken. Beim gemeinsamen Sport hatte er die Möglichkeit, mit seinen Mitschülern Kontakt zu pflegen, die dem lustigen, stets zu kleinen Streichen aufgelegten »Maxl« sehr zugetan waren.

Durch die universelle Ausbildung am Gymnasium reifte in Maximilian schon bald der Wunsch, die Dinge, von denen er bisher nur in der Theorie gehört hatte, mit eigenen Augen zu sehen. Kaum hatte er der Schule den Rücken gekehrt, machte er sich schon auf, um fremde Länder zu sehen, andere Sprachen, die er zum Teil selber sprach, im jeweiligen Land zu hören und Kulturschätze, die er bisher nur von Bildern kannte, zu bestaunen. Leutselig, wie er von Jugend auf war, ließ er es sich nicht nehmen, immer und überall mit den Einheimischen in Kontakt zu treten, wobei ihm seine Zither große Dienste leistete. Denn wohin er auch kam, zog er dieses populäre Instrument heraus und begann beinahe virtuos zu spielen. Auch später, als seine Tochter Elisabeth längst Kaiserin von Österreich war, erheiterte der »Zither-Maxl« seine Freunde, die meist auch seine Zechkumpane waren. Für Herzog Maximilian in Bayern war das Leben leicht gewesen, bis er die Tochter des bayerischen Königs heiraten musste. Von einem Tag auf den anderen schien sich alles zu verändern, da er nicht mehr tun und lassen konnte, was er wollte. Auch seinen geistigen Interessen schien ein Riegel vorgeschoben. Hatte er sich bisher künstlerisch betätigt, zu seiner Zithermusik, die er selbst komponierte, lustige Texte gedichtet und sogar Novellen geschrieben, so musste er sich nun um Frau und Kinder kümmern, die aus dieser lieblosen Verbindung stammten.

Max war der falsche Mann für Ludovika, denn er konnte ihre melancholische, stets negative Art auf die Dauer nicht ertragen, sie trieb ihn aus dem Haus. Nur im Freundeskreis seiner »Tafelrunde«, mit der er sich ab 1843 wöchentlich einmal traf, fühlte er sich rundum wohl. Kam er dann spätnachts nach Hause, fand er eine mürrische und verweinte Ludovika vor, die ihm so lange Vorwürfe machte, bis er wieder das Haus verließ und auf Reisen ging, meist natürlich ohne seine Gemahlin. Nach Rom allerdings musste er sie und seinen kleinen Sohn Ludwig mitnehmen, da in München die Cholera ausgebrochen war und Mutter und Kind in ernsthafter Gefahr geschwebt hätten, wären sie geblieben. Die Wochen in Rom boten Max die ersehnte

Abwechslung. Da Ludovika an den antiken Kunstschätzen kein besonderes Interesse zeigte, war der Herzog ständig unterwegs, um in den Museen und Kirchen der ewigen Stadt die Kulturschätze von der Antike bis zur Gegenwart zu bewundern. Höhepunkt des Rom-Aufenthaltes allerdings war die Audienz bei Papst Gregor XVI., zu der auch Ludovika geladen war.

Der römische Winter hatte aber für den lebenslustigen Herzog noch eine andere Sensation parat: den Fasching. Mit einer Maske vor dem Gesicht und angetan mit fantastischen Kostümen schlug er sich in fröhlicher Runde so manche Nacht um die Ohren. Natürlich wusste er, dass er nach seiner Heimkehr den bohrenden Fragen und heftigen Vorwürfen seiner Gemahlin, die nicht mitgekommen war, ausgesetzt sein würde.

Nach einem längeren Abstecher nach Sizilien reiste die kleine Familie nach München zurück, wo sich der Schwager Ludwig, der bayerischer König geworden war, ganz besonders über die Heimkehr des stets gut gelaunten Verwandten freute. Er ernannte Maximilian in Bayern zum Bürgerwehrkommandanten. Dieser Titel verlockte einen Freund des Geehrten zu folgendem Reim:

> »*Ein jedes Herz erhebe*
> *Sich stolz zu dir, du junger Held!*
> *Hoch lebe Wittelsbach, hoch lebe*
> *Der schöne Zweig von Birkenfeld!*«

Welche Heldentaten Max bisher eigentlich vollbracht hatte, wusste der Dichter dieses Verses wohl selber nicht …

Obwohl die Ehegatten nach wie vor wie Hund und Katze lebten, brachte Ludovika in schöner Regelmäßigkeit zehn Kinder zur Welt, von denen zwei im Kleinkindalter starben. Der Herzog konnte sich den reichen Kindersegen leisten, denn durch seinen vermögenden Großvater, dessen Erbe Max antrat, war er ein überaus wohlhabender Mann. Zunächst hatten er und seine immer größer werdende Familie ihren Wohnsitz in einem prächtigen Palais in der Ludwigstraße. Aber nach dem Tode des Grafen Desiderius von La Rosée erwarb er das verwunschene Schlösschen in Possenhofen am Starnberger See, wo sich die Familie fortan in den Sommermonaten aufhielt. Hier, an den Ufern des romantischen Sees, fühlten sich Herzog Max und seine Kinder rundum wohl, denn die Söhne Ludwig, Carl Theodor und Maximilian Emanuel sowie die Töchter Helene, Elisabeth, Marie Sophie, Mathilde und Sophie Charlotte liebten das Landleben genauso wie ihr Vater. Nur Ludovika hätte wahrscheinlich lieber das ganze Jahr über in München gewohnt. Als Königstochter, die sie war, erschien ihr die Ungezwungenheit des Landlebens gerade für ihre heranwachsenden Töchter nicht passend. Hier gab es keine Etikette und keine festen Regeln, denn ihr eigener Mann boykottierte alles, was sie an Erziehungsregeln aufstellte. Die Kinder sollten in Gottes schöner Natur ohne Zwang und Vorschriften aufwachsen, das war die Maxime des Vaters. So oft Ludovika ihrem Gemahl vor Augen führte, dass die Mädchen einmal in die ersten Häuser Europas einheiraten könnten und daher bestimmte Regeln der Etikette beachten sollten, tat Maximilian dies mit einer Handbewegung ab. Die Kinder würden sich schon zurechtfinden, sollte dies von ihnen gefordert werden, so lautete die Devise des herzöglichen Vaters.

Daher war es kein Wunder, dass der Vater in den Kinderzimmern wesentlich beliebter war als die gestrenge Mama, die immer wieder versuchte, die Söhne und Töch-

ter zu disziplinieren und ihnen Zucht und Ordnung bei-
zubringen. Aber es war vergebene Liebesmüh. Kaum
kam der Vater von einer seiner Reisen zurück, wurden
alle Regeln über Bord geworfen. Vor allem Sisi liebte die
wilden Ritte an der Seite von Herzog Max, der sie auch
lehrte, sich einen schwebenden Gang anzueignen, der die
spätere Kaiserin ein Leben lang auszeichnete. Mit dem
Vater durfte die kleine Tochter in München in einem
Privatzirkus, den sich Max hatte erbauen lassen, auftreten, mit ihm schwamm sie weit in den Starnberger See
hinaus und ritt wie der Teufel im Herrensitz durch die
Wälder. All das war so richtig nach dem Geschmack des
heranwachsenden Mädchens, sie fand keinen Gefallen an
ernsthaften Beschäftigungen, wie sie die Mutter forderte,
weder an den für Mädchen üblichen Handarbeiten noch
am Musizieren. Wozu sollte das für sie gut sein? Genauso
sah sie nicht ein, sich mit Fremdsprachen beschäftigen zu
müssen. Zwar sprach der Vater perfekt Französisch und
Italienisch, sie selber aber wollte sich mit der deutschen
Sprache begnügen. Und da Herzog Max seiner Lieblingstochter Sisi nichts vorschreiben wollte, stand die Mutter
auf verlorenem Posten, wenn sie der Tochter raten wollte,
sich Bildung anzueignen.

Als die Wahl des österreichischen Kaisers ausgerechnet auf Sisi fiel, war Herzog Max keineswegs begeistert.
Seine Gemahlin konnte sich schon eher damit abfinden, dass nicht Helene, die in der Familie Néné genannt
wurde, die zukünftige Kaiserin von Österreich sein sollte,
sondern ausgerechnet das Naturkind Sisi. Zwar hatte
auch Ludovika Bedenken, ob Franz Joseph tatsächlich
die richtige Wahl getroffen hatte, aber der Kaiser ließ
sich nicht einmal von seiner Mutter Sophie abbringen,
um Sisi zu werben. Herzog Max hatte sich in seinem

bisherigen ungebundenen Leben, das er trotz seiner Ehe mit Ludovika führte, nicht allzu oft ernsthafte Sorgen machen müssen. Auch die zahlreichen unehelichen Sprösslinge, die er zu versorgen hatte, bereiteten ihm kaum schlaflose Nächte. Aber dass seine Sisi an den, wie er fand, beinahe modrigen Kaiserhof kommen sollte, um dort ihr zukünftiges Leben zu verbringen, dies erfüllte ihn mit großer Sorge. Vor allem, dass seine Schwägerin Sophie die kleine Sisi unter ihre harten Fittiche nehmen wollte, störte Herzog Max. Hatte er doch nie ein besonderes Verhältnis zu dieser Frau, die die Lieblingsschwester seiner Gemahlin war, entwickeln können. Aber er und Ludovika hatten keine Wahl, sie mussten den Antrag des Kaisers von Österreich annehmen, eine andere Möglichkeit gab es für sie nicht. Sisis Schicksal nahm seinen Lauf. Doch bei allem, was ihr später widerfahren sollte, wusste sie, dass sie jederzeit in ihr Elternhaus am Starnberger See zurückkehren konnte, wenn ihr die Decke auf den Kopf zu fallen schien, und mit offenen Armen aufgenommen würde.

Die Mutter Ludovika wurde im Laufe der Zeit zu einer Zentralfigur in der Familie, wie ein Beichtvater erfuhr sie nicht nur intime Details von Sisi, sondern auch von ihren anderen Töchtern, die sich mitunter mit großen Problemen an sie wandten. Auch Herzog Max, der mit der Zeit doch etwas häuslicher geworden war, stand manchmal mit Rat und Tat zur Seite, obwohl sich das Verhältnis zwischen dem Vater und seiner Tochter Sisi im Laufe der Jahre deutlich verschlechtert hatte. Immer mehr warf Elisabeth dem Vater vor, die Mutter falsch verstanden und vernachlässigt und nur sein eigenes Vergnügen gesucht zu haben. Sie sah den Splitter im Auge des anderen, ohne den Balken im eigenen zu bemerken.

Ludovika war in dieser bunten Familie der ruhende Pol. Sie übernahm die Erziehung der Tochter von Carl Theodor, der durch den Tod seiner ersten Gemahlin Witwer geworden war und sich nicht um das Kind kümmern konnte. Sie glättete die verfahrene Situation ihrer Tochter Marie, als diese hochschwanger nicht von ihrem Ehemann, sondern von einem Liebhaber nach Hause, nach Possenhofen zurückkehrte, sie akzeptierte die Ehe ihres ältesten Sohnes Ludwig mit der Schauspielerin Henriette Mendel, was ihr besonders schwerfiel. Sie hatte sich im Laufe der Jahre an die Eskapaden ihres ungeliebten Ehemannes gewöhnt und ärgerte sich nicht mehr, wenn er auf seine weiten Reisen ging oder inkognito in Wirtshäusern aufspielte und sich dabei Trinkgeld zustecken ließ. Als Königstochter hatte sie lange gebraucht, sich an derlei Marotten zu gewöhnen, aber die Zeit hatte hier ihre Wirkung getan. Genauso wie die Jahre am Wiener Hof Sisi verändert hatten, wie aus dem Naturkind eine unzufriedene, überspannte Frau geworden war. Dies bedrückte Herzog Max im Innersten, sodass er es vermied, in Possenhofen anwesend zu sein, wenn Sisi ihren Besuch angekündigt hatte, um sich von der Mutter neuen Mut zusprechen zu lassen.

Im Jahre 1878 begingen Ludovika und Herzog Max mit großem Pomp die goldene Hochzeit. Das Jubelpaar erhielt Glückwunschschreiben, wobei die Absender nicht bedachten, welch unglückliche Jahrzehnte hinter den beiden lagen. Kantaten wurden für das Paar komponiert, Salutschützen feuerten die obligaten 50 Schüsse ab, ein Brillantfeuerwerk hüllte den See in bunte Farbenpracht. Von überall her waren die Leute gekommen, um zu feiern.

Was niemand vermutet hätte, trat tatsächlich ein. Nach so langer Zeit hatten Max und Ludovika das Kriegsbeil begraben, im Alter hatte sich ihre Beziehung geändert. Max erkannte zwar viel zu spät, dass es sinnvoll gewesen wäre, hätte er sich längst mehr um seine Gemahlin gekümmert. Reumütig beschloss er, sein Verhalten Ludovika gegenüber zu ändern und vieles nachzuholen, was er und damit beide versäumt hatten. Auf diese Weise war es ihnen vergönnt, noch ein paar schöne Jahre in Harmonie zu verbringen, sodass sie als wirkliches Paar die diamantene Hochzeit, gebeugt vom Alter, in kleinstem Kreise begehen konnten. Es sollte das letzte Fest für beide sein, denn kurz nach den Feierlichkeiten erlitt Herzog Max einen Schlaganfall, dem ein zweiter folgte, von dem er sich nicht mehr erholen konnte. Am 15. November 1888 starb er, ohne noch einmal das Bewusstsein erlangt zu haben.

Die Beisetzung in der Hofkirche von St. Kajetan in München wurde zu einem großen Trauerfest. Von weither waren Menschen aller Bevölkerungsschichten herbeigeeilt, um dem liebenswürdigen Herzog, dem »Zither-Maxl«, die letzte Ehre zu erweisen. Auch hohe Herrschaften nahmen an der Beisetzung teil, wie der Schwiegersohn des Herzogs, der Kaiser von Österreich, und dessen Sohn Kronprinz Rudolf. Nur eine fehlte: seine Lieblingstochter Sisi – die weilte auf Korfu, zur Erholung.

Ludovika überlebte ihren Gemahl um vier Jahre. Die Ratgeberin und Trösterin ihrer Kinder starb im Jahre 1892.

*Elisabeth (1837–1898) im Alter von fünfzehn Jahren
vor Schloss Possenhofen*

Das Kind aus Possenhofen
Sisi, Kaiserin von Österreich

Vielleicht war es ihre Rolle als Kaiserin von Österreich und Königin von Ungarn, vielleicht ihr geheimnisvolles Wesen, wahrscheinlich auch ihre Schönheit, die sie zu einer Gestalt gemacht haben, um die sich viele Erzählungen ranken. Elisabeth, die Tochter von Herzog Maximilian in Bayern und seiner Gemahlin Ludovika, hatte viel gemeinsam mit dem bayerischen Märchenkönig Ludwig II., der in einem seltsamen Verwandtschaftsverhältnis zu ihr stand. Die Kaiserin und der König fühlten eine innige Seelenverwandtschaft, die sich schon in frühester Kindheit bemerkbar gemacht hatte. Waren es zunächst die unbeschwerten Kinderspiele, die Fahrten mit dem Ruderboot auf dem Starnberger See oder die wilden Ritte, die beide zum Leidwesen der Eltern unternahmen, die Kinder fühlten sich durch den Gleichklang der Interessen verbunden. Und später, als ihnen vom Schicksal eine ungeliebte Rolle aufgebürdet wurde, kamen sie zusammen, um sich gegenseitig Mut zuzusprechen. Erst, als sich das Wesen des Königs in eigenartiger Weise veränderte und seine Handlungen mehr als seltsam anmuteten, kam Elisabeth der Gedanke, dass der »Cousin« vielleicht geisteskrank sein könnte. Und da sie sich selber wenig mit ihren Ahnen beschäftigt hatte, fürchtete sie auch um ihren Verstand, denn sie glaubte an eine sehr enge Verwandtschaft zu Ludwig.

Sisi und Ludwig waren in der Wittelsbacher Verwandtschaft sicherlich die herausragendsten Persönlichkeiten – nicht durch ihre Taten und Verdienste, sondern durch ihre ungewöhnliche Exaltiertheit. Weder die Kaiserin noch der König können mit normalen Maßstäben gemessen werden. Für sie gab und gibt es keine Normen, denn sie stehen gleichsam über allen anderen Personen dieses Hauses. Ihre Bedeutung erlangten beide für alle Zeiten erst durch ihren Tod, der sie glorifizierte. Aus der alternden Frau, die ihre Schönheit längst eingebüßt hatte, wurde plötzlich wieder die junge, hinreißende Sisi, die die Menschen nicht nur in Österreich und Bayern entzückt hatte, eine strahlend schöne Frau, die bis heute weltweiten Ruhm genießt. Ihr »Cousin« war nach seinem Tod im Starnberger See auch von den Toten auferstanden: Aus dem schwerfälligen Koloss, als der er im Wasser umgekommen war, wurde wunderbarerweise der einst strahlend schöne Jüngling, den die Welt auch heute noch bewundert, genauso wie die von ihm erbauten Märchenschlösser.

Elisabeth wurde am Heiligen Abend des Jahres 1837 in München geboren, ein echtes Christkind, das zur allgemeinen Verwunderung schon einen Zahn im Mund hatte, einen – wie man damals glaubte – Glückszahn. Das konnte nur bedeuten, dass dem Kind eine rosige Zukunft bevorstand. Zunächst sah es tatsächlich so aus, obwohl sich die Eltern von Beginn an nicht verstanden und in ständigem Unfrieden lebten. Die Kinder merkten von den Zankereien anscheinend wenig, denn Elisabeth liebte beide, den Vater in seiner Ungebundenheit und seinem Freiheitsdrang genauso wie die manchmal eher strenge und penible Mutter.

Herzog Max, ein Bonvivant wie aus dem Bilderbuch, erkannte schon sehr bald, dass seine kleine Tochter Sisi ein ausgesprochenes Reittalent besaß. Er beobachtete die Kleine, wie sie sich geschickt aufs Pferd schwang und wie ein Bub durch Wälder und Wiesen galoppierte. Das war so richtig nach dem Herzen von Herzog Max: Seine Tochter war keine Stubenhockerin, sondern fühlte sich so wie er in Gottes schöner Natur zu Hause. Sisi war glücklich, wenn sie der Vater auf seine Jagden mitnahm, wobei sie schon bald im Herrensitz reiten durfte, etwas, was in späterer Zeit vor allem ihrer Schwiegermutter missfallen sollte.

Die ungebundene Atmophäre, in der sich ihr Vater bewegte, faszinierte Elisabeth schon von klein auf, sie lauschte begeistert seinem Zitherspiel und trat sogar in dem kleinen Privatzirkus, den Herzog Max eingerichtet hatte, auf, sehr zur Freude der Zuschauer, die von dem reizenden kleinen Mädchen mit den fliegenden Zöpfen begeistert waren. So etwas gab es nicht alle Tage, dass sich ein Herzog mit seiner Tochter im Zirkus präsentierte.

Das Leben in freier Natur war für Sisi und ihre Geschwister etwas Selbstverständliches, da die Familie die meiste Zeit des Jahres in Possenhofen verbrachte, wo die Kinder in ihrer Bewegungsfreiheit kaum Einschränkungen erfuhren. Der Starnberger See war ihr liebster Spielplatz, hier konnten sie wie die Fische im klaren Wasser schwimmen oder ans andere Ufer rudern, wo der schöne »Cousin« Ludwig sie erwartete. Dass das Lernen und die schulische Ausbildung bei den Söhnen und Töchtern durch dieses unbeschwerte Leben etwas zu kurz kamen, störte eigentlich nur die Mutter Ludovika, während der Vater froh war, dass aus seinen Kindern keine blässlichen Gelehrten wurden. Vor allem Sisi schien ganz seine Natur geerbt zu haben, den unbändigen Drang nach Freiheit, die Abscheu vor allem Reglement. Und hätte sich nicht der Kaiser von Österreich in Ischl ausgerechnet in Sisi verliebt, hätte Elisabeth vielleicht ein ganz anderes, glückliches Leben führen können.

Schon lange war es in Europa kein Geheimnis, dass der junge Kaiser von Österreich Franz Joseph auf Brautschau ging. Nach einigen Inspektionsreisen, die ihn nach Spanien und Sachsen geführt hatten, kehrte er ohne Braut nach Hause zurück, da die Prinzessinnen aus diesen katholischen Dynastien nicht seinen Vorstellungen entsprachen. Die Frau an seiner Seite sollte nicht nur attraktiv sein, er musste sie auch lieben können. Das schien für den jungen Kaiser die Voraussetzung für eine glückliche Ehe zu sein. Dass die einzelnen Mütter der infrage kommenden Prinzessinnen alles daran setzten, ihre Töchter herauszuputzen, um sie in glänzendem Licht erscheinen zu lassen, war geradezu selbstverständlich – eine bessere Partie als den Kaiser von Österreich und König von Ungarn gab es nicht. Aber nirgendwo hatte Franz Joseph bis jetzt seine Traumfrau gefunden. Seine Mutter, die alles bestimmende Erzherzogin Sophie, hatte sich natürlich auch Gedanken über die private Zukunft ihres Sohnes gemacht und in Possenhofen die Richtige für Franz Joseph entdeckt: Helene, die Tochter ihrer Schwester Ludovika. Das Mädchen war nicht nur ungewöhnlich gut aussehend, sie war obendrein katholisch und galt als außerordentlich fügsam. Eine bessere Schwiegertochter konnte sich Sophie nicht vorstellen. Als sie ihre Schwester Ludovika in den Plan einweihte, war diese selbstverständlich begeistert. Ihre Tochter, die im Familienkreis Néné genannt wurde, würde Kaiserin von Österreich werden. Welche Aussichten für die Wittelsbacher Nebenlinie in Possenhofen!

Dass alles ganz anders kommen sollte, konnten die beiden Schwestern nicht ahnen, als Ludovika mit ihrer Tochter Néné im Sommer 1853 nach Ischl aufbrach. Mit dabei war Sisi, die man nicht zu Hause lassen wollte, erst 15 Jahre alt, ein halbes Kind noch, keineswegs so reif und vornehm wie ihre Schwester Helene. Und gerade das war es, was Franz Joseph an dem jungen Mädchen begeisterte, ihre Kindlichkeit, ihre Naivität machten einen Liebreiz für ihn aus, dem er nicht widerstehen konnte. Von einem Moment auf den anderen stand für ihn fest: Nicht Néné wollte er zum Altar führen, sondern die kleine Sisi.

Die Tragödie ihres Lebens begann für Elisabeth in Ischl. Sie war sich der Folgen ihres beinahe aufgezwungenen Ja-Wortes in keiner Weise bewusst, aber sie hätte ohnehin keine andere Wahl gehabt. Alles war so schnell gegangen, von einem Augenblick zum anderen war aus dem kindlichen Mädchen eine Braut geworden, die zukünftige Frau des Kaisers von Österreich – die Kaiserin von Österreich. Selbst heute kann man angesichts der Geschwindigkeit, in der alles abgehandelt wurde, kaum nachvollziehen, was über die junge Sisi aus heiterem Himmel hereinbrach. Wahrscheinlich wusste sie gar nicht recht, wie ihr geschah. Denn nach eigenen Aussagen, viel später, brach sie ständig in Tränen aus, wenn sie daran dachte, dass sie in kurzer Zeit Possenhofen verlassen sollte, um an den Wiener Hof zu kommen, von dem sie nichts Gutes gehört hatte. Ein fürchterlicher Gedanke für das junge Mädchen, vor allem, da Sisi schon in Ischl gemerkt hatte, wie reserviert und beinahe feindselig ihr die Tante und spätere Schwiegermutter Sophie entgegenkam. Sie schob es Sisi in die Schuhe, dass Franz Joseph es gewagt hatte, gegen ihren ausdrücklichen Wunsch nicht um die Hand Nénés, sondern um die ihrer viel zu jungen Schwester anzuhalten. Sophie bedachte dabei nicht, dass Sisi keine Schuld traf, sondern sie genauso überrascht war wie alle anderen. Ob sie damals in der kurzen Zeit zwischen den Tagen in Ischl und ihrer Abreise nach Wien in der Lage war, irgendwelche Gefühle ihrem Bräutigam gegenüber zu entwickeln, darüber war sie sich wahrscheinlich selber nicht im Klaren. Wenn sie auch mit ihrem Bräutigam in brieflichem Kontakt stand, so wirken diese Schreiben, die sie in kindlicher Schrift abfasste, eher schüchtern und zurückhaltend. Dabei fällt auf, dass die Blätter von ihr so unterzeichnet wurden, dass man vermuten kann, dass sie nicht »Sisi«, sondern »Lisi« geschrieben hat, was in Bayern nur allzu verständlich wäre, denn eine Elisabeth wird in der Umgangssprache eine »Lisl«, »Lisi«, »Lisbeth« oder »Lis«, aber niemals eine »Sisi«. Erst Franz Joseph hat sie zu einer Sisi gemacht. Es ist freilich nur Spekulation, ob eine »Lisi« denselben Nimbus erreicht hätte wie eine »Sisi«

Nachdem die Heirat beschlossene Sache war, versuchte man in Windeseile der jungen Braut all das einzutrichtern, was sie am traditionellen Wiener Hof unbedingt beherrschen und beachten sollte. Natürlich war es ein Ding der Unmöglichkeit für das junge Mädchen, all das in kürzester Zeit zu erlernen, was man von einer zukünftigen Kaiserin von Österreich erwartete. Nicht selten brach Sisi in Tränen aus, wenn das Lernpensum, das man an sie herantrug, ihr Auffassungsvermögen überstieg. Und als sie schließlich in Straubing das Schiff bestieg, das sie nach Wien bringen sollte, nahm sie bewegten Abschied von ihrer bayerischen Heimat, um einer ungewissen Zukunft entgegenzufahren.

Die Reise auf der Donau barg damals so manche Tücken in sich. So wäre das Schiff mit Elisabeth in der Nähe von St. Nikolaus im Strudengau beinahe gekentert, da es in einen starken Strudel geraten war. Im letzten Moment gelang es dem Kapitän durch riskante Manöver, diese Gefahr zu überwinden, sodass der sehnsüchtig wartende Kaiser seine Sisi endlich in die Arme schlie-

ßen konnte. Bis dahin hatten die Wiener ihren jungen
Kaiser eher zurückhaltend gesehen, als er aber jetzt auf
die Gangway sprang, um seine schöne Braut in Empfang
zu nehmen, da jubelte das Volk nicht nur seiner zukünftigen Kaiserin zu, sondern auch dem verliebten Kaiser.
Den beiden jungen Leuten konnte nur eine glückliche
Zukunft bevorstehen.

Aber schon bald nach der Hochzeit zeigte sich, dass
Elisabeth nicht nur zu jung war, um ihre Aufgabe als Kaiserin wahrzunehmen, sie fühlte sich durch den Pflichteifer
ihres Ehemannes hintangesetzt. Denn während der Kaiser
akribisch genau als erster Beamter seines Staates alle Aufgaben erfüllte, die an ihn herangetragen wurden, blieb Sisi
sich selbst überlassen. Sie fiel in eine Einsamkeit, die für
die junge Frau beinahe unerträglich wurde. Dazu kamen
die Vorschriften und Ermahnungen der Schwiegermutter,
die sich nach wie vor nicht damit abfinden konnte oder
wollte, dass die 16-jährige ungebildete Sisi die erste Frau
in der Monarchie geworden war. Dass die beiden so unter-
schiedlichen Frauen keinen Konsens finden konnten, war
nur zu begreiflich. Auf der einen Seite stand der große
Altersunterschied, das völlig unterschiedliche Naturell, auf
der anderen der Machtanspruch, den Sophie als lebenser-
fahrene Politikerin, die ihren Sohn bisher in jeder Weise
beraten hatte, deutlich machte. Sisi hatte keine Chance
gegen ihre starke Schwiegermutter. Sie nahm ihr Schicksal nicht selber in die Hand wie seinerzeit Erzherzogin
Sophie an der Seite ihres unansehnlichen, ungeliebten
Gemahls. Sophie wurde damals stark – während Sisi resignierte. Wahrscheinlich war sie einfach zu jung, um sich
zu behaupten. Dazu kamen die vielfältigen Intrigen am
Wiener Hof, sie wurde ständig beobachtet, jeder Fauxpas
wurde registriert, was dazu führte, dass Sisi die Flinte ins

Korn warf, bevor sie noch einen einzigen Schuss abgegeben hatte.

Alles, was auf sie zukam, überforderte sie, beginnend mit der Hochzeitsnacht, in der das unaufgeklärte junge Mädchen in Panik geraten war. Auch die folgenden Indiskretionen der Schwiegermutter, gegen die sie sich nicht zur Wehr setzen konnte, da ihr junger Ehemann kaum gegen seine starke Mutter ankam, mussten Sisi innerlich empören. Die »liebe Mama« hatte bisher alles in seinem Leben bestimmt, sodass es Franz Joseph unendlich schwerfiel, eine eigene Linie zu finden. Er stand zwischen den beiden Frauen, die er liebte, und merkte nicht, dass er durch seine Unentschlossenheit beinahe von Tag zu Tag seine schöne junge Frau verlor. Die Reaktionen Elisabeths glichen in manchen Dingen denen eines trotzigen Kindes. Sie vermied es, wo es ging, mit Erzherzogin Sophie zusammenzutreffen, und zog sich immer mehr zurück. Und da sie nicht in der Lage war, sich eine Aufgabe zu suchen, vereinsamte sie immer mehr. Einzig und allein ihr Papagei war tagelang ihr Weggefährte, da ihr auch schon bald verboten wurde, im Park von Laxenburg in der Art und Weise zu reiten, wie sie dies gewohnt war. Aus der fröhlichen, unbeschwerten Sisi, die Franz Joseph in Ischl so fasziniert hatte, war in kurzer Zeit eine mut- und kraftlose junge Frau geworden.

Franz Joseph war in seiner Verliebtheit auf beiden Augen blind, sonst hätte er die psychische Situation seiner »Engels-Sisi« erkennen müssen. Vor allem als die Kinder Sophie, Gisela und Rudolf geboren wurden. Sisi war noch nicht 20 Jahre alt und Mutter von drei Kindern, die sie nicht bei sich haben durfte, was den Traditionen der Habsburger entsprach. Denn bisher war es üblich, dass die Kinder nach der Geburt in die Obhut einer Aja oder eines

Ajo kamen, während die Eltern sich um andere Dinge, sei es politischer oder kultureller Art, zu kümmern hatten. Elisabeth empfand diese Regelung wie einen Schlag ins Gesicht, sie wollte und konnte sich nicht damit abfinden, die Kinder nicht selber erziehen zu dürfen, vor allem da die Schwiegereltern maßgeblich an der Kindererziehung beteiligt waren. So lässt sich auch erklären, dass sie auf einer Reise nach Ungarn unbedingt ihre beiden Töchter Sophie und Gisela mitnehmen wollte, wobei sie die Warnungen von Erzherzogin Sophie in den Wind schlug. Unterwegs erkrankte die kleine Sophie ganz plötzlich an hohem Fieber und war rettungslos verloren. Der Tod des Kindes stürzte Elisabeth in eine schwere psychische Krise, sie nahm tagelang keinen Bissen zu sich und bezichtigte sich, das Kind umgebracht zu haben.

Der Streit um die Kinder ging weiter und eskalierte in dem Moment, als Elisabeth ihrem Gemahl ein Ultimatum stellte, in dem sie forderte, das alleinige Recht auf die Kinder zu bekommen. Vor diesem Moment hatte sich der Kaiser wahrscheinlich schon lange gefürchtet, denn jene Forderung der »lieben Mama« gegenüber durchzusetzen, kostete ihn sicherlich größte Überwindung. Aber wollte er seine »Engels-Sisi« nicht verlieren, musste er sich zu diesem Schritt entschließen.

Wie sich später herausstellen sollte, hatte Sisi den Kampf um die Kinder zu spät aufgenommen, denn kaum hatte sie ihr Ziel erreicht, interessierten sie die Kinder nur noch am Rande. Einzig und allein die Abberufung des sadistischen Grafen Gondrecourt als Erzieher ihres Sohnes Rudolf könnte man als Positivum verzeichnen. Doch sie erfolgte zu spät, sodass das sensible Kind schon schwer gestört war. Franz Joseph und Elisabeth führten in jeder nur erdenklichen Hinsicht ein völlig unterschiedliches Leben, das ihren Charakteren entsprach. Sie hätten eigentlich nie zusammenkommen dürfen, denn sie hatten keine Gemeinsamkeiten, keine Gesprächsthemen, keine ähnlichen Interessengebiete. Alles, was der eine als erstrebenswert ansah, bedeutete dem anderen nichts. Der Kaiser sah sich als erster Diener seines riesigen Reiches, wobei er diese selbst gewählte Position durch unwandelbare Pflichterfüllung dokumentierte. Sein Arbeitspensum war so gewaltig, dass es für ihn weder Freizeit und schon gar nicht Müßiggang gab. Akribisch genau erfüllte er sein Tagesprogramm, das ihm wenig Zeit für seine junge Frau ließ, die keiner Beschäftigung nachging. Und Franz Joseph war nicht der einfühlsame Ehemann, der erkannt hätte, dass die Langeweile und das Nichtstun seiner jungen Frau zum Auseinanderbrechen ihrer Beziehung führen konnten. Als er an den oberitalienischen Kriegsschaupläatzen weilte, hatte Sisi ihm liebevolle Briefe geschrieben, die ihre Sehnsucht nach ihm ausdrückten. Kaum aber war der Kaiser zurückgekehrt, verlor sie das Interesse an allen Gemeinsamkeiten. Und so sollte es ein Leben lang bleiben: Waren sie irgendwo fern voneinander, hatten sie den Eindruck, dass sie sich immer noch liebten, kaum aber lebten sie unter einem Dach, hatte Sisi das unverhohlene Bedürfnis, ihren Ehemann möglichst rasch wieder zu verlassen. Diese seltsame, unüberbrückbare Kluft zwischen ihnen tat sich jedes Mal wieder wie von Geisterhand gesteuert auf.

Nachdem die junge Frau am Kaiserhof vor allem psychisch krank geworden war, hatten die Ärzte sie nach Madeira, auf die Insel des ewigen Frühlings, geschickt, wo man sich eine Besserung für ihre Leiden versprach. Die Fahrt nach Madeira war der Beginn einer lebenslangen Reisetätigkeit der Kaiserin, ruhelos zog sie von Ort zu Ort. Kaum war sie irgendwo angekommen, hatte sie schon wieder den Wunsch abzureisen. Vor allem in Wien hielt es sie nicht lange. Der Hof, die Stadt und die Wiener waren ihr zuwider. Schon sehr bald war nämlich die Sympathie, die man der jungen Frau anfangs entgegengebracht hatte, verflogen, man nahm es Sisi übel, dass sie nicht gewillt war, in Kontakt mit dem Volk zu bleiben, damit man an ihrem Leben regen Anteil nehmen konnte. Man hatte allgemein erwartet, dass sich die Kaiserin in schwangerem Zustand den Neugierigen präsentieren würde, immerhin würde sie eventuell einem zukünftigen Thronfolger das Leben schenken. Aber der Kaiserin war jede Schwangerschaft ohnedies ein Gräuel, da sie schon sehr bald begonnen hatte, sorgsam auf ihren Körper zu achten. Als Rudolf 1858 geboren wurde und sie damit einen Thronfolger zur Welt gebracht hatte, sah sie daher ihre Aufgabe als Kaiserin, aber auch als Frau als erfüllt an. Sie zog sich immer mehr von Franz Joseph zurück und versuchte, sich seinen Wünschen zu entziehen. Dazu kam, dass Franz Joseph bei einer seiner außerehelichen Amouren sich selber und dann auch Sisi angesteckt hatte. Seine Untreue war für Elisabeth ein zusätzlicher Grund, die ehelichen Beziehungen zu meiden. Erst als sie merkte, dass durch ihren Einfluss die Ungarn erhebliche Verbesserungen ihrer Lage erreichten und sie den Kaiser zum legendären »Ausgleich« überreden konnte, war sie für kurze Zeit willens, das kaiserliche Bett mit ihrem Gemahl zu teilen. Franz Joseph nahm diese seltsame Belohnung begeistert an und neun Monate später kam zwar nicht der zukünftige König von Ungarn, so wie sich Sisi dies vorgestellt hatte, in Budapest zur Welt, sondern die »Einzige«, das »ungarische Kind«, Sisis Lieblingstochter Marie Valerie.

Mit der Geburt dieser Tochter änderte sich das Leben Elisabeths in vielerlei Hinsicht. Nicht nur, dass sie sich selber manchmal allzu ängstlich um das Kind kümmerte, sie nahm Marie Valerie auch auf ihren Reisen mit, ohne Rücksicht darauf, ob dies gut für die Entwicklung des Kindes war. Der Wiener Hof sowie die beiden anderen Kinder Gisela und Rudolf sahen sie höchst selten. Sisi trachtete danach, Gisela möglichst bald zu verheiraten, obwohl sie selber als halbes Kind mit ihrer Eheschließung schlechte Erfahrungen gemacht hatte. Vor allem Rudolf konnte nicht verstehen, warum die Mutter Giselas Ehe mit Leopold von Bayern so forcierte. Als Gisela den Wiener Hof verließ, wurde es um Rudolf noch einsamer. Denn der kaiserliche Vater kümmerte sich kaum um die Ambitionen seines einzigen Sohnes, für Franz Joseph war er zunächst ein »Krepierl« und dann, als er erwachsen wurde und eigene politische Ideen entwickelte, ein »Plauscherl«. Anders als andere Mitglieder der hohen und höchsten Gesellschaft in Europa verhinderte der Kaiser, dass der hochintelligente Sohn eine Universität besuchen durfte. Und die Mutter kümmerte sich ohnedies nicht um Rudolf.

Natürlich konnte sich Elisabeth in so mancher stillen Stunde vorstellen, dass ihr Ehemann über die entstandene Situation keineswegs glücklich sein musste. Daher sann sie auf Abhilfe. Sie hatte bemerkt, dass der Kaiser immer dann das Hofburgtheater gerne besuchte, wenn die frische, hübsche, dralle Katharina Schratt die Hauptrolle spielte. Daher kam die Kaiserin auf die Idee, diese Dame für den Kaiser malen zu lassen, um ihm ihr Bildnis zum Geburtstag zu schenken. Sie zeigte Franz Joseph damit ganz offen, dass sie keineswegs eifersüchtig reagieren würde, sollte es zu einer näheren und nahen Bekanntschaft kommen. Sisi hatte richtig gerechnet. Katharina Schratt, die zwar verheiratet war, wurde zur langjährigen Begleiterin des Kaisers, die »gnädige Frau« zeigte sich mit Franz Joseph in aller Öffentlichkeit und unterhielt daneben als »die Freundin« aber auch eine enge Verbindung mit ihrer Mentorin Elisabeth, der sie durch ihre Beziehung zu Franz Joseph das schlechte Gewissen nahm.

Sisi hatte sich im Laufe der Jahre zu einer ungewöhnlichen Schönheit entwickelt. Und je attraktiver sie wirkte, desto mehr beschäftigte sie sich mit ihrem Körper. Sie achtete streng darauf, dass sie kein Lot zunahm, entwickelte die absurdesten Diäten, um das Gewicht zu halten, ließ spezielle Cremes und Tinkturen anfertigen, die ihr von irgendwelchen Heilern empfohlen wurden, und betrieb in ihrem Turnsaal in der Hofburg Gymnastik in heute beinahe modern anmutendem Rahmen. Es schien, als betrachtete sie ihren Körper als Heiligtum, dem sie jedes Opfer brachte. Dass natürlich so mancher in ihrer Umgebung unter ihren gnadenlosen Forderungen litt, schien sie geflissentlich zu übersehen. Nur einige wenige Menschen hatten ihre ganze Sympathie erworben, wie ihre ungarische Vorleserin Ida Ferenczy, mit der sie begeistert Ungarisch lernte und der sie das »Du-Wort« antrug. Durch Ida, die von den freiheitsliebenden ehemaligen Revolutionären ausgewählt worden war, bekam Elisabeth auch Einblick in die ungarischen Verhältnisse. Sie war es auch, die die Kaiserin dazu brachte, sich bei ihrem Gemahl für die ungarische Sache einzusetzen. Nicht nur sie, auch Graf Gyula Andrássy waren der Kaiserin unendlich zu Dank verpflichtet – wobei man nie genau wusste, wie weit der Dank des Grafen wirklich ging …

Die Kaiserin von Österreich und Königin von Ungarn war sicherlich eine der umschwärmtesten Frauen ihrer Zeit. Ihre Schönheit galt als legendär, die Verehrer lagen ihr zu Füßen. Und Sisi genoss die Anbetung, die man ihr allerorts entgegenbrachte. Wenn man ihr auch diese oder jene Affäre andichtete, wie mit ihrem Reitinstruktor Bay Middleton, so kann man beinahe mit Recht annehmen, dass ihr der Gedanke genügte, dass sie jedem Mann in ihrer Umgebung schlaflose Nächte bereitete. Vielleicht stand ihr der eine oder andere näher, aber wirkliche Liebesabenteuer lagen ihr wahrscheinlich fern. Selbst die vertrautesten Personen in ihrer Umgebung, wie ihre Nichte Marie Larisch, berichteten nichts von leidenschaftlichen Abenteuern der Kaiserin. Wobei Marie Larisch, nachdem sie nach dem Tod von Kronprinz Rudolf bei Hofe in Ungnade gefallen war, sicherlich aller Welt kundgetan hätte, hätte man Elisabeth irgendwo eine schwache Stunde nachweisen können.

Sisi genügte es, schön und begehrenswert zu sein. Dafür lebte sie.

Nachdem sie ihrem Gemahl Katharina Schratt zugeführt hatte, konnte Elisabeth beruhigt auf Reisen gehen. Ruhelos zog sie durch die Mittelmeerländer, nur ab und zu kehrte sie in Possenhofen ein, um dort nicht nur ihre Eltern und Geschwister zu treffen, sondern auch König Ludwig II., ihren schönen »Cousin«. Mit ihm fühlte sie sich wesensverwandt, sie bezeichnete sich und Ludwig in ihren Gedichten als Adler und Möwe, die in die Welt hinaus müssen.

In ihren Gedichten, die erst viel später, nach ihrem Tod, veröffentlicht werden durften, drückte sie ihren Seelenzustand aus. Auch ihre Beziehung zu ihrem Gemahl und zu ihren Kindern geht aus ihren oft bissigen Reimen hervor. Während sie sich als Titania bezeichnet und den Kaiser als Oberon, wird sie bei ihrer Tochter Gisela boshaft konkret. Nur ihre Lieblingstochter Marie Valerie findet Gnade in ihren Augen. Vor allem aber prangert sie die habsburgische Verwandtschaft an, an ihr lässt sie kein gutes Haar.

Je älter die Kaiserin wurde, desto exzentrischer entwickelte sich ihr Leben. Die extremen Fastenkuren waren an ihrem Gesicht nicht spurlos vorübergegangen, obwohl sie noch, als ihr Sohn Kronprinz Rudolf auf Brautschau in Brüssel weilte, eine schöne Frau war, neben der die junge Stephanie von Belgien wie ein hässliches Entlein wirkte. Elisabeth genoss den Triumph über die junge Braut in vollen Zügen. Ihr Verhalten in Brüssel und auch später in Wien der Gemahlin Rudolfs gegenüber führte dazu, dass Stephanie sich wahrscheinlich niemals wohl am Wiener Hof fühlte. Und da sich Sisi bislang kaum um ihren Sohn gekümmert hatte, bemerkte sie auch nicht seinen rapiden körperlichen und psychischen Verfall und bot Rudolf, der sich beinahe flehentlich an seine Mutter wandte, keinerlei Hilfe an. Erst als es zu spät war und Rudolf auf der Totenbahre lag, gingen Elisabeth die Augen auf. Sie wurde zur »Mater dolorosa«, die nur noch Schwarz trug und sich voller Selbstmitleid an den großen »Jehova« wandte, von dem sie sich Tröstung erwartete.

Selbst der Tod des Sohnes konnte das Kaiserpaar nicht mehr vereinen. Nach wie vor wartete Franz Joseph geduldig oft Monate, bis Sisi wieder nach Wien zurückkehrte. Nur für kurze Zeit. Denn kaum atmete sie die Wiener Luft, da glaubte sie, ersticken zu müssen. Die Koffer wurden nur vorübergehend ausgepackt, um gleich wieder reisefertig gemacht zu werden. Auch die alternden Menschen fanden nicht mehr zueinander. Saß man gemeinsam an der Tafel, sprach Sisi so leise, dass der schwerhörige Kaiser kein Wort verstehen konnte. Auch Marie Valerie, die den Vater, wie sie selber sagte, mehr liebte als die sie vollständig vereinnahmende Mutter, war kein Bindeglied zwischen dem Kaiserpaar. Glücklich war Elisabeth nur, wenn sie Wien hinter sich lassen konnte, um nach Gödöllö in Ungarn oder nach England zu reisen. Dort fand sie ihre Jagd- und Reitgesellen, die sie bewunderten und verehrten. Denn die Kaiserin saß so exzellent zu Pferde, dass sie selbst die Hochachtung der besten Reiter der britischen Inseln genoss. Den Kaiser kostete die Leidenschaft seiner Gemahlin viel Geld, das er widerspruchslos aus seiner Privatschatulle gab. So sehr liebte er immer noch seine schöne Frau.

Je älter die Kaiserin wurde, desto mehr stellten sich die Folgen ihrer unvernünftigen Lebensweise ein. Wo immer sie war, vor allem in den Mittelmeerländern, hatte sie kein Maß und Ziel gefunden. Stundenlange Gewaltmärsche, auf denen ihre Begleiterinnen zusammengebrochen waren, standen bei ihr genauso auf der Tagesordnung wie das Besteigen der Berge im Laufschritt. Statt eines anschließenden kräftigen Essens waren eine Orange, höchstens ab und zu ein Glas frische Milch, wozu immer eine Kuh mitgeführt werden musste, und ausgepresster Kalbfleischsaft oft ihre einzige Nahrung, die ihr Gewicht von 50 kg bei einer Größe von 1,72 m garantierte. Daneben konnte es aber durchaus sein, dass sie große Mengen Veilcheneis aß, was auch nicht unbedingt gesundheitsfördernd war. Denn die Natur lässt sich nicht überlisten, das Alter forderte schon früh Tribut, sodass es Sisi vermied, sich malen zu lassen, und später dann, ihr Gesicht zu zeigen. Sie verhüllte ihr Antlitz vielmehr mit einem Fächer oder einem Regenschirm.

Wahrscheinlich war dies auch so in Genf, als ihr Mörder auf sie zukam. Vor dem Hotel Beau Rivage stach der Anarchist Luigi Lucheni, der eigentlich den Prinzen von Orléans hatte umbringen wollen, am 10. September 1898 der Kaiserin eine eigens präparierte Feile ins Herz. Die Kaiserin war unrettbar verloren. Dem Kaiser, der schon eine Tochter, seinen Bruder Maximilian und seinen einzigen Sohn zu Grabe getragen hatte, blieb wirklich nichts erspart.

Unter großer Anteilnahme der Wiener Bevölkerung, die plötzlich ihre Abneigung gegenüber der Kaiserin vergessen hatte, wurde Elisabeth in der Kapuzinergruft, wohin sie nie hatte gebracht werden wollen, beigesetzt.

»Old Sisi«, wie ihre Schwester Néné sie genannt hatte, war zwar gestorben, die junge, bezaubernd schöne Elisabeth ist dennoch nicht tot. Sie lebt in der Fantasie der Menschen in aller Welt weiter, auf geheimnisvolle Weise faszinierend, für immer.

*Die beiden Schwestern Helene (1834–1890), genannt Néné,
und Elisabeth*

Die zurückgewiesene Braut
Elisabeths Schwester Néné

Sicherlich wäre das Leben von Kaiser Franz Joseph anders verlaufen, hätte er sich damals in Ischl, als er die Wahl zwischen den beiden schönen Töchtern von Herzogin Ludovika und Herzog Max in Bayern hatte, für die ältere Helene und nicht für die reizende Sisi entschieden. Aber das unbekümmerte Wesen, das Elisabeth in jungen Jahren auszeichnete, hatte es dem eher ernsten Kaiser mehr angetan als die vornehme Zurückhaltung ihrer Schwester. Dabei hätte man zu dieser Zeit nicht sagen können, wer die schönere im Land war, denn Helene, die in der Familie Néné genannt wurde, galt genauso wie ihre Schwester als ungewöhnlich attraktives Mädchen mit ihrem dunklen Haar und der schlanken Figur. Vielleicht fehlte ihr der Liebreiz ihrer Schwester, denn schon in ihrer Jugendzeit machte sich bei Néné ein gewisser Hang zur Schwermut bemerkbar, der sich in der Zukunft steigern sollte, wobei das Schicksal, das auf Helene wartete, dazu angetan war, diese Depressionen zu verstärken.

Es muss für Néné nicht leicht gewesen sein, zunächst einmal die Ablehnung des Kaisers zu verkraften, immerhin war sie als vorgesehene Braut mit Mutter und Schwester nach Ischl gereist. Alles war dahingehend ausgerichtet, dass sich Franz Joseph in der Kaiservilla mit ihr verloben sollte. Und dann kam es ganz anders. Nicht nur Helene war bitter enttäuscht, auch die Mutter und die Tante Sophie konnten die Entscheidung des Kaisers kaum fassen. Sisi war für die Mutter des Kaisers alles andere als eine ideale Schwiegertochter und am allerwenigsten eine geeignete Kaiserin. Néné hätte sie sich an der Seite ihres Sohnes sehr gut vorstellen können, durch ihre tiefe Religiosität und Ernsthaftigkeit hätte sie hervorragend in die Habsburgerfamilie gepasst. Eines allerdings hätte sich Néné rasch abgewöhnen müssen: ihre Unpünktlichkeit. Denn Pünktlichkeit war nicht nur die Höflichkeit der Könige, für die Angehörigen des Kaiserhauses war sie Prinzip.

Als zurückgewiesene Braut kehrte Helene nach Possenhofen zurück, ein schwerer Schock für die Wittelsbacher Familie, obwohl immerhin Sisi Kaiserin von Österreich werden sollte. Ihre beiden Schwestern Néné und Marie hingegen hatten weniger Glück mit ihren Männern, denn auch Marie wurde vom bayerischen König Ludwig II., mit dem sie bereits verlobt war und der sie zur Königin hätte machen sollen, zurückgewiesen.

Nachdem die Verlobung ihrer ältesten Tochter in Ischl geplatzt war, begann für die leidgeprüfte Mutter Ludovika eine schwere Zeit. Zu weit hatte sich die Sache mit Franz Joseph herumgesprochen, sodass sie nicht sofort nach einem neuen Bräutigam für Néné Ausschau halten konnte. Sie musste warten, bis sich die Wogen geglättet hatten.

Die Auswahl an passenden Männern, die für Néné infrage kamen, war zu dieser Zeit nicht groß, denn nicht jeder hochwohlgeborene junge Mann war für eine Prinzessin aus königlichem Geblüt angemessen. Selbst als der junge Erbprinz und spätere Fürst von Thurn und Taxis sein Interesse an Néné bekundete, zeigte sich der bayerische König Maximilian II. Joseph als oberste Instanz der

Wittelsbacher Familie zunächst ablehnend gegen diese Partie. Ludovikas Töchter, immerhin die Nichten des bayerischen Königs, sollten standesgemäß heiraten, wenn man auch angesichts des exaltierten Lebenswandels ihres Gatten Max in Bayern, der alles andere als ein hocharistokratisches Leben führte, beide Augen zudrücken musste. Dabei war Ludovika hocherfreut, als der junge Maximilian Anton aus dem reichen Haus der Thurn und Taxis nach einer erfolgreichen Jagd in Possenhofen einkehrte, wo er die schöne Néné kennenlernte und schon bald seine Sympathie für das ernste Mädchen bekundete. Es dauerte nicht allzu lange, bis er sich entschieden hatte: Er hielt um Nénés Hand an, was in der Possenhofener Familie große Freude hervorrief, denn man hatte schon befürchtet, dass das bigotte Mädchen, sollte es länger auf einen Bräutigam warten müssen, eventuell den Schleier nehmen würde. Es war schwer für Néné gewesen, die Enttäuschung in Ischl zu verkraften, daher hatte sie sich immer mehr im Gebet vergraben. Sie kümmerte sich um die Armen der Umgebung und stand schon bald in dem Ruf, ein guter Engel für die Notleidenden zu sein. Wie leicht hätte es sein können, dass sie beschlossen hätte, ihr weiteres Leben im Kloster zu verbringen.

Die Werbung des jungen Erbprinzen kam für Néné gerade zur rechten Zeit. Und da ihr Maximilian Anton nicht unsympathisch war, entschloss sie sich überraschend schnell, seinen Antrag anzunehmen. Nicht nur der Prinz war glücklich über Nénés Zusage, auch die Regensburger Familie der Thurn und Taxis nahm sich vor, die Braut mit offenen Armen aufzunehmen.

Nénés Hochzeit wurde rund um den Starnberger See mit großer Begeisterung gefeiert, denn hier heiratete nicht die Tochter des Herzogs in Bayern, sondern ein allgemein beliebtes junges Mädchen, dem alle von ganzem Herzen Glück für das zukünftige Leben wünschten. Zugleich aber mischte sich Trauer in die Gratulationen, denn Néné würde jetzt nach Regensburg ziehen, der Verlust würde für alle schmerzlich sein.

Herzog Max und seine Gemahlin Ludovika hatten sich bei den Hochzeitsfeierlichkeiten geradezu überboten. Einerseits wollte man Néné ein schönes Fest bereiten, auf der anderen Seite aber hatte man die Absicht, vor allem der Wiener, der kaiserlichen Verwandtschaft zu zeigen, was ein Herzog in Bayern alles auf die Beine zu stellen vermochte. Aber auch die Thurn und Taxis brachten wertvolle Präsente mit, der Schwiegervater überreichte der Braut ein Brillantkollier im Werte von 160 000 Gulden. Die Feierlichkeiten, die am Starnberger See begonnen hatten, setzten sich in Regensburg fort, wo man über die Wahl des Erbprinzen begeistert war. Hatte es sich doch wie ein Lauffeuer herumgesprochen, dass Néné sich überaus mildtätig und herzlich um die Armen gekümmert hatte, jedem ein gutes Wort entgegenbrachte, dem sie auch Taten folgen ließ. Der Jubel bei ihrem Einzug in die neue Heimatstadt war kaum verstummt, als Néné an die Bedürftigen 1000 Gulden verteilen ließ. Durch diese noble Geste eroberte sie die Herzen der Regensburger im Sturm. So lange sie lebte, vergaß sie keinen, der unverschuldet in Not geraten war, wobei sie tatkräftig zunächst von den Schwiegereltern unterstützt wurde, die ihre Geldtruhen öffneten, und später von ihrem Gemahl Maximilian Anton.

Néné hätte durch ihre Heirat glückliche Zeiten erleben können, sie wurde von allen geliebt und verehrt, die Zukunft sah nach der Geburt von zwei Töchtern und zwei Söhnen rosig aus – hätte nicht der Tod grausam ihr Glück zunichte gemacht. Nur einen Monat nach der Geburt ihres zweiten Sohnes Albert läuteten für ihren Gemahl im Juni 1867 die Totenglocken.

Néné konnte seinen Tod nicht fassen. Sie lag stundenlang vor seinem Sarkophag auf den Knien, als könnte sie ihn zurückbeten. Wären ihre Kinder nicht gewesen, wäre die junge Frau wahrscheinlich in tiefe Trauer versunken. Kaiser Franz Joseph übernahm für den Erbprinzen Maximilian Maria und seine Geschwister die Vormundschaft, wobei Néné mit den Kindern schalten und walten konnte, wie sie es für richtig hielt. Auch die Schwiegereltern versuchten der jungen Frau in ihrem übergroßen Kummer zu helfen, indem sie Néné mehr und mehr in die geschäftlichen Belange des Hauses Thurn und Taxis einzubinden versuchten. Denn der Fürst sah in der Schwiegertochter eine geeignete Nachfolgerin, bis ihr ältester Sohn volljährig war. Die Arbeit, die auf sie zugekommen war, lenkte Néné tatsächlich etwas von ihrem Schmerz ab. Aber schon nach kurzer Zeit traf sie der nächste Schlag: Ihre älteste Tochter Elisabeth überlebte die Geburt ihres ersten Kindes nicht, die Mutter konnte ihr nur noch die Augen zudrücken.

Wenn eine Tochter der Possenhofer Wittelsbacher Grund zur Verzweiflung gehabt hätte, dann war es weder Elisabeth noch Sophie, auch nicht unbedingt Marie, sondern Helene. Denn auch ihrem ältesten Sohn Maximilian Maria, einem schönen, hochgebildeten jungen Mann, war kein langes Leben beschieden. Kaum hatte er zur allgemeinen Freude in Regensburg die Regentschaft angetreten und seine Regierungsziele bekannt gegeben, als er von schweren Herzattacken gepeinigt wurde, denen er schließlich mit nur 23 Jahren erlag.

Es war kein Wunder, dass die Lieblingstochter von Kaiserin Elisabeth, Marie Valerie, in ihrem Tagebuch vermerkte, dass die gute Tante sich halb wahnsinnig in ihrem Schmerz gebärdete. Aber trotz dieser fürchterlichen Schicksalsschläge durfte sich Néné nicht fallen lassen, das Haus Thurn und Taxis forderte ihre ganze Kraft. Sie nahm an, was man von ihr verlangte: Mithilfe von Beratern, die auf wirschaftlichem Gebiet die nötige Erfahrung mitbrachten, gelang es ihr, bis zur Volljährigkeit ihres jüngeren Sohnes Albert den Besitz der Thurn und Taxis noch zu vermehren. Erst nachdem sie die Regierungsgeschäfte übergeben hatte, zog sie sich aus dem öffentlichen Leben zurück. Sie hatte Großes geleistet.

Als es mit ihr zu Ende ging, traf ihre Lieblingsschwester Elisabeth in Regensburg ein. »Old Sisi«, wie sie von Néné einstmals bezeichnet worden war, hatte Tränen in den Augen, als sie meinte: »We two have had hard puffs in our lives.« Wobei die wirklichen »puffs« das Schicksal hauptsächlich ihrer Schwester versetzt hatte, die sie mit unglaublicher Willensstärke gemeistert hatte, nicht nur mit dem Herzen, wie sie ersterbend Sisi gegenüber ausdrückte: » Yes, but we had hearts.«

Helene war eine große Frau aus dem Hause Wittelsbach.

Er war ein berühmter Augenarzt
Elisabeths Bruder Carl Theodor

Als Carl Theodor, der Sohn von Herzog Max in Bayern und dessen Gemahlin Ludovika, im Jahre 1839 in München zur Welt kam, konnte niemand ahnen, dass dieser Mann einmal als wahrer Wohltäter in die Geschichte eingehen sollte. Sein ausgeprägter sozialer Sinn zeigte sich schon in seiner Jugendzeit, wobei das Bedürfnis zu helfen und Gutes zu tun, ganz im Gegensatz zu den Interessen seiner exaltierten Schwestern Elisabeth und Marie stand. Schon früh nahm Carl Theodor, der in der Familie liebevoll »Gackel« genannt wurde, sein Leben selbst in die Hand. Nach dem Tod seiner geliebten ersten Frau Sophie beschloss er Medizin zu studieren, etwas ausgesprochen Ungewöhnliches für einen Herzogssohn, dessen Karrieremöglichkeiten auf einen hohen militärischen Posten beschränkt zu sein schienen.

Die Herzogsfamilie in Possenhofen war über den Plan Carl Theodors zunächst mehr als überrascht, hatte er doch im bayerischen Heer glänzende Aussichten, außerdem musste er sich um seine kleine Tochter Amalie kümmern, nach deren Geburt Carl Theodors Gemahlin von einer geheimnisvollen Krankheit befallen worden war, gegen die es keine Medizin gab. Der junge Ehemann musste hilflos zusehen, wie seine geliebte Frau allmählich dem Tod entgegenglitt. Nachdem sich seine Mutter

Ludovika bereit erklärt hatte, das Kind in ihre Obhut zu nehmen, konnte Carl Theodor an der Universität München inskribieren und mit dem Studium beginnen. Doch wurde der blaublütige Student sowohl in den Labors als auch bei den Prüfungen keineswegs bevorzugt behandelt. Weder seine Kommilitonen noch die Professoren glaubten an die Ernsthaftigkeit seines Studiums. Fast alle sahen in Carl Theodor einen exzentrischen Adeligen, dem es einfach zu langweilig war, nur seine Güter zu verwalten oder seine erblich bedingte hohe Position im bayerischen Heer einzunehmen. Unendliche Schikanen waren die Folge, die Carl Theodor an allen Ecken und Enden zu spüren bekam. Man gab ihm die am schlechtesten präparierten oder halb verweste Gewebeproben, die er zu untersuchen hatte. Alle warteten nur darauf, dass der Herzogssohn die Flinte ins Korn werfen würde. Aber man hatte sich gründlich getäuscht: Carl Theodor, der bis zur körperlichen Erschöpfung arbeitete, um den Anforderungen gerecht zu werden, ließ sich nicht von seinem Ziel abbringen. Halbe Nächte saß er über seinen Büchern oder sezierte Leichen, wobei er sich eine schwere Gelbsucht zuzog, sodass seine Familie um sein Leben bangen musste. Aber er gab nicht auf. Voll Sorge schaute vor allem die Mutter Ludovika auf ihren besessenen Sohn, der, wenn es seine karge Freizeit erlaubte, nach Possenhofen kam, um seine kleine Tochter zu besuchen. Dort versuchte Ludovika ihn davon zu überzeugen, dass es auf der Welt noch andere Dinge als Arbeit gab. Vor allem sollte er wieder heiraten, was Carl Theodor am allerwenigsten hören wollte. Zu groß war seine Trauer um Sophie noch immer, sodass er sich kaum vorstellen konnte, einer anderen Frau sein Ja-Wort zu geben. Obwohl Ludovika all ihre Überredungskunst einsetzte und auch Carl Theodors Lieblingsschwester

Sisi versuchte, ihn zu überreden, sich wieder zu binden, stießen sämtliche Argumente bei Carl Theodor auf taube Ohren. Erst als sein Schwager Franz, der Exkönig von Neapel, ihm den Vorschlag unterbreitete, mit der Tochter des verstorbenen Königs von Portugal Michael I., Maria Josepha, nur einmal zwanglos zusammenzutreffen, war er bereit, Damengesellschaft aufzusuchen. Bei beiden war es keineswegs Liebe auf den ersten Blick, denn das 16-jährige Mädchen konnte sich zunächst nicht vorstellen, einen 35-jährigen Witwer zu heiraten. Ganz andere Verehrer hatten ihr bisher den Hof gemacht.

Herzog Carl Theodor (1839–1909) mit seiner zweiten Gemahlin Maria Josepha (1897–1943)

Auch Carl Theodor wusste mit dem Mädchen, das beinahe seine Tochter hätte sein können, zunächst nichts anzufangen. Als die beiden aber begannen, ernsthafte Gespräche zu führen, war der Herzog mehr als erstaunt über die reifen Ansichten Maria Josephas, die so gar nicht zu ihrem jugendlichen Äußeren passten. Aus seiner Verwunderung wurde schon sehr bald Bewunderung und es dauerte nicht lange, bis eine Liebe entstand, die ein ganzes Leben lang anhalten sollte. Auch die Familie betrachtete die junge Frau als ein Geschenk des Himmels, selbst die überkritische Elisabeth empfand von Anfang an eine echte Sympathie der reizenden Schwägerin gegenüber, nachdem die beiden Damen sich auf höchst seltsame Weise kennengelernt hatten. Die Kaiserin hatte nämlich den Bruder und seine junge Frau nach Ischl eingeladen, obwohl die Witterungsverhältnisse nichts Gutes versprachen. Und tatsächlich wurde die Kutsche des Herzogs von einem Wolkenbruch überrascht und die Insassen wurden bis auf die Haut durchnässt, sodass Maria Josepha, als sie der Kalesche entstieg, eher einer Vogelscheuche als einer eleganten jungen Dame glich. In diesem erbarmungswürdigen Aufzug stand sie nun dem Kaiserpaar gegenüber. Sisi aber rettete die peinliche Situation, indem sie einfach auf die Schwägerin zuging und sie herzlich in die Arme schloss.

Da die beiden Frauen einander von Anfang an gut verstanden, ist es unerklärbar, dass weder die Kaiserin noch ihre Schwester Marie, die Königin von Neapel, zur Hochzeit ihres Bruders im Jahre 1874 kamen. Dafür gab aber der bayerische König Ludwig II. einen Galaabend für die junge Frau, wobei er es sich nicht nehmen ließ, auch eine Festaufführung der Wagner-Oper *Lohengrin* für sie veranstalten zu lassen. Maria Josepha hatte ihren Ehrenplatz in der Königsloge neben Ludwig II.

Auch als Ehemann gönnte sich Carl Theodor wenig
Ruhe. Nach der Promotion zum Dr. med. wollte er die
Chance nützen, mit den medizinischen Kapazitäten seiner
Zeit in Kontakt zu treten, ihre Ansichten und Vorträge zu
hören, um mit ihnen diskutieren und von ihnen zu lernen
zu können. Als Herzogssohn öffneten sich ihm die Türen
zu den Tempeln der medizinischen Wissenschaft leichter,
er hatte bedeutend mehr Gelegenheiten, die Meinungen
der verschiedensten Professoren zu hören. Obwohl er
schon einige Artikel veröffentlicht hatte, die in der Fach-
welt Aufsehen erregten, war er noch immer unschlüssig,
welches Spezialfach er wählen sollte. Allerdings zeichnete
sich schon bald ab, dass es die Augenheilkunde war, die
ihn am meisten faszinierte. Aber erst durch den Einfluss
des berühmten Ophthalmologen Alexander von Iwanow,
den er in Mentone kennengelernt hatte, fand er schließlich seinen beruflichen Weg. Carl Theodor beschloss, den
Augenkranken helfen zu wollen, ohne Rücksicht auf deren
Vermögensverhältnisse oder soziale Herkunft. Deshalb
hatte er den Plan, am Tegernsee eine Augenklinik errichten zu lassen, deren Bau natürlich Unsummen verschlin-
gen würde. Es war ein Glück für Carl Theodor, dass die
Kaiserfamilie in Wien seinem Projekt positiv gegenüberstand, denn sowohl Kaiser Franz Joseph als auch dessen
Bruder Karl Ludwig unterstützten den Bau der Klinik, die
dann in München entstand, großzügig.

Die Kunde von dem Herzog, der Augenkranke in seiner Klinik operierte, ohne Ansehen der Person, verbreitete sich in Bayern in Windeseile. Im Laufe der Zeit
linderte er die Schmerzen Tausender oder bewirkte, dass
sie ihr Augenlicht behielten. Sich selber aber vermochte
er nicht zu helfen. Immer wieder wurde er von Krank-
heitsschüben heimgesucht, die ihn zwangen, Pausen

einzulegen. Als er merkte, dass er nur im Süden Erleichterung fand, eröffnete er in der Meraner Klinik eine Abteilung für Augenheilkunde, wo er wahre Wunder vollbrachte. So operierte er einen alten erblindeten Pfarrer, der wieder sehend wurde, was sich wie ein Lauffeuer in Südtirol herumsprach. Die Folge war, dass Scharen von Augenkranken seine Klinik aufsuchten, denen er helfen konnte. Er operierte in nur drei Monaten 1000 Patienten, assistiert von seiner Gemahlin, die ihm nicht von der Seite wich.

Es konnte nicht ausbleiben, dass Carl Theodors Gesundheit derart Schaden nahm, dass ihm die Ärzte dringend rieten, zu pausieren, um sich in der Wärme des tiefen Südens zu erholen. Sein Weg führte ihn nach Algerien, wo er einen abenteuerlichen Ritt zusammen mit seiner Familie in die Wüste unternahm. In einem Brief schilderte er seine Erlebnisse: Weitab von jeglicher Zivilisation erschien plötzlich aus dem Nichts eine Gruppe grimmig vermummter Tuaregs, die in gestrecktem Galopp auf die kleine Karawane zustürmte. Carl Theodor und seinen Begleitern fuhr der Schreck in die Glieder, sie sahen ihre letzte Stunde gekommen. Unmittelbar vor dem Herzog zügelte der Anführer sein Pferd und gebot auch den anderen stillzustehen. Dann kreuzten die wilden Gestalten langsam die Arme zum Gruß, verneigten sich tief, wobei der Anführer folgende Worte sprach: »Weit, weit kommen sie her, diese Männer. Aber Euer Ruf ist bis tief in die Wüste gedrungen. Und sie sagen, dieser große Arzt ist uns wie ein Heiliger. Wir verehren ihn.« Daraufhin machten sie kehrt und verschwanden wieder in einer Wolke von Wüstensand.

Eine allerdings erkannte viel zu wenig die liebevolle Art und das mitleidvolle Herz ihres Bruders: die österreichische Kaiserin. Elisabeth war empört darüber, dass Carl Theodor ihren Wunsch nicht respektiert, nach dem Tod ihres Sohnes Rudolf allein sein zu wollen. Sie brauchte keine Anteilnahme von Seiten der Possenhofener Familie. Sie sah sich als Mater dolorosa, die ganz ihrer Trauer und ihrem Schmerz leben wollte. Carl Theodor aber hatte sich, nachdem er von der Tragödie in Mayerling erfahren hatte, nicht abhalten lassen und war trotz seiner vielen Arbeit nach Wien geeilt, um die Schwester tröstend in die Arme zu nehmen.

Die medizinischen Fakultäten von Wien und München überhäuften den Herzog, der nach der nicht standesgemäßen Heirat seines ältesten Bruders Ludwig mit der Schauspielerin Henriette Mendel Familienoberhaupt geworden war, mit Ehrungen und Auszeichnungen. Carl Theodor hätte einem ruhigen Lebensabend entgegengehen können, aber seine Lebenskraft war erschöpft, er hatte sie im Übermaß seinen Patienten geopfert. Nur selten vergönnte er sich auch im fortgeschrittenen Alter einige Ruhepausen, die er so nötig gehabt hätte. Erst nach seinem 70. Geburtstag im Jahre 1909 hatte er die Absicht, sich von seinen Aufgaben zurückzuziehen und sich ganz dem Klavierspiel, seiner großen Leidenschaft, zu widmen. Auch Reiten und Jagen standen auf seinem Programm, vor allem wollte er viel Zeit mit der Familie verbringen, denn seine Kinder liebten den Vater über alle Maßen. »Wenn man zum Vater gerufen wurde«, erinnerte sich seine Tochter Sophie, »so war es, als käme man in die Sonne.«

Viel Zeit war dem Herzog allerdings nicht mehr vergönnt. Als der beliebte Wittelsbacher Herzog, der in seiner uneigennützigen Art so vielen Menschen geholfen hatte, starb, schrieb die bekannte rumänische Königin und

Dichterin Carmen Sylva bewundernd über ihn: »Solch ein Mann ist eine Ehre für unseren Stand.«

Tief betrauert von den Männern und Frauen, denen er geholfen hatte, wurde der Herzog zu Grabe getragen. Sein Name ist nicht in Vergessenheit geraten, denn die Münchner Augenklinik trägt bis heute den Namen Carl Theodor.

Die Heldin von Gaeta
Elisabeths Schwester Marie Sophie

Nicht nur die Kaiserin von Österreich war für ihre Schönheit berühmt, auch ihrer Schwester Marie lagen Scharen von Bewunderern zu Füßen. Wie ihre kaiserliche Schwester war sie eine ausgesprochen schöne Frau, kein Wunder bei der attraktiven Mutter, wobei von so manchem die Aussage überliefert ist, dass die Mutter Ludovika in dem Damenreigen die Attraktivste gewesen sei. Hätte Paris den berühmten Apfel an die Schönste im Lande verteilen müssen, so wäre es ihm wahrscheinlich schwergefallen, denn wenngleich Sisis Aussehen in ganz Europa gerühmt wurde, so mussten sich ihre Schwestern nicht verstecken, eine war schöner als die andere. Vielleicht war dies auch ein Grund, warum der königliche »Cousin«, Ludwig, der spätere Ludwig II., der eigentlich der Großneffe von Ludovika war, so gerne in Possenhofen einkehrte, obwohl er dem weiblichen Geschlecht eigentlich wenig abgewinnen konnte. Aber Schönheit in jeder Form zog den exzentrischen König an, er war ein Ästhet, der sich in einer gepflegten Atmosphäre am wohlsten fühlte.

Die Possenhofener Prinzessinnen waren zwar in finanzieller Hinsicht nicht gerade lukrative Partien, aber Herzogin Ludovika, die sich über die Zukunft ihrer Töchter Gedanken machte, konnte ohne Sorge sein. Den Wittelsbacher Prinzessinnen Néné, Sisi, Marie, Mathilde und

Sophie standen die Tore der Königs- und Kaiserhäuser Europas offen.

Nachdem Sisi den Kaiser von Österreich geheiratet hatte, wartete man in Possenhofen gespannt, welche interessanten Angebote für die übrigen Töchter kommen würden. Als daher die Werbung um die Hand der schönen Marie vom neapolitanischen Königshof in München eintraf, war nicht nur die Herzogsfamilie hoch erfreut, auch der bayerische König Maximilian II. Joseph glaubte in einer Heirat Maries mit Franz, dem Thronfolger des Königtums beider Sizilien, gute politische Perspektiven erkennen zu können. Dass der vorgesehene Bräutigam alles andere als ein Beau war, störte weder Maries Mutter noch den bayerischen König, lediglich der Vater Herzog Max warnte die Tochter davor, den »Trottel«, wie er sich ausdrückte, zu nehmen. Die Abneigung ihres Mannes dem eventuellen Bräutigam gegenüber war für Ludovika ein Grund mehr, der Tochter eine Ehe mit dem sizilianischen Bourbonen schmackhaft zu machen. Denn für die Eheleute Max und Ludovika gab es keine Gemeinsamkeiten. Wenn der eine etwas ablehnte, fand der andere es besonders anziehend. Sie waren ein Leben lang nicht in der Lage, einen gemeinsamen Nenner zu finden.

Schon bald waren die Verhandlungen mit Neapel zu einem Politikum geworden, wobei man über den Kopf der Braut hinweg Vereinbarungen traf, die sich später nicht besonders günstig für Marie auswirken sollten. Über den politischen Diskussionen vergaß man wieder einmal die Wünsche der Braut. Man verheimlichte ihr wichtige Details, obwohl das Gerücht, dass der junge Franz nicht in der Lage sein würde, die Ehe zu vollziehen, bis in die bayerische Hauptstadt gedrungen war. Doch Marie ließ man völlig im Ungewissen, sie erfuhr wenig bis gar nichts über den Mann, mit dem sie ihr zukünftiges Leben verbringen sollte. Wie hätte man einem jungen Mädchen der damaligen Zeit, das in keiner Weise aufgeklärt war, auch sagen sollen, dass ihr Bräutigam an einer Vorhautverengung litt. Dabei stellte ein kleiner chirurgischer Eingriff auch im 19. Jahrhundert kein Problem dar, aber Franz konnte sich in seiner Wehleidigkeit zu einem derartigen Schritt nicht entschließen.

Auch sonst war der Thronfolger von Neapel mit seiner schmächtigen Gestalt, dem schon in der Jugend schütteren Haar und dem bleichen Gesicht eher ein blutloser Jüngling denn ein Traummann. Dazu kam seine übergroße Religiosität, die in Bigotterie ausartete, sodass Franz sicherlich in einem Kloster besser aufgehoben gewesen wäre als in den Armen einer schönen Frau oder auf dem Königsthron von Neapel. Stundenlang lag er auf den Knien im Gebet und bereute seine nicht begangenen Sünden.

Und so einem Mann wurde die junge, frische, lebenslustige Marie zur Frau gegeben. Das Medaillon mit dem Konterfei des Zukünftigen, das man der Braut überreichte, war, wie üblich, künstlerisch geschönt, sodass Marie bei seinem Anblick geradezu in Verzückung geriet und überrascht ausrief: »Aber er ist schön!« Auch wenn sie dies nicht so empfunden hätte, wäre es für sie viel zu spät gewesen, eine Ehe mit Franz abzulehnen, denn die Verhandlungen zwischen den Königshöfen waren längst abgeschlossen, König Maximilian II. Joseph hatte sein Einverständnis dem Abgesandten aus Neapel an König Ferdinand II. schriftlich mitgegeben. Und die Unterredungen bezüglich der Mitgift liefen ebenfalls zur vollsten Zufriedenheit, da König Ferdinand II. ein schwerreicher Mann war und alles andere als knauserig. Er ließ sich die schöne Braut für seinen unansehnlichen Sohn etwas kosten. Als in München alles geregelt war, konnte die Hochzeit per procurationem stattfinden, wobei Leopold, der Großcousin von König Maximilian II. Joseph, als Stellvertreter des fernen Bräutigams fungierte. Marie sah bei der Zeremonie mit ihrer schlanken Gestalt in dem eleganten Hochzeitskleid, dem prachtvollen schwarzen Haar, den strahlend blauen Augen wahrhaft königlich aus.

Die ferne Schwester in Wien sah die Situation allerdings etwas realistischer. Sie hatte erfahren, dass auch Marie schon bald einer »bösen Schwiegermutter« ausgesetzt sein würde. Denn Ferdinand II., der das Königreich Neapel-Sizilien regierte, hatte nach dem Tod seiner ersten Gemahlin Maria Christina von Savoyen, die die Mutter seines ältesten Sohnes Franz war, in zweiter Ehe die bigotte Tochter von Erzherzog Carl geheiratet, der sich 1809 einen immerwährenden Namen als Sieger von Aspern gemacht hatte. Diese Maria Theresia von Österreich, immer schwarz gekleidet, war alles andere als eine schöne und herzliche Frau, vielmehr war sie eine missgünstige Intrigantin, die an den Türen lauschte und üble Gerüchte namentlich über die Schwiegertochter verbreitete. Ihr Gemahl Ferdinand, der diese hexenhafte Person aus unerfindlichen Gründen trotz ihres negativen Charakters liebte, glich vieles, was seine Gemahlin angerichtet hatte, durch seine Gutmütigkeit aus. Trotzdem aber würde Marie, so befürchtete Sisi, dieser Furie ausgesetzt sein. Sie bedachte allerdings nicht, dass die Schwester aus anderem Holz geschnitzt war als sie selber. Marie wappnete sich von Anfang an, sie nahm sich vor, den hingeworfenen Fehdehandschuh aufzuheben, um Gleiches mit Gleichem zu vergelten. Schon von klein auf war Marie daran gewöhnt, nicht nachzugeben, sich eine eigene Position zu schaffen, die es ein Leben lang zu verteidigen galt. Und so würde sie auch in Neapel handeln. Resignieren, so wie ihre Schwester Sisi, wollte sie unter keinen Umständen. Dabei konnte sie allerdings, als sie München verließ, nicht ahnen, was ihr alles bevorstehen sollte.

Mit großem Pomp verließ die junge Braut München, und so wie seinerzeit bei Marie Antoinette oder bei Marie Louise wurde auch diesmal der Hofstaat an der Landesgrenze ausgetauscht. Marie war in Triest mit Sisi erschienen, die es sich nicht nehmen ließ, die Schwester in die Ferne zu begleiten. Marie legte ihre bayerischen Kleider ab und hüllte sich fortan in die Gewänder, die ihr von ihrer neuen Heimat zur Verfügung gestellt wurden. Diese Zeremonie, die auch Elisabeth miterlebte, erschien den beiden Schwestern so überzogen, dass sie lauthals in Gelächter ausbrachen. Vielleicht empfanden Sisi und Marie eine Art Galgenhumor, denn beide wussten, dass die Zukunft für Marie nicht allzu rosig aussah.

Die königliche Familie erwartete die junge Braut in Bari. Auch König Ferdinand, der, obzwar er noch nicht die fünfzig überschritten hatte, sehr kränkelte, hatte es sich nicht nehmen lassen, Marie die Ehre seiner Anwesenheit zu geben. Als die Fregatte in Bari vor Anker ging, hörte man ein bewunderndes Raunen in der dicht gedrängten Menschenmenge, denn eine schönere Braut konnte man sich wahrlich nicht vorstellen. Marie entstieg dem Schiff wie eine Königin. Aber auch manchen Seufzer konnte man vernehmen, bedauerte man doch das schöne junge Mädchen von ganzem Herzen, wenn man den mageren Burschen mit dem ständig wackelnden Kopf betrachtete, der begierig nach seiner Braut Ausschau hielt. Arme Marie! Als sie ihren Zukünftigen erblickte, konnte sie das Entsetzen, das sie ergriff, nicht verbergen. Wie hatte man sie so täuschen können? Der Jüngling, der auf sie zukam, hatte nicht die geringste Ähnlichkeit mit dem Bildnis auf dem Medaillon.

Franz hat den Schock, den sein Aussehen Marie bereitet hatte, wahrscheinlich gar nicht bemerkt, denn er war hingerissen von der Schönheit seiner Braut. Und so sollte es ein Leben lang bleiben. Obwohl er sich jahrelang nicht entschließen konnte, sein körperliches Gebrechen operativ beheben zu lassen, liebte er Marie vom ersten Augenblick an, ja er betete sie an wie seine Heiligen und Märtyrer.

Zunächst versuchte Franz seine Unfähigkeit, die Ehe vollziehen zu können, tunlichst zu verheimlichen. Am Abend des Hochzeitstages wusste er es so einzurichten, dass er das Brautbett erst bestieg, als Marie schon tief und fest schlummerte. Und da die junge Frau keinerlei Gefallen an ihrem Gemahl fand, war sie wahrscheinlich gar nicht so böse über die Tatsache, dass sich Franz ihr nicht intim nähern konnte. Sie empfand mit der Zeit sogar Sympathie für ihn wie für einen lieben Bruder. Und so sollte es auch jahrelang bleiben.

Allmählich lebte sich Marie am neapolitanischen Hof ein. Obwohl der König sterbenskrank war und der Kronprinz die Stunden der Nacht lieber in einer Kapelle als in Ballsälen verbrachte, konnte sich Marie über ein langweiliges Leben nicht beklagen. Die Geschwister von Franz hatten sie schon bald ins Herz geschlossen und ihr zu erkennen gegeben, dass man alles daran setzen wollte, ihr das Eingewöhnen in der Fremde zu erleichtern. Und da Marie keineswegs menschenscheu war, nahm sie alle Angebote, sich zu amüsieren, begeistert an, auch als ihr Gemahl nach dem Tod seines Vaters viel zu früh auf den Thron gelangte. Franz war zur falschen Zeit und am falschen Ort König geworden, denn rundum agierten schon die italienischen Freiheitskämpfer. Sie hatten es leicht, ihre Parolen dem

Volk glaubhaft zu machen, denn die Bourbonen waren in Misskredit geraten, man wollte die verhasste, viel zu lang andauernde Fremdherrschaft abschütteln. Cavour und Garibaldi waren die Sympathieträger der Freiheitsliebenden. Ein König Franz hatte diesen beiden Kämpfern, die schließlich die Einigung Italiens auf ihre Fahnen schreiben konnten, nicht wirklich etwas entgegenzustellen. Als

Sisis Schwester Marie Sophie, die Königin von Neapel-Sizilien
(1841–1925)

die Situation in Neapel für ihn beinahe aussichtslos wurde, gab er noch einmal ein großes Fest, ein Abschiedsfest, wie sich herausstellen sollte, bei dem man seiner schönen Frau Ovationen bereitete, da man allgemein erkannte, dass Marie nicht so schnell die Flinte ins Korn geworfen hätte. Sie hatte mit allen Mitteln versucht, Franz zur Gegenwehr aufzufordern, für sie schien es undenkbar, die Stadt kampflos zu verlassen. Aber alle Argumente, die sie vorbrachte, stießen bei ihrem Gemahl auf taube Ohren, Franz konnte sich nicht entschließen, den Oberbefehl über die Truppen zu übernehmen, er legte ihn, gläubig, wie er war, in die Hände des heiligen Gennaro …

Und in der Erwartung, dass der Heilige ein Wunder tun würde, verließ das Königspaar beinahe ohne finanzielle Absicherung Neapel, denn Franz war der felsenfesten Überzeugung, dass er siegreich zurückkehren und dann sein riesiges Privatvermögen von 11 Millionen Dukaten und 50 Millionen Goldfranken vorfinden würde. Anstatt baren Goldes ließ der König 66 Reliquiare einpacken, daneben eine Urne mit der Asche der heiligen Iasonia und andere Devotionalien.

Marie war es gelungen, wenigstens ein kleines Kontingent an Truppen aufzutreiben, das sich in der Festung Gaeta verschanzte. Als die Festung unter schwerem Beschuss von Garibaldis Kämpfern lag, die von General Cialdini angeführt wurden, erschien die Königin mit einem Gewehr bewaffnet mitten unter den Männern und feuerte sie nicht nur an, sondern schoss wie ein echter Soldat aus den Mauerluken. Durch diesen Heldenmut, den die junge Frau entwickelte, ging sie für alle Zeiten als »Heldin von Gaeta« in die Geschichtsbücher ein, selbst die Gegner zollten ihr Respekt und Hochachtung, sodass König Franz II. zwar besiegt, aber schadlos die Festung verlassen konnte.

Ein ehrenhafter Abzug wurde der Familie gewährt, die ein Schiff ins Exil nach Rom bringen sollte.

Dort war für Marie der Kampf um das Königreich Neapel noch lange nicht zu Ende. Wo immer sie konnte, versuchte sie in Rom in allen Kreisen junge Männer aufzutreiben, die sich bereit erklärten, mit ihr zu versuchen, Cavour und seine Mannen zu vertreiben. Da Marie nach wie vor eine außerordentlich schöne junge Frau war, fiel es ihr nicht schwer, Anbeter um sich zu scharen, die für eine schwache Stunde mit ihr für alles zu begeistern waren. Es hatte sich nämlich in Rom bald herumgesprochen, dass der Exkönig von Neapel und seine junge Frau nach wie vor wie Bruder und Schwester nebeneinander herlebten. Dass Marie vor allem auch aufgrund der böswilligen Verleumdungen ihrer Schwiegermutter in einen zwielichtigen Ruf geriet, verwunderte niemanden. Was mit Gehässigkeiten in Rom begonnen hatte, endete schließlich in einem Skandal, als Nacktfotos von Marie in der ewigen Stadt die Runde machten, wobei die Bilder derart perfide angeordnet waren, dass sich auf den Fotos auch Porträts des Papstes befanden. Die Fotomontagen fanden in Windeseile Verbreitung in ganz Italien und erreichten schließlich auch München.

Natürlich trug auch Maries ungewöhnliches Verhalten dazu bei, dass sie nach allen Richtungen verleumdet werden konnte. Sie ließ sich nicht davon abhalten, in Ostia im Meer zu schwimmen oder wie die wilde Jagd in Männerkleidung durch die Straßen zu galoppieren und, wie ihre ferne Schwester Elisabeth, in aller Öffentlichkeit zu rauchen. Es war kein Wunder, dass all dies vor allem den jungen Leuten imponierte, natürlich vor allem den Männern, die schon bald bereit waren, in einem Partisanenheer für die begehrenswerte Frau zu kämpfen.

Bei aller Bewunderung, die ihr entgegengebracht wurde, hätte Marie aus Stein sein müssen, um nicht schwach zu werden. Der Auserwählte, der nicht nur ihr Herz gewann, war ein fescher belgischer Graf namens Armand de Lawayss, den Marie fast täglich in den frühen Morgenstunden bei ihren Ausritten traf. Und während ihr Gemahl sich auf sein Leben nach dem Tode vorbereitete, genoss Marie das pralle Leben im Diesseits.

Die Folgen dieser Affäre stellten sich allerdings sehr bald ein, Marie wurde schwanger. Jetzt war guter Rat teuer, sollte nicht der ahnungslose Franz in ein schiefes Licht geraten. Und da sich Marie ganz allgemein nicht wohl fühlte, fiel es ihr nicht schwer, ihren Gemahl davon zu überzeugen, dass sie für einige Zeit nach Hause an den Starnberger See fahren wollte, um sich zu erholen. Dort legte sie eine Art Generalbeichte ab, bei der auch der bayerische König Maximilian II. Joseph anwesend war. Man verzieh ihr das Kind, verlangte aber von ihr, dass sie den Kindsvater niemals wiedersehen dürfe. Man schickte die werdende Mutter in das Kloster St. Ursula, wo Marie schließlich, wie behauptet wurde, Zwillinge zur Welt brachte. Über das Schicksal der Kinder wurde viel gerätselt, eine Tochter soll angeblich dem Vater übergeben worden sein, die andere Maries Bruder Ludwig übernommen haben. Wie ihre kaiserliche Schwester über diese Affäre dachte, darüber ist nicht viel bekannt.

So sehr man in Bayern bemüht war, diese Angelegenheit zu vertuschen, die internationales Aufsehen hätte erregen können, so wenig Ahnung hatte der gehörnte Ehemann in Rom. Wie es weitergehen sollte, wusste in der Wittelsbacher Familie niemand so recht. Da aber Franz darauf drängte, dass seine Gemahlin endlich nach Rom zurückkehren sollte, entschloss sich Marie zu einem gewagten

Schritt: Sie schrieb einen langen Brief an Franz, in dem sie ihm alles beichtete, worauf der Gemahl in hochherziger Weise antwortete: »Marie, ich erwarte dich!«

Franz hatte ihr nicht nur verziehen, er veranlasste auch, dass die verhasste Schwiegermutter in ein anderes Palais ziehen musste, wo sie schon bald starb. Marie war gerade zur richtigen Zeit nach Italien zurückgekehrt, denn Garibaldi war mit seinen Truppen in Richtung Rom marschiert. In der Schlacht bei Mentana stieg Marie 1867 endlich wieder der Geruch von Pulver in die Nase. Angetan mit einer großen weißen Schürze feuerte sie die Soldaten so wie seinerzeit in Gaeta an und verteilte Bonbons und Zigarren unter ihnen. Aber auch hier kämpfte sie einen aussichtslosen Kampf, die Einigung Italiens konnte sie nicht mehr aufhalten. Bis an ihr Lebensende sah sie ihre Machtlosigkeit nicht ein. Selbst als alte Frau versuchte sie noch in Paris mithilfe der Anarchisten Mittel und Wege zu finden, die Herrschaft der Bourbonen wieder herzustellen.

Deprimiert über die allgemeine Interesselosigkeit, die man ihren Problemen entgegenbrachte, flüchtete Marie 1868 zu Sisi, die sich gerade in Ungarn aufhielt. Nachdem die eine Schwester der anderen ihr Leid geklagt hatte, beschlossen die beiden, ihr Leben selbst in die Hand zu nehmen, und verbrachten einige unbeschwerte Wochen in Budapest, bewundert und verehrt von so manchem feurigen Ungarn.

Bei diesem Aufenthalt in Ungarn beschloss Sisi wahrscheinlich, ihrem Schwager Franz zuzureden, die immer wieder verschobene Operation durchführen zu lassen. Es war sicherlich mühsam, dem ängstlichen Menschen klarzumachen, was diese Operation nicht nur für ihn bedeuten würde. Aber ihr gutes Zureden war schließlich von Erfolg gekrönt. Nachdem Sisi erfahren hatte, dass Franz endlich zum ganzen Mann geworden war, überraschte sie Marie, als diese nach Rom zurückgekehrt war, mit einem prunkvollen Himmelbett.

Es dauerte nicht lange, bis sich herausstellte, dass Marie ein Kind erwartete. Franz war außer sich vor Freude, als seine Gemahlin ein Mädchen zur Welt brachte, »eine Rose, welche der Lilie vorangeht«. Das Exkönigspaar sollte sich an der kleinen Tochter nicht lange erfreuen, denn infolge der absonderlichen Methoden der Kinderfrau, die man für die Kleine ausgewählt hatte, starb das Kind. Der Tod der Kleinen stürzte Marie in tiefe Melancholie, während Franz immer mystischer wurde. Bald darauf trennte sich das Ehepaar, Marie floh zu Elisabeth nach Wien und Franz nahm Quartier in einem bescheidenen Schlösschen am Starnberger See. Von der Welt unbeachtet starb er als Herr Fabiani mit 58 Jahren 1894 in Arco di Trento an Diabetes, fast völlig verarmt.

Seine Gemahlin hingegen hatte ihren Lebenswillen bald wiedergefunden. Selbst im fortgeschrittenen Alter war ihr keine Hecke zu hoch und kein Graben zu breit, um auf den Jagden, zu denen sie geladen war, in elegantem Sprung darüberzusetzen. Sie genoss die Bewunderung, die sie in der Pariser Gesellschaft endlich fand, und war häufig Gast bei der englischen Königin Victoria. Allerdings war es ratsam, in Gegenwart Maries nicht allzu viele Gerüchte in den Raum zu stellen, denn Klatsch und Tratsch faszinierten die Exkönigin von Neapel auch noch in späteren Zeiten. Durch ihre Indiskretionen, die sie nicht lassen konnte, kam es beinahe zum Bruch mit ihrer Lieblingsschwester Elisabeth.

Wenn man nun geglaubt hätte, dass Marie ihr Leben hätte genießen können, denn finanziell war sie durch die

Pferdezucht, die sie sich aufgebaut hatte, bestens abgesichert, so irrt man gewaltig. Denn immer noch sann sie auf Rache gegen die Savoyer Königsfamilie, die in Italien herrschte, und steckte viel Geld in Erfindungen, von denen sie sich Möglichkeiten in ihrem immerwährenden Kampf erwartete. So ließ sie etwa ein Automobil zu einer Art Panzer ausbauen.

Der Erste Weltkrieg bildete für sie eine Zäsur. Sie musste Frankreich verlassen, wobei sie ihr gesamtes Vermögen verlor, und kehrte nach München zurück. Schon bald erkannte hier der deutsche Geheimdienst, dass sie aufgrund ihres Italienhasses für eine Spionagetätigkeit bestens geeignet war. Sie verhielt sich allerdings so klug, dass man ihr letzten Endes nichts nachweisen konnte, obwohl man munkelte, dass sie in die Versenkung von zwei italienischen Panzerkreuzern und einem Panzerschiff involviert gewesen sein soll.

Den Umsturz im Jahr 1918 erlebte sie im Hotel Kaiserhof am Stachus. Der Hotelbesitzer bat sie aufgrund der Kämpfe rundherum, Schutz im Keller zu suchen. Aber die alte Dame lachte nur und meinte: »Ich werde nicht in den Keller gehen. Ich will sehen, ob wenigstens die heutigen Revolutionäre besser schießen als zu meiner Zeit.«

Die ersten Jahre nach dem Krieg verbrachte die Exkönigin von Neapel in einer kleinen Wohnung im großen Wittelsbacher Palais, versorgt von zwei getreuen Dienern, die aber selber nicht das Nötigste zum Leben hatten. Obwohl es Marie beinahe an allem mangelte, umgab sie sich nach wie vor gern mit interessanten Persönlichkeiten, wie mit dem damaligen Apostolischen Nuntius Pacelli, der später als Papst Pius XII. auf dem Stuhle Petri sitzen sollte. Besonders deprimierend war für Marie, dass sie nicht einmal die Mittel aufbringen konnte, sich regelmäßig Zeitungen zu besorgen. Ab und zu traf eine »Liebesgabe« aus Italien ein, Pakete mit Lebensmitteln.

Einen Monat vor ihrem Tod am 19. Januar 1925 gab sie den Journalisten des *Corriere della Sera* ein aufschluss-reiches Interview, in dem sie das savoyische Königshaus heftig anprangerte.

Ruhelos wie ihr Leben war auch ihr Schicksal nach ihrem Tod. Ihre sterblichen Überreste wurden zunächst in München beigesetzt, bevor man sie 1935 nach Rom überführte, wo sie zusammen mit den Gebeinen ihres Gemahls und ihrer kleinen Tochter Maria Christina in der Kirche Spirito Santo dei Napoletani bis 1984 ruhten. In diesem Jahr brachte man die sterblichen Überreste des Exkönigs von Neapel und seiner Wittelsbacher Gemahlin nach Paris, in das Pantheon der Bourbonen.

Die verlassene Braut
Elisabeths Schwester Sophie Charlotte

Für die Eltern der schönen Sophie, der jüngeren Schwester von Kaiserin Sisi, war es eine große Ehre, dass sich der junge Bayernkönig, der allumschwärmte Ludwig II., ausgerechnet für ihre Tochter zu interessieren schien. Sie konnten freilich nicht ahnen, dass die Werbung des Königs nur aus staatspolitischen Gründen zustande gekommen war, denn schließlich hatte Ludwig als König von Bayern die Pflicht zu erfüllen, nicht nur zu heiraten, sondern vor allem auch Nachkommen zu zeugen, die ihm auf den Thron folgen sollten. Dabei kursierten schon zu dieser Zeit Gerüchte, die hinter vorgehaltener Hand verbreitet wurden, dass der junge Mann wenig Gefallen am anderen Geschlecht fand. Als Hagestolz schien er glücklich zu sein und nichts deutete darauf hin, dass er an der Seite einer schönen Frau plötzlich zu einem leidenschaftlichen Liebhaber werden könnte. Daher war man in gewissen Kreisen beinahe überrascht, als Ludwig zu erkennen gab, dass er um Sophies Hand anhalten wollte. Für Ludwig war eine Ehe mit Sophie, die er schon von klein auf kannte, eher eine Notlösung, wenn er schon heiraten musste. Seine platonischen Gefühle, ja sogar sein Herz gehörten, wenn schon einer Frau, dann Sisi. In ihr erkannte er eine gleichgesinnte Seele, von ihr wusste er, dass sie ihn verstand. Aber Elisabeth war nun einmal Kaiserin von Österreich und damit für ihn unerreichbar. Vielleicht würde die ebenfalls schöne Sophie ein kleiner Ersatz für die große Schwester sein.

Als die Werbung aus München in Possenhofen eintraf, war man entzückt. Schon wieder würde eine Tochter zu höchsten Ehren aufsteigen, nach Sisi und Marie, die den König von Neapel geheiratet hatte. Was für eine Karriere stand der Wittelsbacher Nebenlinie ins Haus!

Als die Verlobung am 22. Januar 1867 mit großem Pomp gefeiert wurde, beneideten Scharen von jungen Mädchen die zukünftige Braut um ihre Zukunft an der Seite des Märchenkönigs, der sich allerdings bei den Feierlichkeiten äußerst reserviert verhielt, keineswegs wie ein leidenschaftlicher junger Mann. Er suchte nicht die Nähe seiner entzückenden Braut, sondern hielt mehr als nur den geziemlichen Abstand zu ihr. Vielleicht wollte Ludwig, der streng erzogen worden war, in der Öffentlichkeit seine wahren Gefühle nicht zeigen. Aber auch im privaten Kreis taute der König nicht auf, selbst wenn er mit Sophie stundenlang allein in einem Raum war. Geistesabwesend berauschte er sich dann nur an der Musik Richard Wagners und vergaß dabei fast, dass auch Sophie, die er in diesen Stunden Elsa nannte, anwesend war. Wenn sie jedoch auf sein Geheiß Arien aus dem *Lohengrin* sang, lauschte er ihrer schönen Stimme. Ludwig schien in diesen Stunden die Welt um sich zu vergessen und Sophie verließ ihren Bräutigam, der sich nicht zur kleinsten Zärtlichkeit hinreißen ließ, geschweige denn zu einer Umarmung und schon gar nicht zu einem Kuss, jedes Mal enttäuscht.

Daher war es kaum verwunderlich, dass Sophie, die gewohnt war, dass sie die Blicke so mancher Bewunderer auf sich zog, auf das galante Verhalten des Fotografensohnes Edgar Hanfstaengl aufmerksam wurde. Der junge Mann war zusammen mit seinem Vater Franz Hanfstaengl, einem bekannten Fotografen, ausgewählt worden, Verlobungsfotos von dem zukünftigen Königspaar zu machen. Und da die Technik des Fotografierens noch in den Kinderschuhen steckte, dauerte es lange, bis die entsprechenden Bilder die Zustimmung des Königs fanden. Dabei hatte der junge Edgar Hanfstaengl ausgiebig Gelegenheit, der frustrierten Braut die glühendsten Komplimente zu machen. Auf diesem Gebiet war er als Weltmann besonders bewandert, denn er war von seinem nicht unvermögenden Vater zuerst nach Stettin und von dort aus nach London geschickt worden, wo er von der Firma, in der er zur großen Zufriedenheit aller gearbeitet hatte, bis nach China als Handelsdelegierter gesandt worden war. Als er nach diesen Lehrjahren schließlich nach München zurückkehrte, umgab ihn nicht nur das Flair eines weitgereisten Weltmannes, er verstand auch durch sein attraktives Äußeres die Damenwelt zu entzücken. Auch die in vielerlei Hinsicht vernachlässigte Königsbraut vermochte seinem Charme kaum zu widerstehen. Sophie Charlotte verliebte sich unsterblich in den schönen Mann, wobei beiden schon zu Beginn der Liaison schmerzlich bewusst war, dass es für ihre Liebe keine Zukunft geben konnte. Immerhin war Sophie die Braut des Bayernkönigs, für die in absehbarer Zeit die Hochzeitsglocken läuten sollten. Alles war schon für die Hochzeit vorbereitet, die Gemächer der zukünftigen Königin hatte man aufwendig renoviert, die Gästeliste war nach langem Hin und Her perfekt zusammengestellt, Schneider und Putzmacher hatten ihre Entwürfe für die Roben der Damen vorgelegt, ganz München befand sich in hellster Aufregung, als ein Donnerschlag verkündete, dass die Verlobung des Königs gelöst worden wäre. Ein Affront für die

Braut – fast eine Tragödie! So sah man dies allgemein, nur nicht die verschmähte Braut. Denn Sophie war glücklich in den Armen von Edgar Hanfstaengl, ihr lag ohnedies nichts mehr an einer Ehe mit dem Bayernkönig. Ihrem Vater Herzog Max war allmählich die Geduld gerissen, nachdem Ludwig den Hochzeitstermin immer wieder mit den fadenscheinigsten Argumenten verschoben hatte. Er hatte von allem Anfang an kein gutes Gefühl bei dieser Angelegenheit gehabt. Seine Gemahlin Ludovika schrieb daher an die Mutter des Königs, mit der sie echte Freundschaft verband, folgende Zeilen:

»Das öfter wiederholte Hinausschieben der Hochzeit hat eine für uns so ungünstige Stimmung hervorgerufen und zu unangenehmer Rede Anlass gegeben, dass, da es sich nicht länger mit Sophies Ehre vertrüge, er (Herzog Max in Bayern – Anm.) den König unterthänigst bitten müsse, entweder den Termin in den letzten Tagen des Novembers einzuhalten, oder das vor mehr als acht Monaten an uns gerichtete Verlangen um Sophies Hand als ungeschehen betrachten zu wollen, wobei er ihn durchaus nicht drängen wolle, diese Verbindung einzugehen, denn es war nie unsere Absicht, ihm unsere Tochter aufzudrängen.«

Für König Ludwig II. war der Inhalt dieses Briefes beinahe eine Erlösung. Denn die Verbindung mit Sophie hing wie ein Damoklesschwert über ihm, von dem er sich allein nicht befeien konnte. Jetzt, am 7. Oktober 1867, konnte er getrost zur Feder greifen und seinerseits die Verlobung lösen, wobei er Sophie anbot, sie eventuell doch noch heiraten zu wollen, sollte sie innerhalb eines Jahres keinen anderen Bräutigam finden. Aus dem freundschaftlich gehaltenen Schreiben ging nicht hervor, dass Ludwig von dem leidenschaftlichen Verhältnis seiner Braut

mit Edgar Hanfstaengl etwas geahnt hätte. Denn, soweit
möglich, hatten die jungen Leute versucht, ihre Liebesaffäre zu vertuschen, die für die damalige Zeit unmöglich
war. Eine Herzogstochter hatte sich nicht in einen Bür-
gerlichen, noch dazu in einen Fotografen, zu verlieben.
Nicht einmal der Vater, Herzog Max, der für seine liberale Einstellung bekannt war, hätte diese Liaison goutiert.
Denn immerhin waren Herzogin Ludovika die Tochter
und Schwester eines bayerischen Königs und Herzog Max
der Schwiegervater eines Kaisers und eines Königs. Wie
hätte in diese Familie ein Fotograf Hanfstaengl gepasst?

Zu ihrem Glück hatten die beiden verliebten jungen
Leute eine zuverlässige Hofdame in der Person Nathalie
von Sternbachs, die die Liebesbriefe und Rendezvous-
Vereinbarungen diskret überbrachte, sodass man in Possenhofen keinen Verdacht schöpfte. Allerdings gab es auch
hier eine Schwachstelle, denn eine zweite Vertrauensper-
son fühlte sich plötzlich übergangen, und durch sie wurde
nun einiges über das Verhältnis bekannt. Wahrscheinlich war man in der Possenhofener Familie entsetzt über
Sophie Charlotte, deren Heiratschancen auf ein Mini-
mum reduziert sein würden, sollte diese Liaison publik
werden. Man musste einen Bräutigam finden, der Sophies
amourösen Lebenswandel in den letzten Monaten nicht
so genau verfolgt hatte und dem ein Edgar Hanfstaengl
völlig unbekannt war.

Es war ein schwerer Schock für Sophie Charlotte, als
sie von den Eltern gezwungen wurde, auf die Liebe ihres
Lebens zu verzichten. Wochenlang war sie in Melancholie
verfallen und es war zu befürchten, dass sie sich entschließen würde, den Schleier zu nehmen, da sie einzig in der
Religion Trost fand. Um die Tochter auf andere Gedanken zu bringen, schickte sie die Mutter nach Sachsen zu

ihrer königlichen Schwester, nicht ohne diese vorher zu bitten, auch den jungen Herzog von Alençon einzuladen. Der französische Herzog, der im Exil lebte, war nicht nur ein Freund von Sophies Bruder Carl Theodor, er war zudem ein ausnehmend attraktiver junger Mann, der als Exilfranzose zwar keine große Zukunft vor sich hatte, der aber über das intime Vorleben von Sophie nicht Bescheid wusste. Es war ein abgekartetes Spiel, das hier in Sachsen gespielt wurde. Der Preis war, Ferdinand von Alençon als Schwiegersohn zu gewinnen.

Und es kam, wie man es beinahe nicht zu hoffen gewagt hatte: Schon nach den ersten Begegnungen und Spaziergängen im Park fanden die beiden jungen Leute einander sympathisch, Sophie vergaß bei der charmanten Unterhaltung ihren Edgar offenbar sehr schnell. Auch Ferdinand hatte die Liebe wie ein Blitz getroffen und diese machte ihn blind. Er sah in Sophie ein frommes, süßes, liebevolles und intelligentes Geschöpf, das seinem Vater eine zärtliche und ehrerbietige Schwiegertochter und ihm eine ebensolche Ehefrau sein würde. Wie sollte sich der junge Herzog täuschen.

Als die überraschend schnelle Werbung des Herzogs in Possenhofen eintraf, herrschte allgemeine Begeisterung über die bevorstehende Hochzeit. Nur die Braut wurde von Tag zu Tag stiller, wahrscheinlich verfiel sie neuerlich in Trauer über die verlorene Liebe. Auch am Tag der Hochzeit bemerkten die Hochzeitsgäste überrascht das merkwürdig lethargische Verhalten der Braut, denn während der fesche junge Bräutigam durch ein kräftiges Ja den Bund der Ehe besiegelte, hauchte Sophie emotionslos ihre Zustimmung, wie Ministerpräsident Fürst Chlodwig von Hohenlohe-Schillingsfürst registrierte. Auch andere Gäste bemerkten das seltsame Verhalten der Braut und zogen ihre Rückschlüsse. Von allem Anfang an lag über dieser Ehe ein Schatten, der mit den Jahren immer düsterer und länger werden sollte.

Zunächst lebte das junge Paar in der Nähe von London, wo die Alençons nach ihrer Vertreibung aus Frankreich eine neue Heimat gefunden hatten. Obwohl der Herzog alles daran setzte, seiner jungen Frau außer einem komfortablen Heim auch noch andere Annehmlichkeiten zu bieten, konnte es sein, dass Sophies Stimmungen von einem Tag auf den anderen so stark wechselten, dass niemand wusste, wie man sie zu behandeln hatte. Wenn eine Einladung die andere jagte und ein Jagdabenteuer dem anderen folgte, war die Stimmung der jungen Frau gut. Aber kaum sollte sie sich in den Alltag fügen, verfiel sie in Melancholie, aus der sie nur schwer wieder ins normale Leben zurückfand. Dabei war beinahe ein Wunder geschehen, denn sie begann ihren Mann zu lieben und ihn zu vermis-

Verlobungsfoto von König Ludwig II. (1845–1886)
und Herzogin Sophie (1846–1897)

sen, wenn er abwesend war. Am 29. Januar 1869 richtete
sie folgende Zeilen an ihn:

»Ich bin sehr traurig und weine viele heiße Thränen. Um
diese Uhrzeit (17.30 Uhr – Anm.) lesen wir sonst immer
dein Journal in meinem kleinen Salon, nachdem wir den
ganzen Tag zusammen waren. Heute ist deine Ratte ganz
alleine! Ich habe keine große Sachen gemacht, seitdem du
mich verlassen hast ...« Und in einem weiteren Schreiben:
»Ich liebe dich sehr, so sehr!«

Sophies Sinneswandel in nur kurzer Zeit war für alle
erstaunlich, ebenso ihre beginnende Unzufriedenheit mit
ihrem Schicksal. Wie einige andere ihrer Geschwister war sie
nicht imstande, sich eine sinnvolle Beschäftigung zu suchen,
sie vertrödelte die Zeit, wobei sie immer melancholischer
wurde. Anstatt sich aufzuraffen und positiv in die Zukunft
zu schauen, geriet sie in eine Art von Depression, aus der sie
jahrelang nicht herausfinden konnte. Verschlimmert wurde
ihr Zustand durch die Geburt ihres ersten Kindes, wobei
man sich in der damaligen Zeit nicht erklären konnte, warum
manche Wöchnerinnen in diese Art von Krankheit abglit-
ten. Da man den Gemütszustand der jungen Mutter auf das
düstere, feuchte englische Wetter zurückführte, entschloss
sich der Herzog von Alençon, eine Einladung des Herzogs
von Aumale nach Palermo anzunehmen. Aber bevor es nach
Sizilien reisen wollte, besuchte das Paar die Possenhofener
Verwandtschaft und auch König Ludwig II., den verflos-
senen Bräutigam. Dieser stellte Sophie seinen Leibarzt zur
Verfügung, der die junge Frau eingehend untersuchte. Dabei
stellte er eine chronische Bronchitis fest, die außer klimati-
schen auch psychische Ursachen haben konnte.

Über Rom, wo Sophie gerade zurechtkam, um ihrer
Schwester Marie zur Geburt der kleinen Tochter zu gratu-
lieren, ging die Reise nach Palermo, wo sich die junge Frau

überraschend schnell von ihren Leiden erholte. Aber auch hier hielt es sie nicht lang, sodass ihr Ehemann beschloss, für einige Zeit den Wohnsitz für sich und seine kleine Familie am Starnberger See aufzuschlagen. Schließlich war er ein Herzog ohne Land und ohne Heimat, aus der er vertrieben worden war. Hier in Possenhofen blühte seine junge Frau geradezu auf, denn als die Geschwister von der Ankunft Sophies hörten, eilten sie herbei, auch Sisi war erschienen, sodass die Familie nach langer Zeit ein herzliches Wiedersehen feiern konnte. Man machte lange Spaziergänge, ritt wie in alten Zeiten durch Wald und Flur und ruderte zur Roseninsel, wo man mit dem bayerischen König in alter Freundschaft so manchen guten Schluck genoss. Es waren unbeschwerte Tage, die ewig hätten dauern können, wären nicht düstere Wolken über dem politischen Horizont aufgezogen. Der Deutsch-Französische Krieg kündigte sich an, eine Auseinandersetzung, in der der exilierte französische Herzog von Alençon unbedingt zu den Waffen seines Vaterlandes eilen wollte. Aber man hatte an einem Adeligen auch zu dieser Zeit, nach der Französischen Revolution, noch wenig Interesse, eine Situation, die dazu führte, dass sich das Herzogspaar in der Nähe von Meran ansiedelte.

Das politische Schicksal wollte es, dass der Herzog von Alençon 1870 endlich seine Besitzungen in Frankreich zurückbekam und zum Kapitän des 12. Artillerieregiments ernannt wurde. Er hatte nun die Aufgabe, nach der er sich jahrelang gesehnt hatte. Aber all das sollte ihm kein Glück bringen, denn seine Frau weigerte sich lange, zu ihm nach Frankreich zu kommen und in dem alten Schloss zu wohnen, in dem es nicht den geringsten Komfort gab.

Ihr Ehemann ließ nichts unversucht, um sie glücklich zu machen, was wahrscheinlich kaum einem Mann auf die Dauer möglich gewesen wäre. Die Veranlagung zur Unstetigkeit hatte Sophie Charlotte wahrscheinlich von ihrem Vater geerbt. Sie war genauso ruhelos wie ihre kaiserliche Schwester Sisi und fühlte sich genau wie diese unverstanden. Der Grund für diese lebenslange Unzufriedenheit war wahrscheinlich die Untätigkeit, die zu einer öden Langeweile führte, die wiederum bewirkte, dass ihre Ehe zerbrach, obwohl die beiden im September 1878 ihren zehnten Hochzeitstag mit großem Pomp im Kreise der Possenhofener Familie feierten. Doch dann gab Sophie ihrem Mann bekannt, dass sie in den Dritten Orden der Dominikanerinnen eingetreten war, wo sie den Namen Schwester Maria Magdalena erhalten hatte. Hier wurden Sophie wahrscheinlich die Augen geöffnet und sie erkannte, dass es noch andere Sorgen auf der Welt gab, als ein Schicksal zu beklagen, das eigentlich beneidenswert war. Sie verschrieb sich daher schon bald der Armenfürsorge in Paris, ohne allerdings auf ihr gewohntes Luxusleben zu verzichten. Als ihr Gemahl von ihrer Entscheidung erfahren hatte, schrieb er sich ebenfalls in einen Laienorden ein, musste seine Gemahlin jedoch weiter finanziell unterstützen.

Die meiste Zeit des Jahres verbrachten Sophie und ihre Tochter Louise ohnedies am Starnberger See, wo sie, so oft es möglich war, mit Sisi und deren Tochter Marie Valerie zusammentrafen. Die beiden Mädchen verstanden sich vortrefflich und auch die beiden Schwestern genossen die gemeinsamen Zeiten – bis es eines Tages zum Bruch zwischen ihnen kam. Denn Sophie erkrankte überraschenderweise an Scharlach, was sie Sisi verheimlichte, die in ihrer übertriebenen Fürsorge für Marie Valerie beinahe hysterisch reagierte. Wie leicht hätte es sein können, dass sich ihre »Einzige« mit dieser gefährlichen Krankheit ansteckte. Elisabeth brach vorübergehend jeglichen Kontakt zu ihrer Schwester ab.

Sophie hatte die Krankheit schon fast überstanden, als sich schwere Unterleibsschmerzen einstellten, die man nicht auf die leichte Schulter nehmen konnte. Sie suchte in München den bekannten Gynäkologen Dr. Glaser auf, der sie eingehend untersuchte. Bei diesen Konsultationen sollte es allerdings nicht bleiben, denn Sophie verliebte sich bis über beide Ohren in den Arzt, der ihre Liebe erwiderte. Die Ehefrau von Dr. Glaser hatte nichts Eiligeres zu tun, als die Affäre publik zu machen. Nicht nur Sophies gehörnter Ehemann war bedauernswert, auch die Possenhofener Familie war wieder einmal in ein denkbar schiefes Licht geraten.

Obwohl Herzogin Ludovika Kummer mit ihren Kindern gewöhnt war, übertraf dieser Skandal doch alles bisher Dagewesene. Niemand akzeptierte diese Verbindung, selbst Sisi, die ihren unglücklichen Schwestern jederzeit mit Verständnis begegnete, konnte Sophie nicht verstehen. Was zu weit ging, ging einfach zu weit, denn die Schwester machte aus ihrer Liaison mit dem Arzt kein Geheimnis.

Sophie war in eine Situation geraten, aus der es keinen Ausweg gab. Ihr Gemahl, der sie trotz aller Eskapaden immer noch liebte, würde niemals in eine Scheidung einwilligen, genauso wenig wie die Ehefrau des Dr. Glaser. Beide waren gebunden und wollten doch nicht voneinander lassen. Flucht aus der Familie, aus der zerrütteten Ehe, aus dem Land, in dem sie lebten, Flucht ohne Wiederkehr schien für sie die einzige Möglichkeit, einer gemeinsamen Zukunft entgegengehen zu können. Aber auch das sollte ihnen nicht gelingen. In Meran kam für die beiden das Ende.

Wer als Erster auf die Idee gekommen war, dass die liebestolle Frau dem Irrsinn anheimgefallen sein könnte, lässt sich nicht mehr nachvollziehen. Aber da man einen

Arzt in der Familie hatte, Carl Theodor, suchte man verzeifelt nach Mitteln und Wegen, Sophie zur Vernunft zu bringen. Selbst die Kaisertochter Marie Valerie beschäftigte sich mit dem Verhalten der Tante und berichtete in ihrem Tagebuch: »Tante Sophie will sich scheiden lassen, um, wie gesagt, Dr. Glasers rechtmäßige Frau zu werden. Onkel Alençon soll sich wie ein Heiliger benehmen, immer begegnet er ihrem förmlichen Hass mit liebender Milde, Güte und Besänftigung.«

Die Lage wurde für Sophie aussichtslos, als man auf die Idee kam, sie von verschiedenen Ärzten auf ihren Geisteszustand untersuchen zu lassen. Wiederum notierte Marie Valerie in ihrem Tagebuch: »… dass die unglückliche Tante Sophie von verschiedenen Ärzten für krank und unzurechnungsfähig erklärt worden ist, denn ganz wahnsinnig kann man doch nicht sagen, und für einige Zeit in die Villa eines berühmten Grazer Irrenarztes gebracht wurde, wo man hofft, dass Ruhe und Einsamkeit ihre Nerven beruhigen werden. Onkel Gackel hält diesen schrecklichen Zustand für eine Folge des Scharlachs …«

Die Krafft-Ebing-Methoden, die man in solchen Fällen anwandte, waren keineswegs dazu angetan, einen vermeintlich Kranken zu heilen. Im Gegenteil: Die Therapie bestand hauptsächlich darin, Sophie von einem Schock in den anderen zu versetzen, man feuerte neben der schlafenden Frau Pistolen ab, übergoss ihren Kopf mit Eiswasser oder rieb ihn mit einer starken Zugsalbe ein, um die schlechten Gedanken aus dem Gehirn zu entfernen. Dass ganz andere Gründe zu ihrem Verhalten geführt haben könnten, auf diese Idee kam vor allem der »liebende« Ehemann nicht, zu dem Sophie nach dieser fünfmonatigen Rosskur gedemütigt zurückkehrte.

Die heile Welt in der Familie war wiederhergestellt, wie Marie Valerie beinahe beglückt in ihrem Tagebuch vermerkte: »Tante Sophie mit Onkel Alençon bei Mama. Ganz und gar die Tante Sophie von ehemals, nur wenn möglich verjüngt … blühend … ruhige Heiterkeit, von Aufgeregtheit keine Spur, von Scham … absolutes Rätsel … schönstes Einverständnis mit Onkel Alençon …«

Selbst im Tode wollte sie ihrem »geliebten« Gatten nahe sein, so verfügte Sophie im Jahre 1896 in ihrem Testament. Sie konnte nicht ahnen, dass diese Verfügung bald Wirklichkeit werden sollte. Denn vom 3. bis 6. Mai 1897 veranstalteten die Brüder Lumière eine sensationelle Show in Paris, wobei sie bewegte Bilder vorführten, die durch eine Kerze zum Leben erweckt wurden. Dabei wurden in dem dichten Menschengedränge die brennenden Kerzen umgestoßen, die Kleider fingen Feuer, es entstand ein unglaubliches Chaos, in dem rußgeschwärzte Menschen in panischer Furcht ins Freie drängten. Sophie, die mit jungen Helferinnen als Schwester Maria Magdalena in der Nähe war, stürzte sich in das Inferno, obwohl ihr Gatte versuchte, sie zurückzuhalten. Als der Herzog von einem glühenden Balken getroffen wurde, war er nicht mehr in der Lage, seine Gemahlin zu schützen. Sophie gelang es noch, die jungen Mädchen ins Freie zu bringen, als Letzte wollte sie das Inferno verlassen, was ihr nicht mehr gelang. Als eine ihrer Dienerinnen sie sah, rief sie aus: »Oh Madame, welch Tod!«, worauf ihr Sophie mit letzter Kraft geantwortet haben soll: »Ja, stellen Sie sich vor, in wenigen Minuten sehen wir Gott, sind wir im Himmel!«

Ihr schrecklicher Tod war das große Sühneopfer, das Sophie für ihr unstetes Leben brachte.

König Max II. Joseph (1811–1864)

Der Vater des Märchenkönigs
Elisabeths Onkel Maximilian II. Joseph

Wahrscheinlich hatte es nie eine herzliche Bindung zwischen dem pflichtbewussten bayerischen König Maximilian II. Joseph, dem ältesten Bruder von Herzogin Ludovika, und seinem schwärmerischen Sohn Ludwig gegeben. In seiner Jugendzeit wurde er vom Vater beinahe nicht wahrgenommen, obwohl er dereinst seine Nachfolge auf dem bayerischen Thron antreten sollte. Warum Maximilian II. Joseph den Thronfolger nicht schon von frühester Jugend an auf seine spätere Aufgabe vorbereiten ließ, war schon den Zeitgenossen ein Rätsel. Vielleicht war er viel zu sehr mit den Aufgaben, die ihm als König gestellt waren, beschäftigt, wobei er sich keine ernsthaften Gedanken machte, wie die bayerische Politik unter seinem Sohn weitergehen sollte.

Die Beziehung zwischen dem Vater und den beiden Söhnen Ludwig und Otto glich einem Nebeneinander, wobei auch die Mutter keine Herzlichkeit den Kindern gegenüber entwickelte. Der Vater tauchte nur auf, wenn die Erzieher sich über die Heranwachsenden beschwerten und es etwas zu strafen galt, dann wurde der König handgreiflich und züchtigte persönlich die Knaben. Auch als Ludwig seinen jüngeren Bruder Otto in Berchtesgaden beinahe erwürgte, schritt der Vater drastisch ein und versetzte Ludwig eine ordentliche Tracht Prügel. Da beide

Buben den Vater eigentlich nur als Strafenden erlebten, war es beinahe selbstverständlich, dass sie auch keine Beziehung zu ihm entwickelten. Im Gegenteil, der Vater war zu fürchten. Niemals verhinderte die Mutter diese Strafaktionen und stellte sich auf die Seite der Söhne, was diese, vor allem Ludwig, ihr in späterer Zeit besonders anlasteten. Die Eltern wurden allmählich zu Unpersonen, deren Gegenwart man meiden musste.

Dabei war Maximilian II. Joseph keineswegs ein brutaler Mann. Im Gegenteil, er suchte in seinem Land Bayern, wo er nur konnte, Verbesserungen auch der sozialen Lage der Bevölkerung einzuführen. Als er im Jahr 1848 den bayerischen Thron bestieg, hatte er noch liberale Ideen in seinem Regierungsprogramm, denn er war als Kronprinz von seinem Vater Ludwig I. auf Bildungsreisen geschickt worden, auf denen er neue moderne Regierungsstile kennengelernt hatte. Als König Ludwig I. zugunsten seines Sohnes abdankte, gezwungen durch seine Liaison mit der berüchtigten Lola Montez, übernahm Maximilian II. Joseph in einer denkbar schwierigen Zeit die Regierungsgeschäfte in Bayern. Nicht nur in Frankreich stieg man wieder einmal auf die Barrikaden, auch in Deutschland brodelte es. Jeder wusste, dass in absehbarer Zeit etwas geschehen musste, denn die diversen Kleinstaaten forderten ihre Rechte. Als man in Frankfurt im März 1849 die Verfassung des deutschen Reiches verkündete, legte der frischgebackene bayerische König ein lautstarkes Veto ein. Für ihn schien es undenkbar, diese Staatsform zu schaffen – mit einem preußischen Erbkaiser an der Spitze, ohne die Habsburger, ohne Österreich-Ungarn. Es war ein gewagtes Unterfangen, denn nicht nur in der Pfalz revoltierte man gegen die bayerische Herrschaft, auch in anderen Teilen des Landes zeigte sich allgemeine Unzufriedenheit. Der junge König war rund um die Uhr gefordert, mit seinem Minister Ludwig von der Pfordten und gemeinsam mit preußischen Truppen Ruhe und Ordnung wiederherzustellen.

Nachdem Maximilian II. Joseph erkannt hatte, dass Bayern in den nächsten Jahrzehnten wohl kaum etwas an Gebieten dazugewinnen konnte, legte er sein Hauptaugenmerk zunächst auf die Innenpolitik. Dazu war er eigentlich prädestiniert. Denn schon als Kronprinz hatte er fixe Vorstellungen, was er als König einmal verändern wollte. Durch hervorragende Lehrer, die ihm von seinem Vater ausgesucht worden waren, hatte Maximilian II. Joseph eine ausgezeichnete Bildung auf allen wichtigen Gebieten der Wissenschaft erworben, wobei sich schon sehr bald gezeigt hatte, dass sein Hauptinteresse dem ständigen Lernen galt. Er selber sagte von sich: »Wäre ich nicht in einer Königswiege geboren, so wäre ich am liebsten Professor geworden.« Seine ganze Liebe galt der Geschichte, was vor allem seinen Vater, König Ludwig I., besonders erfreute. Der König äußerte sich über seinen strebsamen Sohn in lobender Weise: »Ich bin erfreut, dass du dich so fleißig mit Geschichte abgibst: sie soll des Fürsten Brevier sein.«

Wahrscheinlich war es auch das Vorbild des Vaters, das ihn und seinen Bruder Otto, der später König in Griechenland werden sollte, in jungen Jahren bewog, möglichst viel auf Reisen zu gehen, um andere Kulturen und andere Meinungen kennenzulernen. Seltsamerweise zog es ihn, als Bayer, an den preußischen Hof, wo er mit offenen Armen aufgenommen wurde. Es dauerte nicht lange, da hatte sich Maximilian mit dem preußischen Kronprinzen Friedrich angefreundet. Diese innige Beziehung sollte ein Leben lang anhalten, auch als es zu ernsthaften Verstimmungen zwischen den beiden Königreichen kam.

Betrachtet man den Charakter von König Maximilian II. Joseph, so kann man sich der Vorstellung nicht erwehren, dass ihm das preußische Wesen im Grunde seines Herzens mehr lag als das bayerische seines Volkes. Nicht nur, dass er sich mit dem Gedanken trug, zu konvertieren und den protestantischen Glauben anzunehmen, auch seine Heirat mit einer preußischen Prinzessin wies in diese Richtung. Als er die Tochter des Prinzen Wilhelm von Preußen kennenlernte, wusste er schon bald, dass er in ihr die richtige Frau fürs Leben gefunden hatte. Zwar teilte Marie seine kulturellen Interessen kaum, aber die Berge liebte sie genauso wie er.

Wie es üblich war, wurde die Hochzeit zunächst in Berlin per procurationem, durch einen Stellvertreter, nach protestantischem Ritus durchgeführt, denn die Braut war evangelisch. Der Brautvater ließ in der preußischen Hauptstadt ein unvergessliches Fest ausrichten, das nicht nur der Braut in Erinnerung bleiben sollte. Auch die nachfolgende tatsächliche Eheschließung am 12. Oktober 1842 in München war glanzvoll, denn mit dem hohen Paar schritten weitere 36 Paare zum Altar, um den Treuebund fürs Leben vor Gott und der Welt zu bekräftigen. Einen bunteren Brautzug konnte man sich kaum vorstellen, ein romantisches Volksfest, wie man es in München liebte.

Es deutete alles darauf hin, dass Maximilian II. Joseph mit seiner Gemahlin eine harmonische Ehe führte. Am Anfang unternahmen die beiden zum Teil schwierige Bergtouren miteinander, der Kronprinz und spätere König in bayerischer Tracht und auch seine preußische Gemahlin zeigte sich in Lodenrock und Lodenjoppe, den Hut mit einem Gamsbart geschmückt, und eroberte damit die Herzen der Landbevölkerung. Zunächst legten beide weite Strecken zu Fuß zurück. Später wurde der König bequemer, seine Gemahlin sollte ruhig nach wie vor ihre Fußmärsche absolvieren, er selber ließ sich in der Kutsche von Ort zu Ort bringen. Auch seine Verpflegungsration änderte sich. Hatte man sich anfangs mit urigen Speisen begnügt, so tafelte Maximilian II. Joseph bald üppig, auch wenn er in einfachen Wirtshäusern einkehrte. Alles, was Küche und Keller hergeben konnten, wurde aufgeboten, wenn sich der königliche Gast angesagt hatte. Die Leute liebten die Königin für ihre Bescheidenheit und Volksnähe, sodass sie bald vergaßen, dass Marie eigentlich eine Preußin war.

Dem König hingegen warf man seine Vorliebe für alles »Norddeutsche« vor. Schon als Kronprinz hatte er die Vorstellung, dass alles in Bayern rückständig und plump war, dass der neue Geist einer neuen Zeit aus Deutschlands hohem Norden kommen musste. An dieser Einstellung waren längere Aufenthalte an den verschiedenen norddeutschen Universitäten schuld und nicht zuletzt die Aussagen des berühmten Historikers Joseph von Hormayr, der seinem wissbegierigen Schüler Max gepredigt hatte, »daß Bayern in intellektueller Hinsicht weit zurückgeblieben sei hinter dem deutschen Norden«. Wahrscheinlich hatte der spätere König schon als junger Mann die Absicht, dies einmal ändern zu wollen, sollte er die Möglichkeit dazu haben.

Maximilian II. Joseph war ein Mensch, der sich ein Leben lang bemühte, zum Wohle seines Volkes zu regieren. Dabei kam ihm sein Lerneifer zugute, da ihm das geniale Talent seines Vaters fehlte. Man könnte ihn eher als nüchternen braven Arbeiter bezeichnen, der jede Anregung begierig aufnahm und umzusetzen versuchte. Die eigentliche künstlerische Ader vermisste man bei ihm. Doch ließ er das Schloss Hohenschwangau, das zur Ruine verfallen war, rekonstruieren, um hier einen vorübergehenden Wohnsitz zu haben. Nachdem sein Vater mit viel Erfolg begonnen hatte, München zu einer modernen Großstadt zu machen, ließ er ebenfalls neue Bauten an der Maximilianstraße errichten, die zu einem Prachtboulevard ausgebaut werden sollte. Und da der Stadt ein repräsentatives Regierungsgebäude fehlte, erbaute man auf seine Anregung hin das Maximilianeum.

Heute erscheint uns Maximilian II. Joseph eher von trockener Art, ganz im Gegensatz zu seinem energischen Vater und seinem träumerischen Sohn. Nüchtern, wie er war, war auch seine Politik. Wie er selber sagte, wollte er »Frieden haben mit seinem Volke«. Dies bedeutete für ihn, dass er zum Wohle seiner Untertanen alles versuchte, um die Lage einzelner Bevölkerungsschichten zu verbessern. Dabei schwenkte er von seinen anfangs liberalen Ideen doch wieder um zu einem autoritären Regierungsstil. Und trotzdem brach mit ihm in Bayern eine neue Zeit an, in der die Presse- und Versammlungsfreiheit, freie Wahlen, die Trennung von Verwaltung und Justiz nicht nur angedacht wurden. Da sich der König auf seinen vielen Reisen in alle Teile Bayerns über die Situation seiner Untertanen informierte, erkannte er auch, dass die Aufhebung der Grundherrschaft unbedingt erforderlich war. Dabei wurde er durch seine sozial engagierte Gemahlin unterstützt, die sich von Jugend an für die Armen im Lande, seinerzeit in den schlesischen Gebirgsgebieten, eingesetzt hatte. Im Jahre 1853 stiftete der König einen Verein für wohltätige Zwecke, den St. Johannisverein, dem die Armenfürsorge übertragen wurde. Auch den Bau von Arbeiterwohnungen initiierte Maximilian II. Joseph, wobei er streng darauf achtete, dass die arbeitende Bevölkerung im Krankheitsfalle versorgt wurde. All das kostete freilich Geld. Und da der König diese Beträge nicht seinem Volk aus der Tasche ziehen wollte, griff er in seine Privatschatulle und gab jährlich 150 000 Gulden, um die Projekte, die ihm am Herzen lagen, finanziell zu unterstützen. Allgemeines Erstaunen allerdings regte sich, als man erfuhr, dass der bayerische König dem Unterstützungsverein für Maurer, Zimmerer und Steinmetzen als Mitglied beitrat, der seinen Sitz in München in der Au hatte.

Der König war von früh bis spät tätig, ein »Workoholic« würde man heute sagen, ganz im Gegensatz zu seinem ihm nachfolgenden Sohn Ludwig. Er kümmerte sich um alles, obwohl sein Kabinettssekretär und die einzelnen Sachbearbeiter ihm zur Seite standen. Sein Tag begann um sechs Uhr in der Früh und endete knapp vor Mitternacht. Denn er vertrat den Standpunkt, dass seine Regierungstätigkeit eine persönliche sein sollte, da er als Person seinem Land Bayern etwas zu geben hatte.

Der König setzte alles daran, ein echter Volkskönig zu werden, aber gerade das war es, was ihm nicht gelingen sollte. Seine Vorliebe für alle Künstler und Wissenschaftler, die aus dem Norden kamen, brachte ihn um diesen Nimbus. Man konnte in Bayern nicht verstehen, dass er selbst den Hoftheaterintendantenposten an Franz von Dingelstedt vergab, der das Theater zwar auf Vordermann brachte, aber das Programm nicht nach dem Geschmack der Münchner gestaltete. Auch der eine oder andere Historiker, wie etwa Heinrich von Sybel, führte den Bayern immer wieder deutlich vor Augen, wie ungebildet das Volk hier im Süden wäre. Dass dies böses Blut machen musste, war logisch, sodass schon bald in der Landeshauptstadt der flehende Satz wie ein Gebet umging: »Erlöse uns von dem Sybel!« Man stellte einen eigenen »Nordlichtkalender« zusammen, in dem man die einzelnen vom König bevorzugten Männer zum Teil verunglimpfte.

Es waren hauptsächlich Naturwissenschaftler und Dichter, die zum Freundeskreis des Königs gehörten, wie Justus von Liebig oder Emanuel Geibel. Daneben hatte Maximilian II. Joseph den Staatsrechtler Johann Kaspar Bluntschli an die Universität berufen, den Zoologen Karl von Siebold und den Anatomen Theodor von Bischoff, den Physiker Philipp von Jolly, den Dichter Paul Heyse und den Philosophen Moriz Carrière, um nur einige zu nennen. Sie alle erhielten regelmäßig Einladungen zu Abendessen mit dem König im kleinen Kreis, in deren Anschluss stundenlang lebhaft diskutiert wurde. An diesen Abenden musste auch die Gemahlin des Königs teilnehmen, die Mühe hatte, während der manchmal ausufernden Fachdiskussionen die Augen offen zu halten. Ihr Sohn Ludwig hielt seiner Mutter später vor, dass sie an diesen Gesprächen nicht hätte teilnehmen können, weil sie zu ungebildet wäre. Dass aber Frauen in diesen Männerrunden ohnedies nicht zu Worte kamen und es für sie unmöglich gewesen wäre, sich in die Diskussionen einzumischen, das übersah der Sohn geflissentlich.

König Maximilian II. Joseph war alles andere als ein Familienmensch, obwohl er als Oberhaupt der Wittelsbacher immer wieder in private Entscheidungen der Familienmitglieder eingriff. So dauerte es eine Zeit lang, bis er Sisis Schwester Néné die Erlaubnis gab, den Sohn des Fürsten von Thurn und Taxis zu heiraten. Die Standespolitik war für ihn von herausragender Bedeutung, immerhin mussten die Wittelsbacher ihren Status als Königsfamilie erst international festigen. Daher war Maximilian II. Joseph von der Heirat Maries begeistert, die als Braut nach Neapel ging. Als sie dann schwanger nach Bayern zurückkehrte, um das außereheliche Kind in der Heimat zur Welt zu bringen, war der König ebenfalls wieder auf den Plan gerufen. Im allgemeinen Familienrat, dem auch seine Nichte Sisi angehörte, wurden dann die weiteren Entscheidungen getroffen.

Während König Maximilian II. Joseph sein innenpolitisches Konzept verwirklichen konnte, überließ er die Außenpolitik mehr oder weniger dem Gang der Zeit. Denn er hatte ganz zu Anfang seiner Regierungszeit die »Trias«-Idee propagiert, das heißt, er wollte eine Dreigliederung der Staatensysteme. Ein Staat, der aus den deutschen Mittel- und Kleinstaaten bestand, sollte ein Gegengewicht zu den beiden dominierenden Mächten Preußen und Österreich bilden. Dabei hatte er die Absicht, Bayern militärisch zu stärken, um diese Position verteidigen zu können. Dass er zu diesem Zwecke auch preußische Ausbildner nach Bayern kommen ließ, nahm man ihm im Lande natürlich sehr übel, denn man verabscheute den preußischen Drill und die Schikanen, die die unbeliebten Militärs sich einfallen ließen.

Vielleicht war dies der Grund, zusammen mit vielen anderen Maßnahmen, dass Maximilian II. Joseph in Bayern niemals so populär wurde wie sein Vater, obwohl heute noch verschiedene Einrichtungen seinen Namen tragen. Als Person bleibt er aber nach wie vor im Hintergrund, viel weiß man über ihn im Allgemeinen nicht. Vielleicht noch, dass er ein begeisterter Jäger war, der alle Reviere in Bayern kannte, vielleicht auch, dass er ganz plötzlich starb. Als er im Winter 1863 auf Anraten der Ärzte über Marseille und Nizza nach Rom reiste, um im milderen Klima seine andauernden Kopfschmerzen zu lindern und neue Kraft zu tanken, erreichte ihn die Nachricht, dass er in der Heimat gebraucht würde. Der König äußerte sich wie immer pflichtbewusst und meinte: »Ich kehre unverweilt in meine treue Hauptstadt zurück, obwohl meine

Gesundheit das Gegentheil wünschenswerth macht, eingedenk meiner Regentenpflicht, die ich stets über Alles stellte.« Mit einem Nachsatz allerdings gab er seinen wahren Gesundheitszustand kund. Baron Wendland gegenüber sagte er: »Mein Volk ahnt gar nicht, welches Opfer ich ihm bringe!«

Maximilian II. Joseph hatte seine Kräfte überschätzt. In den ersten Märztagen des Jahres 1864 erkrankte er ganz plötzlich an einer Blutvergiftung, die er nicht überleben sollte. Die herbeigeeilten Ärzte, unter ihnen auch persönliche Freunde, waren nicht mehr in der Lage, das Leben des Königs zu retten. Er starb am 10. März 1864. Unter großer Anteilnahme von Seiten der Münchner Bevölkerung, die zu spät erkannt hatte, welch redlicher Mann dieser König gewesen war, wurde er in der Münchner Theatinerkirche beigesetzt.

Die preußische Prinzessin
Elisabeths Tante Marie Friederike

Es war für den zweiten Wittelsbacher König, Ludwig I., gar nicht so leicht gewesen, seinen ältesten Sohn Maximilian Joseph davon zu überzeugen, dass er sich nicht allzu lange Zeit lassen sollte, sich eine Frau fürs Leben zu suchen. Immerhin waren der Wittelsbacher noch nicht lange auf dem bayerischen Königsthron, daher sollte die Herrschaft der Familie möglichst rasch durch eine Heirat des Kronprinzen gefestigt werden. Aber Maximilian Joseph galt als ausgesprochen wählerisch in Bezug auf die Damen. Keine schien ihm gut genug, in Zukunft mit ihm Tisch und Bett zu teilen, vor allem aber wollte er sich von seinem Vater, der weit und breit als ausgesprochener Frauenkenner galt, keine Ratschläge erteilen lassen. Maximilian Joseph sah in der Wahl seiner Gemahlin eine höchst persönliche Angelegenheit, bei der keine Eile geboten schien. Gemächlich fuhr er von einem Hof zum anderen und besichtigte – natürlich unter irgendeinem Vorwand, der sich leicht finden ließ – die jungen Töchter der befreundeten Fürsten, sodass sich sein Vater einmal dahingehend spöttisch äußerte, dass sein Sohn bereits auf »wund gelaufenen Freiersfüßen« durch die Lande eilte. Es schien so, als würde Maximilian Joseph auch in absehbarer Zeit keine entsprechende Braut nach München führen, obwohl der Prinz die Dreißig schon überschritten hatte.

Alle möglichen Gerüchte begannen zu kursieren, man zerbrach sich in den bayerischen Wohnzimmern den Kopf darüber, ob der Prinz vielleicht doch lieber seine Dichter und Gelehrtenfreunde um sich scharte, als dass er die Gesellschaft junger Damen aufsuchte.

Sein Vater Ludwig war deshalb mehr als beglückt, als Maximilian Joseph endlich die Richtige gefunden zu haben schien. Zwar war es ausgerechnet eine Preußin, in die sich der bayerische Prinz verliebte, ein zurückhaltendes, erst 16-jähriges schwarzhaariges Mädchen, dessen strahlend blaue Augen den Bayern besonders entzückten. Daher dauerte es auch nicht allzu lange, bis er einen Heiratsantrag nach Berlin überbringen ließ. Er schrieb an Friedrich Wilhelm IV., der als König von Preußen die Heiratsangelegenheiten innerhalb der Familie abzusegnen hatte, folgende Zeilen, als er um die Hand von dessen Nichte warb: »Die lebhafte Zuneigung, welche Ihre Königliche Hoheit, die Prinzessin Marie von Preußen … mir vom ersten Augenblick unserer Bekanntschaft an einflößt, hat in mir den sehnlichen Wunsch erregt, ein christliches Ehebündniß mit derselben zu schließen.« Was der Brautwerber nicht wusste, war die Tatsache, dass man in Preußen zunächst andere Absichten mit der schönen Marie Friederike gehabt hatte. Aber eine Verbindung nach Bayern war auch nicht von der Hand zu weisen, man konnte nie wissen, welche politischen Vorteile sich in der Zukunft aus dieser Heirat ergeben könnten.

In Bayern wurde die Wahl des Prinzen natürlich mit Skepsis aufgenommen. Eine Preußin als bayerische Königin war für manchen eingefleischten Preußenhasser kaum vorstellbar. Auch in der Familie seiner Schwester Ludovika konnte man es sich kaum vorstellen, dass Maximilian Joseph ausgerechnet eine »Norddeutsche« heiraten wollte.

Als aber die zahlreichen Familienmitglieder das junge Mädchen zu Gesicht bekamen, schwanden alle Ressentiments wie Schnee in der Sonne, denn kaum einer konnte sich Maries Liebreiz entziehen. Zwar kam die Braut nicht nur aus Preußen, sie war außerdem noch evangelisch, aber in religiöser Hinsicht waren die Wittelsbacher anders als die Habsburger schon seit längerer Zeit tolerant. Daher

Als preußische Prinzessin eroberte die Gemahlin von König Max II. Joseph, Marie (1825–1889), die Herzen der Bayern.

legte man Marie Friederike auch nicht nahe, ihren Glauben zu wechseln. Das liberale Verhalten der bayerischen Könige hätte Vorbild auch für den Wiener Hof sein können.

Ihre erste Begegnung mit Menschen aus südlichen Gefilden hatte die junge Braut, die am 15. Oktober 1825 in Berlin geboren wurde, ausgerechnet im fernen Schlesien. Dort lebte eine Gruppe von Zillertalern, die wegen ihres protestantischen Glaubens die Heimat hatten verlassen müssen und sich hier angesiedelt hatten. Die junge Prinzessin lauschte begeistert den Erzählungen der Heimatvertriebenen, die ihr wehmutsvoll von den hohen Bergen in den Alpen vorschwärmten, von ihnen vernahm sie, dass es noch weit höhere Berggipfel als die im Riesengebirge gab, die man besteigen konnte. Als begeisterte Naturliebhaberin wanderte das junge Mädchen stundenlang durch Wald und Flur, kehrte bei den Bauern ein und spielte mit deren Kindern. Sie erkannte, wie sie selbst durch ihre hohe Geburt vom Schicksal bevorzugt worden war, denn ihre Eltern Wilhelm von Preußen und Marianne von Hessen-Homburg hatten für sie den Grundstein gelegt, ein Leben lang in besten Verhältnissen leben zu können. Bestürzt sah Marie, wenn sie auf ihren Wanderungen in armselige Hütten kam, dass eine große Schicht der Bevölkerung keineswegs mit goldenen Löffeln aß. Und sie beschloss damals, in früher Jugend schon, die Not ihrer Mitmenschen zu lindern, sollte ihr dazu dereinst die Möglichkeit geboten werden.

Ganz Berlin geriet in helle Aufregung, als die Werbung des bayerischen Kronprinzen bekannt wurde. Jetzt schien Eile geboten, denn die Braut war noch nicht einmal konfirmiert. Und ohne diesen kirchlichen Ritus war eine Eheschließung nicht möglich. Man vereinigte das Fest der Konfirmation mit der Hochzeit per procurationem am 5. Oktober 1842, bei der ein Stellvertreter, Wilhelm Prinz von Preußen, der Onkel der Braut, in der Schlosskapelle von Berlin den bayerischen Bräutigam ersetzte. Es war beinahe selbstverständlich, dass die Trauung im fernen Preußen nach evangelischem Ritus vollzogen wurde, der katholische Ehebund sollte natürlich erst in München geschlossen werden.

Die Hochzeit der Preußenprinzessin wurde in Berlin zum Fest der Feste, auch die einfache Bevölkerung geriet in einen Freudentaumel und feierte begeistert mit, denn nicht alle Tage kam es vor, dass eine preußische Prinzessin ausgerechnet einen bayerischen Prinzen heiratete, der noch dazu einst König werden sollte.

Auch die Hochzeit in München glich mehr einem Volksfest als einer hochherrschaftlichen Heirat. In Scharen strömte das Volk herbei, als man erfahren hatte, dass die junge Braut so schön war, dass sie König Ludwig für seine Schönheitsgalerie porträtieren lassen wollte. Und als man Marie von Angesicht zu Angesicht sah, vergaß man auch, dass man sich über ihren preußischen Akzent mokiert hatte, der in bayerischen Ohren so ganz und gar nicht lieblich klang. Aber sie würde schon Baierisch lernen, davon waren die Männer und Frauen überzeugt, die von der Wahl des zukünftigen Königs begeistert waren.

Dabei hatte es die junge Frau anfangs gar nicht so leicht, ihren eher steifen Ehemann mit ihrem jugendlichen Charme aufzutauen, denn Maximilian II. Joseph, der nach der Abdankung seines Vaters 1848 König geworden war, schien nach wie vor in einem Elfenbeinturm zu sitzen, in dem er sich mit seinen »Nordlichtern« umgab. Er hörte wenig von den Sorgen und Nöten seiner Untertanen – seine preußische Gemahlin war es, die auf die Leute zuging und sich nach deren Wohl und Weh erkundigte.

Um ihr Ziel, die Besserung der Situation des einfachen Volkes, zu erreichen, gründete sie wohltätige Hilfsorganisationen, wie den bayerischen Frauenverein vom Roten Kreuz. Mit Tränen in den Augen nahmen wohl die ausgewanderten Zillertaler in Schlesien das Schreiben in die Hand, das die bayerische Königin ihnen schickte und in dem sie ihnen von den Zuständen in der Heimat berichtete. Den Zeilen hatte sie getrocknete Blätter von Zillertaler Bäumen und Blumen beilegen lassen. Dies alles sprach sich in Bayern in Windeseile herum und man sah in Marie Friederike die gute Fee aus dem Märchen, die nun ihren Fuß in die Wirklichkeit gesetzt hatte.

Anders allerdings sah sie ihr Ehemann. Wahrscheinlich hätte keine der damaligen heiratsfähigen Prinzessinnen den geistigen Ansprüchen von Maximilian II. Joseph genügen können; der König war ein Intellektueller auf dem Thron, der sich im Kreise von Dichtern, Malern und Gelehrten erst richtig wohl fühlte. Die Konversation mit seiner Gemahlin beschränkte sich nur auf das Notwendigste, als er herausgefunden hatte, dass Marie so gar nichts mit den Werken eines Friedrich Hebbel, Emanuel Geibel oder Paul Heyse anfangen konnte. Für sie waren die regelmäßig stattfindenden Leseabende eine regelrechte Qual, bei der sie Mühe hatte, nicht einzuschlafen. Ihr Sohn Ludwig, der später als Ludwig II. den Thron besteigen sollte, beobachtete seine Mutter in diesen Situationen. Als selbst Kunstinteressierter begann er, sie ob ihres Desinteresses an der Kunst regelrecht zu verachten, indem er behauptete, seine Mutter hätte in ihrem ganzen Leben nicht ein einziges Buch zur Gänze gelesen.

Trotz aller Gegensätze schienen Maximilian II. Joseph und Marie Friederike dennoch eine harmonische Ehe zu führen, die sogar als glücklich galt. Sie hatten zwar wenig gemeinsam, aber eine Leidenschaft teilten sie: Sie liebten die Berge. So oft es ging, unternahmen sie gemeinsam oder Marie alleine die gewagtesten Gipfeltouren, die alles andere als ungefährlich waren, da es noch keine markierten Wege und Stege gab, auch Unterstandshütten suchte man zu dieser Zeit noch vergeblich in den Bergen. Die

Königin Marie als Großmeisterin des von ihr gestifteten Alpenrosenordens

Königin hatte sich für ihre Wanderungen eigene Kleidung anfertigen lassen, die aus einer langen Hose bestand, die unter einem weiten Rock verborgen war, einem engen Mieder und einem originellen Spitzhut. Ungewöhnliches Erstaunen rief die Kunde hervor, dass die Königin, nachdem sie auf einem harten Strohsack in einer Sennhütte genächtigt hatte, begleitet nur von einer Kammerfrau den Watzmann bestiegen hatte, immerhin einen schwierigen Berg von 2713 Metern Höhe. Als sie aber kurz darauf ein anderes Ziel ins Auge fasste, die Zugspitze, den höchsten Berg Bayerns, legte ihr königlicher Gemahl sein Veto ein. Diese Tour schien Maximilian II. Joseph als zu gefährlich. Erst Jahre später, nach dem Tod des Königs, ging dieser Traum für Marie Friederike in Erfüllung: Sie stand als achte Frau, die dieses Abenteuer gewagt hatte, auf dem Gipfel dieses Berges.

Marie Friederike schuf mit ihrem Enthusiasmus für die Berge etwas Bahnbrechendes, denn bis dahin galten die Gipfel der Alpen als unheimlich und so mancher glaubte, dass hier böse Dämonen ihr Unwesen trieben. Die Königin aber führte diesen Aberglauben ad absurdum, indem sie mit gutem Beispiel voranging und anderen Menschen zeigte, wie schön Ausflüge in die Berge sein konnten. Daher gründete sie 1844 den Alpenrosenorden, dem jedermann beitreten konnte, der dreimal den Berg Achsel bei Murnau bestiegen hatte.

Inwieweit die preußische Bayernkönigin ihre angeheiratete Verwandtschaft in Possenhofen mit ihrer Leidenschaft für die Berge beeinflusst hat, ist nirgendwo vermerkt. Aber es ist anzunehmen, dass vor allem Elisabeth den Erzählungen der Tante lauschte, wenn sie auf der Roseninsel einmal nicht nur ihren schönen »Cousin« Ludwig antraf. Vielleicht beschloss das junge Mädchen damals schon, auch einmal ähnliche Bergtouren zu unternehmen, die ihr allerdings später nicht mehr möglich waren. Als Kaiserin von Österreich beschränkte sie ihre Touren auf die Berge des Salzkammergutes, wobei sie in Eilmärschen ihre hervorragende Kondition unter Beweis stellte.

Selbst bei ihren Ausflügen in die Natur hatten der König und die Königin andere Vorstellungen vom Leben. Während Marie es bevorzugte, weite Strecken zu Fuß zurückzulegen, ließ sich Maximilian II. Joseph lieber in der Kutsche durchs Land fahren oder ritt die Strecke, die seine Gemahlin durchwanderte. Wenn er Rast zu machen pflegte, legte er größten Wert darauf, dass ihm an allen Orten und zu jeder Zeit ein zehngängiges Menu serviert wurde – seine Gemahlin bevorzugte Milch und Butterbrot.

Marie Friederike brachte die beiden Söhne Ludwig und Otto zur Welt, wodurch die Erbfolge in Bayern doppelt abgesichert zu sein schien. Allerdings zeigte sich schon, als die Kinder noch klein waren, dass zumindest Otto sich höchst merkwürdig verhielt, indem er sehr spät nur unverständlich sprechen lernte und auch sonst wenig aufnahmefähig war, obwohl ihm natürlich genauso wie seinem Bruder die besten Lehrer zur Verfügung standen. Wie weit die Mutter diese Seltsamkeiten wahrhaben wollte, ist wenig bekannt.

Mit großer Sorge hatte Marie Friederike schon jahrelang den Gesundheitszustand ihres Mannes beobachtet. Monatelang weilte der König im Ausland zur Kur, wo er sich Besserung versprach. Anfang März des Jahres 1864 schöpfte sie Hoffnung, denn Maximilian II. Joseph fühlte sich plötzlich besser. Aber es war nur noch ein letztes körperliches Aufflackern, der Tod stand schon bereit. Der König hinterließ nicht nur einen gänzlich überforderten Sohn Ludwig, der beinahe unvorbereitet als 18-Jähriger den bayerischen Thron besteigen musste, sondern auch eine tief trauernde Witwe, die nur noch Trost in der Religion suchte. 1874 konvertierte sie zum katholischen Glauben. Sie überlebte ihren Gemahl um 25 Jahre.

Elisabeths »falscher Cousin«
König Ludwig II.

Auch Bayern hatte einen Sonnenkönig und er lebt – zumindest in der Fantasie der Menschen. Der »Kini«, wie er in Bayern genannt wird, ist zur Kultfigur geworden. Dabei übersieht man gerne, wie wenig der König sich um sein Land und seine Leute kümmerte, dass er eigentlich, wie ein wohlhabender Privatmann, einzig und allein seinen eigenen Interessen lebte. Denn alle politischen Probleme, die auf ihn in einer diplomatisch komplizierten Zeit zukamen, waren für ihn eine geradezu als widerlich empfundene Last, die er abzuschütteln versuchte, soweit es ihm nur möglich war. Ludwig II. hätte in jenen wirren Jahren ein idealer König werden können, hätte er nur die geringsten Ambitionen gezeigt, seinen Egoismus zu dämpfen und sich um die Probleme des Staates zu kümmern. Sein Vater Maximilian II. Joseph hatte es verabsäumt, den Sohn in die politischen Geschehnisse einzuweihen. Wahrscheinlich wäre es ohnehin vergebliche Liebesmüh gewesen, den Sohn für die Staatsführung zu begeistern. Ludwig war ein Schwärmer und Fantast von Jugend an, der mit den peniblen Ansichten seines strengen Vaters überhaupt nichts anzufangen wusste. Es fehlte ihm nahezu alles, was ihn zu einem guten König hätte befähigen können.

All das konnte man in Bayern natürlich nicht ahnen, als der strahlend schöne Jüngling nach dem überraschenden

211

Tod seines Vaters im Jahre 1864 als neuer König in München durch die Straßen ritt, das Volk jubelte ihm zu, die Mädchen himmelten ihn an und schwärmten von seinen leuchtend blauen Augen, dem gelockten schwarzen Haar, das ein ebenmäßiges Gesicht umrahmte. Durch seine stattliche Größe wirkte der Jüngling nicht nur attraktiv, sondern schon ausgesprochen männlich. Deshalb war man sich landauf landab einig: So einen schönen König hatte es in Europa noch nicht gegeben. Ludwig erschien wie der Prinz aus dem Märchen. Dass man bei all der Euphorie vieles übersah, was sich später bemerkbar machen sollte, war nur zu verständlich. Und da man hinter dem schönen Äußeren auch einen wachen, zukunftsorientierten Geist vermutete, kam man allgemein zu dem Schluss, dass mit ihm eine neue dynamische Ära in Bayern anbrechen würde, auf die man schon lange gehofft hatte.

Doch hat man sich in dem jungen König von Anfang an gründlich getäuscht. Denn er war weder ein Volkskönig, noch liebte er seine Bayern, und obwohl ihn die Münchner ins Herz geschlossen hatten, war ihm die Stadt München geradezu verhasst, sodass er, wenn es sich irgendwie bewerkstelligen ließ, einen weiten Bogen um seine Hauptstadt machte. Auch der bayerische Dialekt war ihm zuwider, die urige Sprache klang in seinen Ohren zu derb, und er verlangte, dass man sich in seiner Gegenwart eines eher aufgesetzten Hochdeutsch befleißigte. Vielleicht war für den König die Idealsprache das Sächsische, das aus dem Munde seines Herzensfreundes Richard Wagner erklang. Denn keiner diesseits und jenseits der bayerischen Grenzen war ihm so lieb und vor allem auch so teuer wie der Komponist des *Lohengrin*. Für ihn war er bereit, die Staatssäckel bis auf den Grund zu leeren, um in Bayreuth das Festspielhaus erbauen zu lassen. Der junge

König machte Unsummen locker, auch gegen den Widerstand der Männer, die auf sein Geheiß hin den Staat lenken sollten. Lieber entließ er einen verdienten Minister, wenn dieser es wagte, Kritik an dem Meister zu üben, als zu dulden, dass Wagner eine Kränkung erfuhr. Der geniale Komponist schätzte diese eigentümliche Freundschaft nicht nur, er nützte sie auch weidlich aus. Er hatte schon sehr bald bemerkt, dass er, aber vor allem seine Musik, auf den König eine beinahe drogenhafte Wirkung ausübten – Ludwig II. war ihm und seiner Musik mit Haut und Haar verfallen.

Es war für die bayerische Zukunft schicksalhaft, dass ausgerechnet Ludwig König von Bayern geworden war, ein Träumer, der Geld in Hülle und Fülle benötigte, um seine eigenen Pläne vom Bau romantischer Schlösser und diejenigen seines Freundes Richard Wagner in die Tat umsetzen zu können. Schon bald erkannte man allenthalben, dass auf dem bayerischen Thron kein Staatsmann saß, dessen Streben das Wohlergehen seiner bayerischen Untertanen war, sondern ein Fantast, der seine persönlichen Wünsche erfüllen wollte. Die Männer, die ihn als Minister zu beraten hatten, trugen ein schweres Los, da sie so gut wie auf verlorenem Posten saßen, wie Ludwigs Ministerpräsident Von der Pfordten, auf den sich der König verließ, solange er sich nicht gegen Richard Wagner stellte. Als die Absichten des Königs die Runde machten, dass er neben dem Festspielhaus in Bayreuth auch noch ein Konzert- und Opernhaus in München erbauen lassen wollte, war die Empörung nicht nur in der Bevölkerung riesengroß. Auch die Minister des Königs legten lautstarken Protest ein, denn diese Projekte würden den Staat finanziell ruinieren. Der König allerdings sah in den Argumenten, die Von der Pfordten vorbrachte, das Zeichen eines unloyalen

Verhaltens, das zur Entlassung des Ministerpräsidenten führte. Sein Nachfolger wurde Chlodwig zu Hohenlohe-Schillingsfürst, der vor der schier unlösbaren Aufgabe stand, dem König klarzumachen, dass er sich mehr um die anfallenden politischen Probleme kümmern musste. Denn die Pläne Preußens für die Zukunft waren nur allzu deutlich erkennbar, der preußische Kanzler Bismarck machte kein Hehl daraus, wie er sich ein zukünftiges deutsches Reich vorstellte. Und dass Bayern darin eingegliedert werden sollte, galt so gut wie sicher.

Nicht nur Hohenlohe-Schillingsfürst, auch die anderen Minister führten diese Tatsachen dem König bei jeder sich bietenden Gelegenheit vor Augen, aber Ludwig II. interessierte sich ganz und gar nicht für die Politik. Wahrscheinlich hörte er den Ministern nicht einmal zu, wenn sie ihn vor einem allzu großen preußischen Einfluss in Bayern zu warnen versuchten. Bei diesen oft stundenlangen Audienzen hatten die Minister stehend ihre Argumente vorzubringen, während Ludwig auf einem Ruhebett lag, wobei sein Gesicht geistesabwesend oder gelangweilt wirkte, sodass man sich nicht sicher sein konnte, ob er wirklich alles verstand, was ihm vorgetragen wurde. Alles ging an ihm wie an einem Tagträumer vorüber, er versetzte sich, wo er nur konnte, in eine mittelalterliche Scheinwelt, in der er glücklich war. Dazu brauchte er weder Ratgeber noch eine Frau an seiner Seite. Denn als er dem allgemeinen Drängen nachgegeben und um die Hand der schönen Tochter von Herzog Max in Bayern, Sophie, geworben hatte, bereute er schon sehr bald seinen Entschluss. Er hatte nun einmal nichts übrig für Frauen und fühlte sich deshalb in keiner Weise zu dem schönen Mädchen hingezogen. Weder eine innige Umarmung und schon gar nicht ein Kuss ließen Sophie hoffen, dass der schöne Ludwig einmal ein leidenschaftlicher Ehemann werden könnte.

Dass sich der König seiner Braut gegenüber mehr als kühl verhielt, erkannten nach einiger Zeit auch Sophies Eltern, Herzog Max in Bayern und seine Gemahlin Ludovika. Besorgniserregend war für sie vor allem die Tatsache, dass Ludwig den Hochzeitstermin immer wieder verschob. Schließlich entschloss sich Herzog Max, ein ernstes Wort mit dem König zu sprechen, um die Angelegenheit zu klären. Und was er erfuhr, war dazu geeignet, die Verlobung sofort zu lösen und seine Sophie wieder mit nach Possenhofen zu nehmen. Es war nicht das erste Mal, dass eine seiner schönen Töchter nach Hause geschickt wurde.

Trotz dieses Eklats blieb Ludwig der Possenhofener Familie, vor allem aber seiner schönen »Cousine« Elisabeth, Sophies älterer Schwester, herzlich verbunden. Aber obwohl sie einander so nannten, hatten sie eigentlich nur einen wirklichen gemeinsamen Ahnherrn und das war der erste bayerische König Maximilian I. Joseph. Er war Sisis Großvater und Ludwigs Urgroßvater. Sisis Mutter Ludovika und ihre Schwiegermutter Sophie, die Schwestern waren, waren daher die Großtanten des bayerischen Königs. Beide waren Halbschwestern Ludwigs I., des Großvaters von Ludwig II. Kurios an dieser Familienkonstellation war, dass Kaiser Franz Joseph über seine Mutter Sophie mit dem bayerischen König in gleicher Weise wie seine Gemahlin Elisabeth verwandt war.

Ludwig II. schätzte die ungezwungene Art von Herzog Max. Deshalb führte ihn sein Weg des Öfteren an den Starnberger See, vor allem, wenn seine kaiserliche »Cousine« ihr Elternhaus aufsuchte. Denn mit Sisi fühlte er sich wesensverwandt. Sie war es, die ihn und seine Fantastereien verstand, genauso wie er ihre »Wolkenkraxlereien«.

So kam es vor, dass der König Hals über Kopf anspannen ließ und seinen Kutscher antrieb, ihn eilends an den Starnberger See zu bringen, wenn er erfuhr, dass Elisabeth im Lande war. Ludwig brachte es fertig, der Angebeteten um Mitternacht stumm gegenüberzusitzen, um sie dann nach der Geisterstunde wortlos zu verlassen. Diese Angewohnheit war selbst der exzentrischen Sisi zu viel. Sie kam auf den Gedanken, dass der »Cousin« nicht nur eigenartig, sondern eventuell verrückt sein könnte, eine Vorstelllung, die ihr schlaflose Nächte bereitete. Denn wenn sie über ihre eigenen Verhaltensweisen nachdachte, erkannte sie auch bei sich selber Momente, die sie an ihrem Verstand zweifeln ließen. Zwar befanden sich in Elisabeths Ahnenreihe auch sonderbare Vorfahren, wie Herzog Pius in Bayern, der durch sein exaltiertes, unkonventionelles Leben Furore gemacht hatte und sogar für einige Zeit hinter »schwedischen Gardinen« verschwunden war – wahrlich kein Aushängeschild von einem Ahnherrn.

Je älter Ludwig II. wurde, desto bedenklicher wurde sein Verhalten vor allem seinen Bedienten gegenüber. Durch den übermäßigen Alkohol, den er von Jugend auf konsumiert hatte, hatte sich sein Äußeres sehr zu seinem Nachteil verändert. Aus dem strahlend schönen Jüngling war ein aufgeschwemmter Koloss geworden, dessen Wutausbrüche bei den Audienzen immer unerträglicher wurden. Sitzen durfte niemand in Anwesenheit des Königs und wer sich besondere Strafen zuziehen wollte, der gähnte in seinem Beisein. Dann konnte es vorkommen, dass sich Ludwig von seinem Bett erhob, auf diesen zustürzte und ihn eigenhändig ohrfeigte oder ihm gar ins Gesicht spuckte. Von seinen Dienern verlangte er, dass sie sich ihm nur kniefällig nähern durften, wobei ihnen streng verboten war, dem König ins Gesicht zu sehen. Ein Unglücklicher,

*König Ludwig II. (1845–1886), einst der schönste König Europas,
als Großmeister des bayerischen Haus-Ritterordens vom hl. Georg*

der dies dennoch gewagt hatte, musste als Strafe ein Jahr lang eine schwarze Ledermaske tragen.

Besonderes Aufsehen aber erregten seine nächtlichen Ritte in der taghell beleuchteten Pferderennbahn. Dabei ritt Ludwig so lange im Kreis, bis er seinen Schätzungen zufolge eine Strecke München–Innsbruck zurückgelegt hatte. Zu Tode erschöpft fiel er dann vom Pferd und war für Tage nicht ansprechbar. Völlig dem Alkohol ergeben haderte er mit seinem Schicksal und war voller Selbstvorwürfe über sein Verhalten anderen Menschen gegenüber. Seine homosexuelle Veranlagung war im Laufe der Jahre immer stärker geworden, er fühlte sich zu einfachen Stallburschen unwiderstehlich hingezogen, denen er große Geldsummen als Schweigegeld zukommen ließ. Und wenn einer doch sein Schweigen bräche und ihn, den König, an den moralischen Pranger stellte?

Hatte er sich von seinen Depressionen wieder einigermaßen erholt, konnte es, wenn ihm der Sinn danach stand, durchaus vorkommen, dass sich der »Kini« ungewöhnlich leutselig zeigte. Auf so mancher Jagd gab er Order, die Bevölkerung der umliegenden Dörfer zu einer üppigen Jause einzuladen. Er selber erschien dann in einer Waldschenke, mit Lederhose und Lodenjoppe, den Gamsbarthut auf dem dunklen Haar, mischte sich ungezwungen unters Volk und gab Bonmots zum Besten. Das Bier floss schon nach kurzer Zeit in Strömen und die Stimmung war prächtig. Aber plötzlich durchzuckte ein gefährliches Blitzen die blauen Augen des Königs und seine Stimmung schlug aus heiterem Himmel um. Von einem Moment auf den anderen befahl er, die verdutzten Leute zu vertreiben, und half dabei auch kräftig mit Schlägen und Fußtritten mit.

Dieses Verhalten schien in der Wittelsbacher Familie zu liegen, denn sowohl Kaiserin Elisabeth als auch ihr Sohn

Rudolf zeigten ab und zu einen solch plötzlichen Stimmungsumschwung.

Der König verhielt sich seltsam, das erkannten nicht nur die Bediensteten in seiner Umgebung, auch seine engsten Freunde konnten sich mit der Art, wie sie Ludwig behandelte, nur schwer abfinden. Selbst seinen Herzensfreund, den berühmten Burgschauspieler Josef Kainz, griff er in einer Zornesanwandlung tätlich an, sodass Kainz beschloss, die Freundschaft mit dem Bayernkönig ein für alle Mal zu beenden.

Andere traten an seine Stelle, wie sein Stallmeister Richard Hornig, der die Begierde des Königs weidlich ausnützte. Ludwig beschenkte ihn für seine sehr persönlichen Dienste überreichlich, außerdem stieg der Stallmeister zum Berater auch in politischen Dingen auf, eine Brüskierung für die Minister des Königs.

Aber Ludwig II. ließ nicht mit sich spaßen. Er war auf beiden Ohren taub, wenn ihm sein Ministerpräsident oder die übrigen Mitglieder des Kabinetts Vorhaltungen machten oder Ratschläge in devoter Form, wie sie der König forderte, vorbrachten. Vor allem versuchte man, den Stallmeister Hornig aus der Umgebung des Königs zu entfernen. Der Zufall kam ihnen zu Hilfe, denn der König hatte seinem Intimus nicht nur eine Villa am Starnberger See geschenkt, er stattete ihn auch mit reichlich Geld aus, sodass es dem Stallmeister möglich wurde ... zu heiraten.

Es gab kaum jemanden, außer vielleicht Richard Wagner und die Kaiserin von Österreich, auf dessen Ratschläge Ludwig II. tatsächlich hörte. Vielleicht war es Elisabeth, die ihn überzeugte, in den preußisch-österreichischen Krieg im Jahre 1866 auf Seiten Österreichs einzugreifen. Es war ein Debakel, wie sich schon bald abzeichnete. Ironisch beschrieb der bayerische Generalstabschef Ludwig von der Tann den Einsatz der Bayern: »Wir schlugen das erste Mal, als der Krieg schon entschieden war, wir fochten noch, als der Krieg bereits zu Ende war.«

Wahrscheinlich vermochte der junge König nur zwei Jahre nach seinem Regierungsantritt nicht, die politischen Konstellationen zu durchschauen. Es fehlten ihm alle Voraussetzungen, eine eigenständige bayerische Politik zu verfolgen. Schon bald merkte man, dass ihm jegliches Interesse daran, sich auf dem internationalen Parkett zu orientieren, fehlte. Daher konnte Bismarck in seinen vorausschauenden Plänen mit ihm wie mit einem Joker rechnen. Er wusste, wie er mit dem Verlierer an der Seite Österreichs umgehen musste, und behandelte Ludwig mit Glacéhandschuhen. Bismarck konnte von außen in die bayerische Politik eingreifen, ohne dass sein Handeln großes Aufsehen erregt hätte. Dabei kamen ihm pro-preußische Neigungen des neuen Ministerpräsidenten Chlodwig Fürst zu Hohenlohe-Schillingsfürst zugute. Der Fürst veranlasste, dass das bayerische Heer nach preußischem Muster gedrillt und schließlich unter preußischen Oberbefehl gestellt wurde. Es konnte nicht ausbleiben, dass so mancher Bayer wütend gegen diese Maßnahme protestierte, was sogar dem weltfernen König zu Ohren kam, vor allem, als sich eine antipreußische Patriotenpartei gründete, die allerdings keine geschlossene Einheit bildete. So konnte er die Neutralität Bayerns im Krieg von 1870/71 nicht erreichen. Als Ludwig II. erkannte, dass Bismarck seine lang gehegten Ziele durchgesetzt und die deutsche Einheit auch auf Kosten Bayerns ermöglicht hatte, war es für ein Handeln viel zu spät, weshalb der König die neue Situation nur weinerlich beklagen konnte: »Die Folgen von 70 und 71 verbittern mir die Existenz!«

Was beinahe seltsam anmutet, ist die Tatsache, dass ein messerscharfer Denker wie der Eiserne Kanzler eine gewisse Sympathie für den traumtänzerischen bayerischen König entwickelte. Obzwar er, wie alle anderen auch, bei gewissen Handlungen Ludwigs an dessen Geisteszustand zweifeln musste, schätzte er doch die Bereitschaft des Königs, persönliche Wünsche zugunsten der Gesamtidee zurückzustellen. Inwieweit Ludwig die Absichten Bismarcks durchschaut hatte, darüber waren sich schon die Zeitgenossen nicht einig.

Aber bei Ludwig war eine gewisse Schwäche für den starken Mann zu erkennen. Am 10. August 1881 schrieb er folgende Zeilen an den Kanzler: »Wie Großes Sie nach beiden Seiten hin leisten, ist der Gegenstand meiner Bewunderung.« Fast hätte man annehmen können, Ludwig wäre ein Stein vom Herzen gefallen, weil nun er selber weniger in die Politik eingebunden war. Dabei hatte er eigentlich seine persönlichen Ziele, die er mithilfe seiner kaiserlichen »Cousine« verwirklichen wollte. Er sah in Sisis Sohn den geeigneten Mann, dem er die bayerische Königskrone übertragen wollte. Hätte Ludwig sich aufgerafft und tatsächlich gehandelt, wäre dies vielleicht die Rettung für den österreichischen Thronfolger geworden, denn er hätte in Bayern eine sinnvolle Aufgabe gefunden, die er immer angestrebt hatte und die ihm von seinem Vater verwehrt worden war. Inwieweit natürlich die Bayern und vor allem auch die Preußen mit dieser Rochade einverstanden gewesen wären, darüber kann nur spekuliert werden.

Spät, zu spät erkannten Ludwigs Minister, aber auch sein Onkel Luitpold, dass der Zustand des Königs allmählich untragbar geworden war. Er hatte sich in einen »Majestätswahn« hineingesteigert, der nicht mehr zu akzeptieren war, das Maß war übervoll. Als Ludwigs Onkel Luitpold den Ministern signalisierte, dass er bereit wäre, die Regentschaft zu übernehmen, beschlossen Ministerpräsident Johann von Lutz und sein Kabinett, nachdem sie ein medizinisches Gutachten von Dr. Bernhard von Gudden, einem Spezialisten auf dem Gebiet der Gehirnanatomie und Gehirnpsychiatrie, eingeholt hatten, die Absetzung des Königs. Allerdings war es dem Arzt nicht möglich gewesen, den König selber zu untersuchen, denn dieser hätte dies sicherlich nicht zugelassen. Gudden kam im Frühjahr 1886, nachdem er das sichtbare Verhalten Ludwigs studiert hatte, zu dem Schluss, dass der König »originär verrückt sei« und an fortschreitender Paranoia leide.

Man bestimmte eine Kommission, die dem König, der im Juni 1886 auf Neuschwanstein weilte, das Absetzungsschreiben überbringen sollte. Durch den getreuen Kutscher Osterholzer hatte Ludwig von den Plänen seiner Minister erfahren und sich vorsichtshalber in seinem Schloss verbarrikadiert, umgeben von königstreuen Feuerwehrmännern und Gendarmen. Als die Delegierten, die sich vorher mit 40 Maß Bier und zehn Flaschen Champagner Mut angetrunken hatten, die Barrikaden und die Beschützer des Königs sahen, gaben sie ihren Plan auf. Aufgrund eines Haftbefehls wurden dem Minister Ferdinand von Crailsheim sowie den Kuratoren Max Graf Holnstein und Clemens Maria Graf zu Törring Handschellen angelegt, bevor man sie abführte. Ohne großes Aufsehen wurden die Verhafteten aber bald wieder freigelassen.

Die Tage König Ludwigs II. in Freiheit waren trotz dieser Sympathiekundgebung seiner Getreuen gezählt. Sein Lebensmut war durch die Aufregungen gebrochen, sodass er sich allmählich mit dem Gedanken vertraut machte, von der politischen Bühne abzutreten, obwohl ihm Bismarck geraten hatte, sich in München dem Volk zu zeigen. Aber Ludwig war nicht mehr fähig, in der Öffentlichkeit auch nur halbwegs eine gute Figur zu machen. Immer mehr versank er in Schwermut, weshalb er sich mit dem Gedanken trug, seinem Leben ein Ende zu bereiten. Dazu fehlte ihm aber letzten Endes der Mut, obwohl er mehrmals nach Gift verlangt und seinen Vertrauten gegenüber geäußert hatte, sich von Schloss Neuschwanstein in die Tiefe stürzen zu wollen.

In der Zwischenzeit hatte man in München schon über das Schicksal des Königs entschieden. Er sollte nach Schloss Berg am Starnberger See gebracht und dort wie ein gewöhnlicher Geisteskranker rund um die Uhr bewacht werden.

Natürlich war wiederum eine Überrumplungsaktion notwendig, um sich des Königs, der keinen Widerstand leistete, zu bemächtigen. Ludwig stellte einzig und allein Dr. Gudden zur Rede: »Wie können Sie mich für geisteskrank erklären, Sie haben mich ja gar nicht angesehen und untersucht?« Worauf ihm Gudden erklärte, dass das vorliegende Beweismaterial eindeutig und erdrückend wäre. Als der König erfuhr, dass man seinen Onkel Luitpold als Prinzregenten einsetzen wollte, äußerte er sich erstaunt über diese Tatsache: »So? So? Also Prinz Luitpold hat es jetzt reichlich so weit gebracht, dazu hätte er nicht so einen Aufwand an Schlauheit gebraucht, hätte er nur ein Wort gesagt, dann hätte ich die Regierung niedergelegt und wäre ins Ausland gezogen …« Auf diese Idee war freilich niemand gekommen. Außerdem, wer hätte es, bei dem aufbrausenden Wesen des Königs, wirklich gewagt, ihm einen solchen Vorschlag zu unterbreiten?

Der 12. Juni 1886 war für König Ludwig II. ein Schicksalstag, ab diesem Zeitpunkt war er kein freier Mann mehr. Er wurde in der Nacht wie ein Gefangener nach Schloss Berg gebracht, wo er einst glückliche Stunden auch mit seiner »Cousine« Elisabeth verlebt hatte. Man bewachte ihn rund um die Uhr, auch durch Gucklöcher in den Türen. Sein gewohnter Lebensrhythmus wurde vollständig geändert, er hatte am Tag wach zu sein und in der Nacht wie jeder vernünftige Mensch zu schlafen. Beinahe mit stoischer Ruhe ließ der König alles über sich ergehen, nur ab und zu fragte er, ob all die Maßnahmen von Dauer sein würden. Dabei zeigte er sich außerordentlich leutselig und friedlich, vor allem Dr. Gudden gegenüber, wenn er mit ihm einen Spaziergang am See entlang unternahm, wobei immer ein Pfleger in einem gewissen Abstand den beiden folgte.

Da der König Bewegung brauchte, beschloss Dr. Gudden am 13. Juni 1886, mit seinem Schützling einen ausgedehnteren Spaziergang an den See zu unternehmen, nur zu zweit, ohne Wärter im Hintergrund. Um 18.45 Uhr verließen die beiden Männer das Schloss und schlugen den Weg in Richtung See ein.

Stunden vergingen und der König und der Arzt waren immer noch nicht zurückgekehrt, sodass man im Schloss unruhig wurde. Ein Suchtrupp machte sich auf den Weg, um in der hereinbrechenden Dunkelheit nach den beiden zu suchen. Schließlich entdeckte man zuerst die Überkleider des Königs, dann seinen Regenschirm und seinen Hut. Es konnte nur ein Unglück geschehen sein. Die Befürchtungen sollten sich nur allzu bald bewahrheiten. Man fand die Leichen des Königs und von Dr. Gudden im knietiefen Wasser des Starnberger Sees. Ein Tod, der bis heute Rätsel aufgibt. Denn der König galt als exzellenter Schwimmer, der im seichten Wasser niemals hätte ertrinken können, auch nicht nach Gewaltanwendung. Denn dass ein Kampf auf Leben und Tod stattgefunden haben musste, darauf wiesen Kratzspuren und blutunterlaufene Stellen im Gesicht von Dr. Gudden hin. Außerdem war der Nagel seines Mittelfingers abgebrochen. Vielleicht hatte der König versucht, seinen Bewacher, den er als Peiniger empfand, abzuschütteln und es war zu einem Ringkampf gekommen, was allerdings höchst unwahrscheinlich war, denn Dr. Gudden war wesentlich kleiner und schmächtiger als der kräftige König. Außerdem stellt sich bis heute die Frage, warum sowohl der eventuelle Angreifer als auch der Angegriffene zu Tode kamen. Sollte diese Theorie einigermaßen haltbar sein, dann nur, wenn man annimmt, dass Ludwig einem Herzschlag erlag, den er im kalten Wasser erlitten hatte. Wie aber kam Dr. Gudden ums Leben? Rätsel über Rätsel.

Der Tod König Ludwigs II. zählt sicherlich zu den dubiosesten Fällen in der bayerischen Kriminalgeschichte. Hatten Mörder auf den König und seinen Begleiter gelauert? Woher aber wussten sie, dass die beiden um diese Zeit einen Spaziergang am Starnberger See unternehmen wollten? Wer konnten die Mörder gewesen sein und welche Beweggründe hatten sie, den entmachteten König und seinen Arzt umzubringen? Denn dass der Prinzregent Interesse an einem plötzlichen Ableben König Ludwigs II. gehabt hätte, konnte ihm wahrlich niemand unterstellen. Luitpold zeigte sich vielmehr, nachdem er von dem seltsamen Tod seines Neffen erfahren hatte, durch diesen Verdacht äußerst betroffen. Luitpold profitierte in keiner Weise von Ludwigs Tod. Denn der Nachfolger auf dem Thron war auf alle Fälle Ludwigs Bruder Otto. Und der dämmerte im Wahnsinn dahin.

Wie ein Lauffeuer verbreitete sich die Nachricht von den schrecklichen Ereignissen am Starnberger See. Und mit einem Schlag änderte sich die Meinung des Volkes über seinen »Kini«. War er nicht ein leutseliger Mann gewesen, der für seine Untertanen nur das Beste im Sinn hatte? Für wen hatte er die Schlösser erbauen lassen, für wen das Festspielhaus in Bayreuth? Außerdem war er ein schöner Mann gewesen, der schönste König auf dem Thron! Und außerdem war er ... geheimnisvoll und und und ...

Seine Beisetzung wurde für den König zu einem späten Triumph. Man hatte ihn in München öffentlich aufgebahrt, sodass Tausende Trauernde an ihm vorbeiziehen und Abschied von »ihrem schönen Kini« nehmen konnten. Denn der Tod hatte seine Gesichtszüge geglättet und ihm sein ebenmäßiges Aussehen zurückgegeben.

Zur feierlichen Beisetzung waren alle gekommen, die Rang und Namen hatten, nur die »Cousine« Elisabeth fehlte. Sie fühlte sich nicht in der Lage, von Ludwig endgültig Abschied nehmen zu müssen, und hatte ihren Sohn Rudolf geschickt.

Auch die einstige Braut des Königs, Sophie, gedachte seiner. Sie schickte als letzten Gruß einen Jasminzweig, den man dem toten König auf die Brust legen sollte. Aber dieser Blumengruß kam zu spät.

Mit seinem Tod begann für König Ludwig II. eine wahre Wiedergeburt. Alles, was man ihm nachgesagt hatte, war mit einem Schlag vergessen, er wurde und blieb bis heute, der einzige unvergessene König von Bayern, der Märchenkönig.

Der verrückte König
Otto I.

Als die Delegation hochrangiger Persönlichkeiten Prinz Otto, dem Bruder des auf geheimnisvolle Weise ums Leben gekommenen bayerischen Königs Ludwigs II., die Nachricht überbrachte, dass er nun selber die bayerische Krone tragen würde, nahm der 38-jährige Mann diese Mitteilung völlig apathisch entgegen. Der *Bayerische Kurier* wusste am 19. Juni 1886 zu berichten, dass der neue Herrscher die Herren, die ihm gleichsam die Königskrone aufs Haupt setzten, nur abschätzend betrachtete, um dann von irgendwelchen belanglosen Dingen zu sprechen, die in keinerlei Zusammenhang mit seiner neuen Würde standen. Erst viel später, als die Delegierten Schloss Fürstenried schon lange verlassen hatten, soll er zu seinem Kammerdiener gesagt haben: »Du musst mich jetzt Majestät nennen!«

Obwohl selbst sein Bruder Ludwig immer wieder betont hatte, dass Otto niemals werde regieren können, mussten pro forma die bayerischen Erbfolgegesetze beachtet werden. Und die besagten, dass auch ein Mann, der nicht mehr in der Lage war, die Regierungsgeschäfte zu führen, als König zu etablieren war. Da Ludwig keine Nachkommen hatte, fiel die Rolle seinem geisteskranken Bruder zu, wobei allerdings aufgrund der Regentschaft seines Onkels Luitpold keine wirklichen Schwierigkeiten entstanden. Denn

Otto, der am 27. April 1848, kurz nachdem sein Großvater König Ludwig I. abgedankt hatte, zur Welt kam, saß offiziell bis zu seinem Tode am 11. Oktober 1916 auf dem bayerischen Thron, wenngleich er ab 1913 einen zweiten König neben sich hatte, von dem er aufgrund seines Geisteszustandes niemals Notiz nehmen sollte: Ludwig III., den Sohn des Prinzregenten. Bayern hatte – ein Kuriosum in der Geschichte – für einige Zeit zwei Könige.

Schon sehr früh hatten sich bei dem schönen Knaben Otto Anzeichen von gewissen Seltsamkeiten gezeigt, die durch die überstrenge Erziehung seines höchst distanzierten Vaters verstärkt wurden. Sowohl König Maximilian II. Joseph als auch die Mutter Marie Friederike von Preußen kümmerten sich selten um die beiden Kinder Ludwig und Otto. Was Elternliebe wirklich bedeutete, das erfuhren die Buben nie. Den Vater sahen sie höchstens zweimal am Tag, zum zweiten Frühstück und abends zum Diner, wobei ihnen der König höchstens die Hand zum Kuss reichte. Wahrscheinlich bestand die Konversation hauptsächlich aus Tadeln, denn Maximilian II. Joseph galt als humorloser Mensch, der mit Kindern nichts anzufangen wusste. Wenn es zu strafen galt, war er allerdings keineswegs zimperlich und verprügelte die Söhne, wenn sie etwas angestellt hatten, höchstpersönlich. Auch die Mutter nahm keinen Anteil an der geistigen und körperlichen Entwicklung, sie zeigte kein Interesse, mit Ludwig und Otto herzliche Gespräche zu führen oder kleine Wanderungen zu unternehmen. Sie sah in den Kindern höchstwahrscheinlich kleine Erwachsene, die zu funktionieren und die möglichst sparsam zu sein hatten. Ihr Taschengeld war karg bemessen, sodass Otto auf die Idee kam, sich zwei Zähne reißen zu lassen, da er gehört hatte, dass man für Zähne Geld bekommen könnte.

Als gebildeter Mann legte König Maximilian II. Joseph größten Wert auf gute Lehrer für seine Söhne. Dabei unterschied er in der Auswahl nicht, wer wen unterrichten sollte. Auch für Otto wurden die besten Lehrer ausgesucht, die erfreut feststellten, dass der Knabe leicht lernte, wenngleich es ihm am nötigen Fleiß und auch an einer gewissen Logik fehlte. Aber der Charme des ungewöhnlich schönen Kindes machte vieles wett, sodass auch die Zornesausbrüche, in die Otto von Zeit zu Zeit verfiel, von den Erziehern als unbedeutend beschrieben wurden. Seinen Bruder Ludwig jedoch veranlasste eine – wie er es bezeichnete – Ungehorsamkeit Ottos ihm gegenüber, den Bruder beinahe umzubringen. Die Affäre ereignete sich im Sommerschloss in Berchtesgaden, wo die beiden Buben zuerst friedlich im Park gespielt hatten. Plötzlich hörten Diener Geschrei, und als sie herbeieilten, um nachzusehen, was geschehen war, sahen sie den zehnjährigen Otto am Boden liegen, die Arme gefesselt, einen Knebel im Mund und um den Hals ein Tuch, das Ludwig zusammenzuziehen versuchte. Als die Bedienten den Knaben mit Mühe retteten, indem sie ihn gewaltsam befreiten, schrie Ludwig: » Er ist mein Vasall und wagt es, ungehorsam zu sein – ich muss ihn hinrichten!«

Das Verhältnis der Brüder blieb, solange Otto noch halbwegs bei Sinnen war, indifferent. Denn Ludwig brauchte den Bruder für bestimmte Aufgaben, die er nicht erfüllen konnte oder wollte. So sollte Otto an seiner Statt einen Sohn zeugen, der die Nachfolge Ludwigs, der auf alle Fälle kinderlos sterben wollte, antreten sollte. Otto liebte nämlich ganz besonders das Ballett. Inwieweit er aber sexuelle Kontakte zu diesen »schönen Mädchen« unterhielt, wurde trotz vielfältiger Gerüchte nicht glaubwürdig berichtet. Außerdem schien Otto Gefallen an

Uniformen zu finden, er bekleidete, wie es sich für einen Sohn des Königs gehörte, verschiedene hohe Ränge in der bayerischen Armee. Da Ludwig alles, was mit Soldatentum zusammenhing, abgrundtief hasste, begrüßte Ludwig die Ambition des Bruders, überall in Uniform zu erscheinen. Deshalb schickte er ihn stellvertretend auf die verschiedenen Jagden, an denen ein königlicher Spross teilnehmen musste, und sandte ihn auch als Vertreter Bayerns nach Paris, wo nach dem preußisch-französischen Krieg das deutsche Kaiserreich proklamiert wurde. Der psychisch labile Otto berichtete seinem Bruder von der Schmach, die er für Bayern am 18. Januar 1871 im Spiegelsaal von Versailles empfand: »Der deutsche Kaiser, das deutsche Reich, Bismarck, die laute preußische Begeisterung, die vielen Stiefel, das alles macht mich unendlich traurig … Ach Ludwig, ich kann Dir gar nicht beschreiben, wie unendlich weh und schmerzlich es mir während jener Zeremonie zumute war … Alles so kalt, so stolz, so glänzend, so prunkend und großtuerisch und herzlos und leer.«

Natürlich sah Otto, dessen Geistesverfassung sich bereits ab seinem siebenten Lebensjahr zu verschlechtern begonnen hatte, die Rolle Bayerns anders als der Bruder, der manchmal daran dachte abzudanken, um sich nicht unter das preußische Joch beugen zu müssen. Aber für all das waren die Voraussetzungen nicht gegeben, denn Otto war als Nachfolger undenkbar. Nach Ottos Frankreichreise beorderte ihn Ludwig dennoch zu sich, da er meinte: »Ich sehe ihn als König an … nur an einem einzigen dünnen Faden hängt noch die Sache, dann wird es heißen: ›Le Roi Louis II. est mort, vive le Roi Othon!‹« Aber genauso wie Ottos waren auch Ludwigs Ideen vielfach spontan, auch schon zu der Zeit, als dieser noch als regierungsfähig galt. Aber erst im Januar 1872 wurde die Geisteskrankheit des Wittelsbacher Prinzen offiziell festgestellt. Ludwig verfügte, dass der Bruder sich bestimmten Kuren unterziehen sollte, wozu er sich nach Schloss Nymphenburg zu begeben hatte. Dieser Brief, den Otto erhielt, sorgte bei ihm für große Aufregung. Er warf dem Bruder vor, kein Recht dazu zu haben, ihm Vorschriften zu machen, in

Prinz Otto, der spätere König Otto I. (1848–1916), als General

einem lichten Augenblick schrie er, er komme sich wie ein Gefangener vor, der völlig rechtlos geworden sei.

Der Zustand des Kranken wechselte zunächst von Tag zu Tag, später von Stunde zu Stunde, von Augenblick zu Augenblick. Niemand war vor seinen Wutausbrüchen sicher, sodass man daran ging, die Räumlichkeiten, die er bewohnte, entsprechend einzurichten. Schloss Nymphenburg und Schloss Fürstenried dienten dem Kranken als komfortable Wohnsitze, an denen er ein exzentrisches Leben führte. Manchmal schlief er 48 Stunden lang nicht, um sich dann tagelang im Bett zu wälzen. Ansprache suchte er keine, er war schon als Kind wenig gesprächig gewesen, sodass er es sich verbat, angeredet zu werden. In dieser Marotte waren sich die Brüder ähnlich.

Solange König Ludwig II. lebte, geriet sein Bruder beinahe in Vergessenheit. Er dämmerte mehr oder weniger vor sich hin, litt an grässlichen Halluzinationen, glaubte, für seine nicht begangenen Sünden Höllenstrafen in der Ewigkeit ausgesetzt zu sein, er erblickte Menschen, die er nicht mochte, plötzlich mit Teufelsgesicht und Pferdefuß, sodass er in panischer Angst flüchten wollte. Seine Eskapaden hielten sich in Grenzen, solange er nicht in der Öffentlichkeit auftrat. Einmal allerdings konnten ihn seine Diener nicht zurückhalten. Er stürmte in Jagdkleidung während eines Gottesdienstes in die Münchner Frauenkirche, warf sich vor dem die Messe zelebrierenden Erzbischof Gregor von Scherr an den Altarstufen auf die Knie und begann mit der Beichte seiner Untaten, die frei erfunden waren. Nur mit Mühe konnten zwei Kirchendiener den Prinzen aus der Kirche abführen und nach Schloss Schleißheim bringen, wo er noch intensiver bewacht wurde. Nur selten sah er dort seinen Bruder, meist kam Ludwig mitten in der Nacht, wie er auch Kaiserin Elisabeth bei Nacht zu besuchen pflegte.

Sisi vermied es tunlichst, mit Otto zusammenzutreffen, da sie sich vor seinem irren Blick fürchtete. Als Otto ihr in einer Anwandlung von Galanterie den Arm bot, um sie aus dem Raum zu führen, geriet die Kaiserin geradezu in Panik und flüchtete.

Obwohl es nach dem Tod Ludwigs II. einen König Otto I. aus dem Hause Wittelsbach in Bayern gab, nahm wahrscheinlich niemand Notiz von ihm, denn der Onkel der Brüder, Luitpold, führte als Prinzregent das Land. Unter seiner Regierung konnte Bayern, nach den turbulenten Zeiten, zur Ruhe kommen. Das Volk aber dankte dem biederen Mann seine Arbeit für das Land nicht, denn zeit seines Lebens haftete ihm das Gerücht an den Fersen, den geliebten »Kini« umgebracht zu haben. Auch zum König konnte der Prinzregent nicht gekrönt werden, obwohl der Schattenkönig in Fürstenried im Geisteswahn dahindämmerte.

Als Luitpold im Jahre 1913 starb und sein Sohn Ludwig wieder als Prinzregent herrschen sollte, machte dieser ganz einfach kurzen Prozess: Er ernannte sich ebenfalls zum König und ließ sich krönen, sodass Bayern zu Ottos Lebzeiten zwei Könige hatte. Otto trotz seines Wahnsinns einfach abzusetzen, hatte Ludwig nicht gewagt.

Die Familie des Prinzregenten Luitpold (1821–1912)

Er kämpfte um die Liebe
seiner Untertanen

Prinzregent Luitpold, Elisabeths »Cousin«

Nach dem überraschenden und bis heute ungeklärten Tod von König Ludwig II. hatte es sein Onkel Luitpold, der nach der gewaltsamen Absetzung des Königs zum Regenten ernannt worden war, schwer, gegen die Schatten des Verdachts, die auf ihn gefallen waren, zu kämpfen. Unmittelbar nachdem man die beiden Leichen im Starnberger See gefunden hatte, tauchte nicht nur das Gerücht auf, dass der König und sein Leibarzt ermordet worden waren, sondern auch, dass nur der Prinzregent hinter diesen Todesfällen stecken könnte. Doch wurden auch Gegenstimmen laut, die fragten, welchen Grund es für Luitpold hätte geben können, Ludwig zu beseitigen. Denn König konnte er ohnedies nicht werden, da Otto, der Bruder des Königs, noch lebte. Wenn er auch im Wahnsinn dahindämmerte, war Otto dennoch nach dem Tode seines Bruders Ludwig der rechtmäßige Thronfolger, wie es die Erbfolge vorsah. Daher fiel das Hauptmotiv für einen Mord, den Luitpold eventuell in Auftrag gegeben haben könnte, schon bald in sich zusammen, wenngleich auch Luitpold im ersten Schrecken, als er vom Tode seines Neffen fuhr, die Worte ausgerufen haben soll: »Man wird sagen, ich sei der Mörder«, wobei ihm Tränen übers Gesicht rannen.

Der ein Leben lang als rechtschaffener Mann bekannte
Luitpold war als dritter Sohn von König Ludwig I. in
Würzburg geboren worden. Da seine beiden Brüder
Maximilian und Otto schon Königskronen trugen, war es
jahrelang nicht absehbar, dass auch er einmal ein verant-
wortungsvolles politisches Amt übernehmen sollte. Zwar
war er als eventueller Nachfolger seines Bruders Otto als
König von Griechenland vorgesehen, sollte Otto tatsächlich kinderlos sterben und der Thron dadurch verwaisen.
Doch es kam anders und so vermochte Luitpold, kunst-
und kulturinteressiert wie er war, das ruhige Leben eines
wohlsituierten Privatmannes zu führen. Ab und zu musste
er auch politische Missionen übernehmen. Sein Neffe,
König Ludwig II., sah in ihm die geeignete Person, im
Jahre 1871 den sogenannten Kaiserbrief an den neu erko-
renen deutschen Kaiser Wilhelm zu übergeben. Luitpold,
ein begeisterter Soldat, war im Laufe der Zeit von Ludwig mit hohen militärischen Ehren ausgezeichnet worden,
wobei er freilich mit vollem Herzen nur seinem bayerischen Volk diente. Daher ordnete er im Jahr 1891, als der
deutsche Kaiser Bayern besuchte, an, dass die Beflaggung
der Militärgebäude ausschließlich in den bayerischen Lan-
desfarben durchzuführen wäre. Er und sein Sohn Ludwig,
der später für kurze Zeit die Königskrone tragen sollte,
vergaßen nie zu betonen, dass sie sich in erster Linie als
Bayern fühlten. Ludwig machte bei einem festlichen Ban-
kett in Moskau aus seinem Herzen keine Mördergrube
und erklärte rundheraus: »Wir sind keine Vasallen, keine
Untertanen des deutschen Kaisers, sondern seine Verbün-
deten.«
Die Trauer Luitpolds um seinen unglücklichen Neffen war ehrlich, wenngleich der Regent schnell deutlich
machte, dass er gewillt war, die politischen Zügel in die

Hand zu nehmen, die Ludwig II. in den letzten Jahren hatte schleifen lassen. Aufrecht schritt der Prinzregent hinter dem Trauerkondukt und schon einige Tage später hinter dem »Himmel« bei der Fronleichnamsprozession, sodass die Münchner endlich wieder einmal einen Herrscher zu Gesicht bekamen, zwar keinen so schönen und umjubelten wie seinerzeit den jungen Ludwig, sondern eher einen bescheiden wirkenden ältlichen Mann mit einem dichten Vollbart. Aber so bescheiden Luitpold bisher gewirkt hatte, jetzt verstand er es auch, sich der Öffentlichkeit zu präsentieren. Daher entstieg er dem Rokoko-Prunkwagen, der ihn von seiner Wohnung am Leuchtenbergring zur Residenz brachte, in Generaluniform, an die ein Trauerflor geheftet war. Zum Landtagsschluss fuhr er in die Prannerstraße in einer prunkvollen Kalesche, die von acht Pferden gezogen wurde, alle mit weißblauen Federbüschen geschmückt. Luitpold wusste, was das Volk wollte: einen Regenten zum Anfassen, einen, der sich mitten unter die Leute mischte, der sich ihre Sorgen und Nöte anhörte, der Verständnis zeigte und die Änderung so mancher unnötiger Einschränkungen versprach.

Luitpold war der richtige Mann für diese Position. In seiner geradlinigen Art erwarb er sich schon bald die Hochachtung seiner Untertanen, anders als sein Neffe, der schöne Ludwig, der den Bayern in seiner geheimnisumwitterten Art immer fern blieb, obwohl er auch ab und zu den Hang zum Volkstümlichen zeigte. Luitpold spielte nicht den Leutseligen, er war es tatsächlich. Man sah ihn auf landwirtschaftlichen Festen, im Bierzelt am Oktoberfest, bei Pferderennen in Niederbayern genauso wie in der Oberpfalz, er eröffnete in ganz Bayern Ausstellungen, und überall, wohin er kam, wurde er auf das Herzlichste empfangen. Wenngleich man dem unglücklichen Märchenkönig nachtrauerte, kam man bald zu dem Schluss, dass ein Regent, der tagaus tagein mit dem Volk für das Volk lebte, besser war als ein Träumer auf dem Königsthron.

Bayern wurde unter der Regentschaft Luitpolds ein anderer Staat. Die »süddeutsche Demokratie« hielt Einzug, eine besondere Form, in der Volksverbundenheit, aber auch die Stabilität des Systems eine große Rolle spielten. Die Beamtenschaft hatte das Sagen, sie instruierte die Minister, die diesen Posten meist ein Leben lang bekleideten, wie Emil von Riedel, der 30 Jahre Finanzminister war. Zwei neue Parteien hielten 1893 Einzug im Landtag: die für viele dubiosen Sozialdemokraten und der Bauernbund. Beide Richtungen vertraten die Anliegen des einfachen Volkes, sodass der Weg allmählich für einen gemäßigten Parlamentarismus geebnet wurde.

Der Prinzregent war in jeder Hinsicht ein moderater Mann, der aufgrund seiner Lebenserfahrung wenig zu Experimenten aufgelegt war. Er förderte alles, was zum Wohle der Bevölkerung beitragen konnte. So erlebten einzelne Industriezweige, wie die Porzellanindustrie im fränkischen Selb, das plötzlich zum Mekka der Porzellanherstellung wurde, einen nie dagewesenen Aufschwung. Und da der Prinzregent selber gern alle Neuerungen an Ort und Stelle besichtigen wollte, erschien er oft unangemeldet, leger gekleidet, auch in den kleinsten Dörfern, um sich ein Bild vom Lebensstil der Bevölkerung zu machen. Auf diese Weise lernte er nicht nur die Leute kennen, sondern auch das Land, das ihm anvertraut war. Er fühlte sich nicht als Regent, sondern als »des Königreiches Bayern Verweser«.

Luitpold wäre nicht der Sohn von König Ludwig I. und der Bruder von König Maximilian II. Joseph gewesen, hätte er sich nicht für die Kunst und die Künstler interessiert. Die wichtigsten Werke der französsichen Impressionisten kaufte er für viel Geld, um sie dann in den Museen in München unterzubringen, die er errichten oder ausbauen ließ. In außerordentlicher Weise förderte Luitpold auch die Nachwuchskünstler. Er erschien mitunter unangekündigt in den Ateliers, um sie persönlich kennenzulernen und sich von der Arbeit der jungen Leute zu überzeugen. Gefiel ihm ein Gemälde, so zögerte er nicht, tief in die Tasche zu greifen, um das Bild für sich zu erwerben, aber auch, um den Künstler finanziell zu unterstützen. Luitpold war ein wahrer Mäzen.

So leutselig er sich gab, bestand er doch im Familienkreis auf der Einhaltung bestimmter Traditionen, die vielen schon überholt und veraltet schienen. So legte er Wert darauf, dass seine Wohnräume, die Steinzimmer im alten Trakt der Residenz, kostbar ausgestattet wurden, mit Stuck und Marmor, teuren Teppichen und wertvollen Tapisserien. Die Dienerschaft war exakt unterteilt in einzelne Chargen, wobei niemand in die Kompetenzen des anderen eingreifen durfte. Wenngleich Luitpold wenig Ambitionen für das Theater hatte, so verlangte er doch im täglichen Leben ab und zu ein Schauspiel. Daher ließ er nicht nur das spanisch-burgundische Hofzeremoniell wieder einführen, sondern zelebrierte auch die Neujahrscour in althergebrachter Weise, bei der Edelknaben, mit hellblauen Galaröcken bekleidet, die drei Meter langen Schleppen der Damen tragen mussten. Er selbst wohnte dem Fest in der Tracht eines Großmeisters des Georgiritterordens bei.

Schon als junger Mann hatte Luitpold schwere Zeiten durchlebt, denn die »Lola-Montez-Affäre« seines Vaters hatte die Gemüter der Münchner erhitzt und die Monarchie an den Rand des Abgrunds gebracht. Es war selbstverständlich, dass Luitpold Partei für seine beleidigte Mutter ergriff. Aber auch Luitpolds Gemahlin, Auguste von Toskana, stand hinter der Familie, sie war sich nicht zu schade, vor Ludwig I. einen Kniefall zu machen, um ihn zum Verzicht auf Lola Montez zu bewegen. Als diese Aktionen bekannt wurden, war die Münchner Bevölkerung von Luitpold so begeistert, dass man ihn zum König ausrufen wollte, nachdem König Ludwig I. seinen Rücktritt bekannt gegeben hatte.

Der Prinzregent war kein spektakulärer Politiker und kein schöner Mann, der durch sein Äußeres die Massen hätte begeistern können, er war ein redlicher Arbeiter, sachlich und emotionslos, ein Mann, der in der Vorkriegszeit sein ihm anvertrautes Land bestens führte, ohne ihm allerdings große Zukunftsperspektiven aufzuzeigen. Er führte ein beschauliches Leben, das seine Glanzpunkte aufwies, wenn zur Hoftafel in die Residenz oder nach Schloss Nymphenburg Dichter und Denker, Wissenschaftler und Künstler eingeladen wurden. Mit seiner Gemahlin, der toskanischen Prinzessin Auguste, die er auf einer seiner Italienreisen kennen und lieben gelernt hatte, führte er eine harmonische, glückliche Ehe. Der frühe Tod seiner Frau traf den Prinzregenten schwer.

Luitpold bestimmte die bayerische Politik länger als jeder andere vor ihm, 26 Jahre lang stand er an der Spitze des Staates. Noch als 90-Jähriger kümmerte er sich um politische Probleme und unternahm, rüstig wie er war, Spaziergänge in München. Als man ihm schon zu Lebzeiten ein Denkmal errichten wollte, meinte er, das wäre erst an der Zeit, wenn er gestorben sei.

Noch im November 1912 wirkte Luitpold trotz seiner 90 Jahre frisch und unternehmungsfreudig, obwohl ihn ein schlimmer Husten quälte. Deshalb war er nicht mehr imstande, die Bayerische Gewerbeschau zu eröffnen. In der Bevölkerung flüsterte man sich zu: »Der Regent ist schon gestorben, aber man darf's ihm nicht sagen, damit er sich nicht aufregt.«

Als er aber dann doch für viele überraschend am 12. Dezember 1912 seinen letzten Atemzug tat, konnte man den Tod des Regenten kaum fassen. Nicht ein Herrscher war dahingegangen, sondern ein echter Bayer, ein Mensch. 101 Kanonenschüsse wurden abgefeuert, als sich der Trauerzug in Bewegung setzte. Tausende Menschen säumten die Straßen, durch die der Sarg gefahren wurde. Man trauerte um einen Mann, der in ganz Bayern beliebt gewesen war, der es verstanden hatte, den Mittelweg zu finden, der in seiner sparsamen Art die Staatsfinanzen wieder ins Lot gebracht, der aber auch glänzende Feste gegeben hatte, ohne dass sie den Staatsbankrott herbeigeführt hätten. Plötzlich erinnerte sich so mancher, während er mit einem Schnupftuch die Tränen trocknete, an die spektakuläre Grundsteinlegung des Deutschen Museums oder an die eindrucksvollen Feiern zum 80. und 90. Geburtstag des Regenten und natürlich auch an das beinahe nicht mehr enden wollende Fest zum 100. Jahrestag des Oktoberfestes. Es war eine schöne Zeit gewesen, in der der Prinzregent das Staatsruder ruhig geführt hatte, eine Zeit der Sicherheit, Jahrzehnte ohne Kriege.

Alle Großen des Reiches gaben Luitpold die letzte Ehre, voran schritt Kaiser Wilhelm II., dahinter die höchsten Ränge der Gesellschaft. Die Beisetzungsfeierlichkeiten sollten eines der letzten großen Feste im bald untergehenden Europa sein.

Prinz Leopold (1846–1930) und seine Gemahlin,
Erzherzogin Gisela (Sisis Tochter) (1856–1932)

Der gute Engel aus Wien
Elisabeths Tochter Gisela

Allgemeine Verwunderung machte sich an den Fürstenhöfen breit, als man erfuhr, dass der Kaiser von Österreich und König von Ungarn die Absicht hatte, seine ältere Tochter Gisela an einen Wittelsbacher Prinzen zu verheiraten, der als Nachgeborener niemals Chancen haben würde, einmal die Regierungsgeschäfte in Bayern führen zu können. Wie war man in Wien nur auf diese Idee gekommen, wo es sicherlich attraktivere Partien für Gisela gegeben hätte? Auch die Großmutter des jungen Mädchen war mit der Wahl für ihre Lieblingsenkelin nicht glücklich, denn sie meinte lakonisch, als man sie über die bevorstehende Heirat in Kenntnis setzte: »Das häusliche Glück der Kleinen mit dem braven Leopold scheint mir sicher, aber als Partie zähle ich diese Heirat nicht.«

Ausgerechnet Kaiserin Elisabeth, die für ihre Tochter Gisela nicht die allermütterlichsten Gefühle hegte, hatte den Plan gefasst, dass Gisela – ein halbes Kind noch – den Wittelsbacher Verwandten Prinz Leopold heiraten sollte. Und zwar möglichst bald. Auch das ist beinahe unerklärlich, da Sisi in ihren teilweise larmoyanten Gedichten mehrmals zum Ausdruck brachte, wie nachteilig es für eine Frau wäre, zu früh zu heiraten.

Aber sie war diejenige, die sich zunächst unter dem Siegel der Verschwiegenheit nach München wandte, um herauszufinden, ob Prinz Leopold der geeignete Ehemann für ihre Tochter sein könnte. Und obwohl sie erfuhr, dass der Prinz, der zweitgeborene Sohn des zukünftigen Prinzregenten Luitpold, bereits fast verlobt war, nahm sie sich vor, die Heirat ihrer Tochter mit dem Wittelsbacher mit allen Mitteln durchzusetzen, was ihr in ihrer Position als Kaiserin von Österreich nicht allzu schwer fiel. Wem wurde schon eine Tochter des mächtigsten Herrschers in Europa angeboten!

Wie Sisi richtig berechnet hatte, nahm Leopold eine Einladung des Kaiserpaares nach Ungarn an, freilich zuerst in aller Diskretion, denn noch hatte Gisela, die Auserwählte, keine Ahnung von den Plänen ihrer Mutter. Zwischen Mutter und Tochter hatte nie ein besonders inniges Verhältnis geherrscht, einerseits war Sisi der Tochter gegenüber überschwänglich, auf der anderen Seite ließ sie Gisela und auch ihren Bruder Rudolf oft monatelang allein, ohne auch nur einen Brief an die Kinder zu schreiben. Deshalb war es für die Geschwister ein reines Glück, dass sich die Großeltern Sophie und Franz Karl rührend um sie kümmerten. Durch sie erfuhren Gisela und Rudolf Liebe und Geborgenheit, die sie bei der Mutter nicht finden konnten.

Schon sehr früh zeigte sich bei der kleinen Gisela eine für ein Kind ungewöhnliche soziale Einstellung, die sich zunächst bei der Betreuung ihres um zwei Jahre jüngeren Bruders bemerkbar machte. Erzherzogin Sophie berichtete an ihre Schwester Ludovika, gleichsam von Großmutter zu Großmutter, über den Pflichteifer, den Gisela an den Tag legte: »Rudolph und Gisela waren gern in der Villa bei Ofen. Gisela gab dort täglich dem Bruder französisch Unterricht, da ihre Gouvernante, welche auch Rudolph im Französisch unterrichtet, wenn er von seinen Lehrern getrennt, in ein Seebad in Frankreich reisen musste ... Sie machte durchaus keine Spielerei aus diesem Unterricht; sie gab ihn so, wie mir die sougouvernante und Rudolphs Umgebung sagten mit dem gewissenhaftesten Ernst, Pflichttreue und Beharrlichkeit und er gehorchte willig; sie liess ihn lesen, analisiren, übersetzen, das liebe treue Kind ...«

Es war beinahe eine Tragik in Rudolfs Leben, dass er sich so intensiv zu seiner älteren Schwester hingezogen fühlte, dass sie seine liebste Spielkameradin war, wenngleich er ihr mitunter in aufflammendem Jähzorn das Spielzeug, das ihm gehörte, aus der Hand riss. Durch ihre frühe Heirat verlor er viel zu bald einen wichtigen Ruhepol in seinem Leben, eine kleine Katastrophe für den ungewöhnlich sensiblen jungen Mann, der ohnehin durch unfähige Lehrer geschädigt war.

Der Aufenthalt von Prinz Leopold erregte zunächst kein Aufsehen. Immerhin war er mit der Kaiserin verwandt, sodass alle annahmen, es handelte sich um einen Jagdausflug des Prinzen. Allerdings konnte man bemerken, dass man ihm mit großem Wohlwollen entgegenkam und dass auch Gisela plötzlich an den Gesprächen der Erwachsenen teilnehmen durfte. Und ausgerechnet jetzt hatte man ihr erlaubt, erstmals ein langes Kleid zu tragen – für Gisela, die sich so richtig im Backfischalter befand, eine kleine Sensation. Sie konnte immer noch nicht ahnen, warum dies alles rund um sie herum geschah.

Die erste Begegnung mit Gisela, die er als fünfjähriges Kind vor vielen Jahren in Venedig gesehen hatte, schilderte Leopold später in seinen Lebenserinnerungen: »Bald traten die kaiserlichen Kinder ein, die noch nicht sechzehnjährige Erzherzogin Gisela, ein anmutendes Mädchen mit einem lieben, sympatischen Gesichtsausdruck, das eben erst die Kinderschuhe vertreten hatte und zur anmutigen Jungfrau herangewachsen war.«

Nach einiger Zeit der nichtssagenden Plauderei wollte es der beabsichtigte Zufall, dass sich die beiden jungen Leute plötzlich allein im Raum befanden, wahrscheinlich sehr zur Verwunderung Giselas. Jetzt war für den um zehn Jahre älteren Prinzen Leopold die Stunde gekommen, den wahren Grund seines Besuches aufzudecken. Nachdem er Gisela um die Rose in ihrem Gürtel gebeten hatte, machte er der Kaisertochter einen Heiratsantrag, den Gisela wider Erwarten spontan annahm. Dann sprang sie auf und küsste Leopold auf die Wange.

Leopold berichtete weiter: »Als die Majestäten eintraten, flog die Erzherzogin ihrer schönen Mutter entgegen, die sie gerührt umarmte, und dann ihrem Papa. Der junge Kronprinz war überrascht … und hatte nichts geahnt.« … und traurig, hätte der Prinz von Bayern hinzufügen müssen.

Auch der Kaiser war mit dem zukünftigen Schwiegersohn einverstanden, war Leopold doch ein begeisterter Militarist und leidenschaftlicher Jäger.

Während es für Kaiserin Elisabeth wahrscheinlich unwesentlich war, ob die beiden jungen Leute einander Sympathie oder gar Liebe entgegenbringen würden, zeigte sich der Kaiser sehr beruhigt, als er erkannte, dass Gisela mit dem von den Eltern ausgesuchten Bräutigam tatsächlich einverstanden war. Als ihr Leopold einen prachtvollen Verlobungsring an den Finger steckte, schenkte ihm Gisela dafür ein Medaillon, das er ein Leben lang bei sich trug.

Dass sich Gisela den Wünschen der Eltern fügte, war für ihre Großmutter Sophie nicht verwunderlich, denn sie äußerte sich mehrmals dahingehend, dass Gisela die

angeborene Vernunft ihres Vaters und dessen Pflichttreue geerbt hatte. Bei ihr fand sich so gar keine Ähnlichkeit zu ihrer unsteten Mutter, deren Schönheit überall gepriesen wurde. Die beiden Töchter Gisela und die
viel jüngere Marie Valerie konnten sich in ihrem Äußeren
keineswegs mit der schönen Mama messen, jeder Vergleich der Damen fiel zugunsten ihrer Mutter aus. Unter-
schiedlicher hätten Mutter und Tochter nicht sein können. Wahrscheinlich war dies der Grund dafür, dass Sisi
die Tochter niemals verstehen konnte oder sich auch nur
die Mühe machte, den Lebenswandel Giselas zu begrei-
fen, die es sich als Lebensziel gesetzt hatte, einerseits eine
gute Mutter zu werden, sich um ihren Ehemann und die
Kinder zu kümmern, und andererseits sich karitativ zu
betätigen. Zwischen Sisi und Gisela klafften Abgründe in
ihrer Beziehung, die darin gipfelten, dass die Kaiserin ein
Schmähgedicht auf ihre Tochter schrieb, in dem sie Gisela
als »rackerdürre Sau« bezeichnete und ihre vier Kinder als
»Ferklein«.

Unmittelbar nach der Verlobung, die im April stattgefunden hatte und bei der die Großeltern generös in
die Geldschatullen gegriffen und der Enkelin eine halbe
Million Gulden geschenkt hatten, traf die junge Braut
ein schwerer Schlag. Die über alles geliebte Großmama
Sophie starb ganz überraschend am 28. Mai 1872, nachdem sie in der kalten Abendluft eingeschlafen war und
sich dadurch eine tödlich verlaufende Verkühlung zugezogen hatte.

Es dauerte ein Jahr, bis die Hochzeitsvorbereitungen
abgeschlossen waren und am 20. April 1873 die Hochzeitsglocken in der Augustinerkirche läuten konnten.
Der »Trousseau«, wie die Mitgift hieß, wurde nach alten
Gepflogenheiten öffentlich ausgestellt und dem staunen-

den Volk gezeigt, eine wahrhaft »kaiserliche« Aussteuer, denn Franz Joseph war seinen Damen gegenüber immer sehr großzügig. Daneben stellten sich viele Gäste mit erlesenen Geschenken ein, von Rudolf bekam die geliebte Schwester ein silbernes Teeservice, das Gisela beinahe täglich benützte. Natürlich lag auch bei den Feierlichkeiten immer wieder ein Vergleich zwischen Mutter und Tochter nahe. So schrieb die Gräfin Festetics: »Sie ist glücklich, wie eben ein Kind ist – ein schönes Brautpaar ist es nicht.«

Das Kaiserpaar hatte beschlossen, dass die jungen Leute die Hochzeitsnacht in Salzburg verbringen sollten, wo man in der Residenz eilends geeignete Räumlichkeiten zurecht gemacht hatte.

Gisela und Leopold blieben eine Woche in der Mozartstadt, bevor sie nach München weiterreisten, wo sie ein unvergesslicher Empfang erwartete. Denn König Ludwig II. bereitete der Tochter seiner geliebten Sisi schon am Bahnhof in München einen überaus herzlichen Willkommensgruß. Er hatte Order gegeben, die Prunkkutsche, die er nach französischem Vorbild hatte anfertigen lassen, vorzufahren, um das frisch vermählte Paar zur Residenz zu bringen. Als die Kalesche hielt, öffnete der König eigenhändig den Wagenschlag und bot Gisela den Arm, um sie zur Tafel zu führen, wo das junge Paar ein festliches Diner erwartete. Aber dies war nur der Beginn von schier nicht enden wollenden Abwechslungen, die sich der bayerische König tagtäglich einfallen ließ. Kahnfahrten wechselten mit Theateraufführungen und Opern ab, wo Gisela ihren Ehrenplatz neben dem König in dessen Loge hatte, und auf den Bällen zu Ehren der Kaisertochter tanzte der König nur mit Gisela. Der prunkliebende Bayernkönig genoss die Anwesenheit des jungen Paares in vollen Zügen, endlich bot sich ihm wieder eine Gelegenheit, der

Welt zu zeigen, wie man in Bayern Feste feierte! Dass er damit die Preußen verärgerte, als er beim Eintritt der Kaisertochter in den Prunksaal der Residenz die Kaiserhymne spielen ließ, nahm er in Kauf.

Auch die neue Familie, die die junge Frau umgab, nahm Gisela mit offenen Armen auf. Vor allem die verwitwete Königin Marie zeigte sich ihr gegenüber ungewöhnlich herzlich, sodass Gisela sich in München bald heimisch fühlte.

Aber Bayern war der jungen Frau ohnedies nicht fremd, hatte sie doch schon als Kind des Öfteren in Possenhofen geweilt, wenn sie ihre bayerischen Großeltern aufsuchte. Und jetzt in München war es ihr zur lieben Gewohnheit geworden, an den Starnberger See zu fahren, um Großmama und alle anderen Familienmitglieder zu besuchen, die sich in Possenhofen aufhielten.

Als Gisela ihr erstes Kind erwartete, zeigte sich Kaiserin Elisabeth zunächst erfreut und beschloss spontan, für das zu erwartende Enkelkind die Babyausstattung selber zusammenstellen zu wollen. Als aber dann die kleine Elisabeth in der Wiege lag, erschien zwar die erst 36-jährige Großmutter in München, verließ aber beinahe fluchtartig die Villa in der Schwabinger Landstraße, um im Hotel Vier Jahreszeiten Quartier zu nehmen. Sie hatte nun einmal nichts übrig für kleine Kinder. Und für ihre Tochter auch nicht. Über diesen Besuch äußerte sie sich später: Mutter und Kind seien so, »daß beide hundert Jahre alt werden würden«.

Die Kaiserin konnte nicht umhin, das Kind aus der Taufe zu heben. Sie ahnte nicht, dass diese Elisabeth einmal durch ihr Verhalten ihr, der Großmutter, sehr ähneln würde. Als sie nämlich auf Anordnung der Eltern einen ungeliebten Mann heiraten sollte, brannte sie kurzerhand

mit dem unebenbürtigen evangelischen Otto Baron Seefried auf Buttenheim nach Italien durch. Gisela, die die
heimliche Abreise ihrer Tochter rasch bemerkte, machte
sich auf den Weg nach Italien, um die Tochter gütlich
heimzuholen. Aber es war längst zu spät, das Paar hatte
sich in Mailand zivilrechtlich trauen lassen. Der Skandal
im Wittelsbacher Haus war groß. Aber seltsamerweise
zeigte ausgerechnet der kaiserliche Großvater Verständnis für seine Lieblingsenkelin. Außerdem bewunderte er
den Mut der beiden jungen Leute, denn immerhin war
der Bräutigam bayerischer Offizier und musste mit einer
Disziplinaranzeige rechnen, da er unerlaubt ins Ausland
gefahren war. Franz Joseph nahm den erzürnten Eltern
den Wind aus den Segeln, indem er einfach die nach-
trägliche Einwilligung zur Heirat gab, die bei der Nicht-
ebenbürtigkeit des Bräutigams notwendig war. So hätten
sich die Wogen allmählich glätten können, wäre nicht
die Unversöhnlichkeit des anderen Großvaters gewesen.
Der Prinzregent war derart empört über das Verhalten der
Enkelin, dass er auch nach Jahren nicht zur Silberhochzeit
seines Sohnes kam, da er erfahren hatte, dass das von ihm
»unerwünschte Paar« Seefried anwesend sein würde.

Gisela wurde noch dreimal mit dem »Familienbuckel« –
so hat sie selbst ihren Schwangerschaftsbauch bezeichnet – gesehen. Sie brachte eine Tochter und zwei Söhne
zur Welt. Auch die zweite Tochter Auguste Marie fand
keine Gnade in Sisis Augen. Sie schrieb über ihre Enkelin
an Rudolf: »Das Kind von Gisela ist von seltener Häss-
lichkeit, aber sehr lebhaft, es schaut Gisela ganz gleich.«
Dass die eigene Mutter und Großmutter so über Tochter und Enkelin schrieb, empörte Rudolf zutiefst. Denn
sein Verhältnis zur geliebten Schwester blieb auch in der
Entfernung bestehen. Wenn er nur irgendwie konnte, fuhr

Rudolf zu seiner Schwester nach München oder traf sie am Starnberger See, wohin der Kronprinz die schönsten Spielsachen für die Nichten und Neffen brachte.

Auch Kaiser Franz Joseph ließ es sich nicht nehmen, seine Tochter in München zu besuchen, wobei er sich rührend um die Enkelkinder kümmerte, mit ihnen spielte und ausritt. Seiner ständigen Begleiterin, der »Freundin« Katharina Schratt, berichtete er Folgendes: »Gestern war um 4 Uhr Diner beim Prinz Regenten in der Residenz, da man dort aber unendlich schlecht ißt, so hatten wir um 12 Uhr im Hause ein sehr gutes Dejeuner als Vorbereitung … Heute Früh muß ich noch mit Elisabeth und Georg in den englischen Garten reiten. Das macht den Kindern Freude und mir ist es gesund.«

Als 1886 die Nachricht in München eintraf, dass man den abgesetzten König Ludwig II. tot im Starnberger See gefunden hatte, war die Betroffenheit im Hause Wittelsbach groß. Vor allem Sisi bezichtigte den Prinzregenten der Mitschuld am Tod des Königs. Sie war in ihrem Schmerz um den schönen »Cousin« so ungerecht, dass sie nie wieder ein Wort mit Luitpold wechselte.

Die Ehe zwischen Gisela und Leopold, die sich anfangs so positiv entwickelt hatte, litt immer mehr unter der unnachgiebigen Strenge, die Leopold seinen Kindern gegenüber zeigte. Die kleinste Unregelmäßigkeit, von Ungehorsam ganz abgesehen, wurde beinahe militärisch streng bestraft, etwas, was in den Augen der Mutter übertrieben schien. Aber Leopold war ein Leben lang durch und durch Militarist, für den die glücklichsten Stunden in seinem Berufsleben erst im Ersten Weltkrieg wirklich angebrochen waren, obwohl er schon am 2. März 1887 zum General der Kavallerie und Kommandierender General des 1. Bayerischen Armeekorps ernannt worden war. Aber in Friedenszeiten waren diese Funktionen oder Titel höchstens eine Auszeichnung für den 41-Jährigen.

Gisela hatte sich im Laufe der Zeit zu einer allseits bewunderten Hausfrau entwickelt, die es verstand, Gäste der Familie, aber auch prominente Besucher der Stadt München zu umsorgen und zu verwöhnen. Daher war es kein Wunder, dass die zahlreiche Verwandtschaft nicht nur in Possenhofen einkehrte, sondern immer auch einen Abstecher in die bayerische Hauptstadt machte.

So gern Gisela auch in München weilte, ab und zu zog es sie doch nach Wien, wo ihre jüngere Schwester Marie Valerie auf sie wartete. Obwohl die beiden Mädchen grundverschieden waren, hatte sich doch zwischen ihnen im Laufe der Jahre eine innige Beziehung entwickelt. Valerie, für Sisi »die Einzige«, bewunderte die Ausgeglichenheit der Schwester, ihr Organisationstalent, ihre Gelassenheit in vielen Dingen, aber auch ihre Liebenswürdigkeit. So oft es möglich war, verbrachte Valerie Tage und Wochen in München, was ihre eifersüchtige Mutter Sisi bei Gott nicht verstehen konnte. Für sie war ihre Tochter Gisela einfach nur eine fade Person.

Da Prinz Leopold von seinem Vater als dessen Stellvertreter des Öfteren ins Ausland geschickt wurde, konnte es sich Gisela so einrichten, dass sie den Gemahl begleitete. In Berlin bereitete Kaiser Wilhelm II. dem Wittelsbacher Paar einen überaus herzlichen Empfang, in Rom gewährte ihm der Papst eine Audienz und in Ungarn, Bulgarien, in Algier und auf Sizilien erwies man ihm den größten Respekt. Als Gisela und Leopold auf Korfu weilten und bewundernd vor dem Achilleon standen, erfuhren sie zu ihrer großen Überraschung, dass die Kaiserin die Absicht hatte, ausgerechnet Gisela diesen Nachbau eines griechischen Tempels zu schenken. Da Gisela nicht wusste, was sie mit dem seltsamen Geschenk anfangen sollte, verkaufte sie es schließlich an den deutschen Kaiser Wilhelm.

Als das Grauen des Ersten Weltkrieges auch über Bayern hereinbrach und die Verwundeten nach München gebracht wurden, richtete Gisela in ihrem Palais eine Art Erholungsheim für verwundete Offiziere ein. Sie selber kümmerte sich rührend um die allmählich Genesenden, sodass ihr bald schon der Ruf vorauseilte, der »gute Engel aus Wien« zu sein. Auch andere adelige Damen folgten dem Beispiel der Wittelsbacher Prinzessin, so auch die Königin Marie Therese, die in der Residenz eine Kriegsnähstube einrichtete, wo freiwillige Helferinnen bemüht waren, zerrissene Uniformen wieder fronttauglich zu machen.

So seltsam es klingen mag, aber durch den Ausbruch des schrecklichen Krieges hatte Giselas Gemahl endlich sein Lebensziel erreicht. Denn der deutsche Kaiser ernannte ihn im April des Jahres 1915 zum Oberbefehlshaber der 9. Armee, die im Osten kämpfte. Als Eroberer von Warschau imponierte er Kaiser Wilhelm derart, dass ihn dieser zum Generalfeldmarschall machte. In jener Position trat er die Nachfolge von Generalfeldmarschall von Hindenburg im Osten an, eine Karriere, die sich der Wittelsbacher Prinz nicht in seinen kühnsten Träumen erwartet hatte.

Auch die Söhne Giselas Georg und Konrad waren zu den Waffen gerufen worden. Obwohl die Mutter nach Kriegsende lange nichts von ihnen gehört hatte, kehrten sie wohlbehalten nach München zurück, allerdings als gewöhnliche Bürger, denn das Königtum gehörte schon seit einiger Zeit der Vergangenheit an.

Gisela erlebte die wirren, gefährlichen Novembertage des Jahres 1918, als niemand wusste, wie es weitergehen sollte, zurückgezogen in ihrem Palais. Die Situation war sehr gefährlich für die Angehörigen der verschiedenen Adelshäuser, aber vielleicht erinnerten sich auch so manche Revolutionäre an die guten Taten, für die Gisela, die ehemalige Erzherzogin aus Österreich, immer wieder gepriesen worden war. Furchtlos, wie sie war, hatte sie sich auch nicht überreden lassen, zu fliehen. Lieber blieb sie in ihrer gewohnten Umgebung, ohne sich freilich auf die Straße zu wagen. Im Januar 1919 kam sie einer Aufforderung der neuen Regierung nach: Sie durfte als Frau erstmals in der Geschichte Bayerns zu den Wahlurnen schreiten. Über dieses Ereignis berichtete sie Leopold: »Mein lieber Kleiner! Heute musste ich meiner Bürgerpflicht genügen u. wählen, es verlief alles sehr gut und ruhig. Um nicht aufzufallen ging ich möglichst einfach dunkel gekleidet hinüber, Giselahof in der Giselastrasse, obwohl wir sehr früh daran waren, mussten wir ziemlich lange warten … Ich sah viele bekannte höhere Offiziere, natürlich in Zivil, mit ihren Damen, überhaupt solides Publikum. Als Wahlkammer diente ein ausrangiertes Kasperltheater … Deine getreue Hausschneck.«

Als ihr Gemahl Leopold nach München heimkehrte, musste er zusagen, sämtliche politische Aktionen zu unterlassen. Im neuen Staat gab es keine Standesunterschiede mehr, nur Gleiche unter Gleichen. Daher stand der Familie auch kein besonderes Fahrzeug mehr zur Verfügung, als man beschloss, die Königsfamilie in Wildenwart zu besuchen. Wie alle anderen aus dem Volk mussten sie in der Eisenbahn mit der zweiten oder dritten Klasse Vorlieb nehmen.

Hatte man zu Beginn der Revolution in München noch einen gewissen Respekt gegenüber der prinzlichen Familie gezeigt, so wurde dieser im Laufe der Monate immer geringer. Polizeibeamte überwachten jeden Schritt der Familienmitglieder, jeder Ausgang wurde argwöhnisch beobachtet, sodass sich Gisela und ihr Gemahl entschlossen, außer Landes zu gehen. Vielleicht würde man in Österreich bessere Verhältnisse vorfinden. Der Plan war gut, aber die Durchführung stieß auf nicht geringe Schwierigkeiten. Denn auch an den Grenzen hatte man Wachposten aufgestellt, die verhindern sollten, dass bestimmte Persönlichkeiten das Land verließen. Man befürchtete, dass sie große Geldsummen oder wertvollen Schmuck aus Bayern wegbringen könnten.

Die Prinzessin und ihr Gemahl fuhren zunächst relativ unbehelligt nach Ettal, wo ein geplatzter Reifen die Weiterfahrt über die Tiroler Grenze vorübergehend unmöglich machte. Als man die Fahrt endlich fortsetzen konnte, brach ein Rad am Auto ausgerechnet bei der Grenzkontrolle. Und da die Grenzbeamten schon von Angehörigen der Revolutionäre über die Identität der Autoinsassen benachrichtigt waren, wurde die Situation für Gisela und ihren Gemahl äußerst gefährlich. Wie durch ein Wunder gelang es, die Beamten zu überreden, sie weiterfahren zu lassen.

Nachdem die Kaisertochter mit Prinz Leopold zunächst für drei Monate in Tirol Quartier genommen hatte, setzten sie die Reise nach Ischl fort, in der Hoffnung, hier in Erinnerung an alte Zeiten auf freundliche Menschen zu stoßen. Immerhin hatte Gisela als Kind in der Kaiservilla schöne Tage verlebt.

Aber zu ihrer großen Überraschung schien sich niemand mehr an die Kaiserfamilie erinnern zu wollen, und Gisela merkte bald, dass sie auch hier unerwünscht war. Die Bevölkerung von Ischl zeigte ganz deutlich, dass es besser für die Kaisertochter wäre, möglichst schnell wieder abzureisen. Als sie sich zunächst nicht dazu entschließen konnte, ging man daran, die ungebetenen Gäste ganz einfach auszuhungern. Nach Anordnung von höherer Stelle wurde es den Ischler Bürgern verboten, die einstigen »Kaiserlichen« mit Nahrungsmitteln zu unterstützen. Es blieb nichts anderes übrig, als wieder nach München zurückzukehren.

Die letzten Jahre verbrachte die einstige Erzherzogin von Österreich und Prinzessin von Bayern in der Stadt an der Isar, wo sie im Jahre 1923 die »goldene Hochzeit« mit ihrem Leopold feiern konnte. Es war das letzte große Familienfest, denn zwei Jahre vor ihr schloss Leopold am 29. September 1930 die Augen für immer. Im Tode wurde ihm noch die Ehre zuteil, dass der Reichspräsident von Hindenburg an seiner Beisetzung in München teilnahm. Gisela folgte ihm nach einem Schlaganfall, von dem sie sich nicht mehr erholte, am 27. Juli 1932 in die Gruft der Kirche St. Michael.

Der letzte bayerische König
Ludwig III.

Ludwig, der Sohn des Prinzregenten Luitpold, war ein alter Mann, als man sich entschloss, ihn auf den Thron zu erheben. Denn noch immer lebte König Otto, der irrsinnige Bruder Ludwigs II.

Nach der gewaltsamen Absetzung des Märchenkönigs, der Bayern in den Ruin getrieben hatte, benötigte Bayern dringend wenigstens einen Regenten, damit das Land nicht völlig aus den Fugen geriet. Ludwigs und Ottos Onkel Luitpold übernahm die Herrschaft über einen zerrütteten Staat. Es war keine leichte Aufgabe für den in die Jahre gekommen Sohn von König Ludwig I., das Land wieder halbwegs auf die Beine zu stellen. Als aufrechter Mensch und bayerischer Patriot erfüllte er alle in ihn gesetzten Hoffnungen, sodass sein Sohn und Nachfolger nach seinem Tod im Jahre 1912 ein geordnetes Staatswesen übernehmen konnte, in dem er zunächst auch nur Prinzregent war. Nun aber, am Vorabend des Ersten Weltkrieges, war die Stunde gekommen: Sowohl der bayerische Ministerpräsident Georg von Hertling als auch dessen Justizminister beantragten eine Verfassungsänderung, wodurch Ludwig, mit seinen 67 Jahren, in den ersten Novembertagen 1913 zum König ausgerufen wurde. Endlich saß wieder ein regierungsfähiger König auf dem Thron, sodass in Bayern großer Jubel hätte ausbrechen können. Doch plötzlich erinnerte man sich an den armen, kranken Otto, der für sein trauriges Schicksal nichts konnte und dessen Krone Ludwig geraubt hatte.

Natürlich hätte sich im Jahre 1845, als Ludwig in München geboren wurde, niemand vorstellen können, dass ausgerechnet er der letzte bayerische König werden sollte. Daher wurde er auch nicht zum Herrscher erzogen, konnte an der Universität Philosophie, Wirtschaft und die Rechte studieren und sich aufgrund seiner umfassenden Bildung in den nächsten Jahren eine Existenz schaffen. Seine große Leidenschaft galt der Landwirtschaft, vor allem der Viehzucht. Er betreute seine Tiere selber und es kam oft vor, dass er noch in der Dunkelheit in die Ställe ging, um nach dem Rechten zu sehen.

Schon bald war überall in Bayern bekannt, dass der Sohn des Prinzregenten auf den Viehmessen zu finden war, wo er sich gern unter die Bauern mischte, mit denen er sich von du zu du unterhielt. Niemand sollte wissen, wer er war.

Und so sollte es auch bleiben, auch als Ludwig schon König von Bayern war. Auf seinen Mustergütern setzte er die neuen Methoden in der Landwirtschaft um, die er eifrig studierte, denn für ihn war es wichtig, dass Bayern als Agrarland wirtschaftlich stark war. Um die Verbindung in die anderen Teile des Deutschen Reiches sicherzustellen, gründete Ludwig schon lange, bevor er den Thron bestieg, den Bayerischen Kanalverein, der eine Verbindung auf dem Flussweg zwischen Rhein und Donau vorantreiben sollte.

Durch seine Ehefrau, die Habsburger Prinzessin Marie Therese, die er 1868 in Wien geheiratet hatte, kamen ansehnliche Güter in Ungarn, Mähren, aber vor allem auch Schloss Wildenwart im Chiemgau in seinen Besitz. Das Ehepaar führte trotz der Besitztümer ein eher bescheidenes Leben. Und da Ludwigs Gemahlin eine begeisterte Bergsteigerin war, die die Natur, vor allem aber die Pflanzenwelt über alles liebte, hielt man sich oft und gerne am Chiemsee auf, wenn es die Zeit erlaubte.

Ludwig führte mit Marie Therese eine ausgesprochen glückliche Ehe, der 13 Kinder entsprossen, neun Töchter und vier Söhne, die alle zur Religiosität und Bescheidenheit erzogen wurden. In vielerlei Hinsicht gingen die Eltern mit gutem Beispiel voran, besonders für den ältesten Sohn Rupprecht, den man als Nachfolger des Vaters auf dem Thron ansah.

Aber alles sollte ganz anders kommen. Das Königreich Bayern musste, als Teil des Deutschen Reiches, im Sommer 1914 in den Krieg eintreten. 900 000 bayerische Soldaten standen unter Waffen und wurden an die Kriegsschauplätze in Europa geschickt. Ein endlos scheinender Krieg forderte allein von den Bayern 200 000 sinnlose Tote. Obwohl Ludwig III., der im Krieg von 1866 bei Helmstadt schwer verwundet worden war, sicherlich nicht ein Befürworter dieses Weltenbrandes war, forderte er dennoch vom deutschen Kaiser im Falle eines Sieges Gebiete für Bayern wie Elsass-Lothringen oder gar Teile der Niederlande und Belgiens. »Man kann mit ihm nicht reden, er lässt keinen zu Wort kommen«, so schilderte der bayerische König die Gespräche am Berliner Hof.

Die Euphorie, die bei der Kriegserklärung des österreichischen Kaisers an Serbien ausgebrochen war, schwappte auch auf Bayern über. Man zog in einen Krieg, an dem man keinerlei Schuld trug, von dem man sich aber viel erwartete. Was genau, das wusste wahrscheinlich niemand so recht.

Es waren bange Jahre, die König Ludwig III. durchstehen musste. Die Schlösser wurden zu Lazaretten umgebaut, wo die Verwundeten auch von der Königin, die beim Bayerischen Roten Kreuz tätig war, gepflegt wurden. Auch Gisela, die Tochter von Kaiserin Elisabeth, die mit 16 Jahren den Wittelsbacher Prinzen Leopold geheiratet hatte und in München lebte, war beinahe Tag und Nacht als Pflegerin in den Lazaretten tätig.

Die Lage der Bevölkerung wurde von Jahr zu Jahr schlechter, da Bayern von Berlin aus gezwungen wurde, immer mehr landwirtschaftliche Güter für Kriegszwecke zur Verfügung zu stellen. So sehr sich der König auch bemühte, die Nahrungsmittel im Land zu lassen, er stand auf verlorenem Posten. Dazu kam, dass beinahe nur noch Frauen die Äcker bewirtschaften mussten. Die englische Hungerblockade gab dem Land den Rest. Es kam landauf landab zu Hungerrevolten, Sozialistenführer heizten den Zorn der Bevölkerung an, sodass es an allen Ecken und Enden zu planlosen Schießereien kam. Aber was tat der König? Eigentlich nichts in seiner Machtlosigkeit. Niemand informierte ihn über die tatsächliche Lage, er selber hatte schon längst den Überblick verloren. Alle waren sich darin einig: Man wollte Brot, endlich Frieden und eine gewisse Sicherheit – mit oder ohne König. Wenn Ludwig III. nicht in der Lage war, den Wunsch der Bevölkerung umzusetzen, so musste er gehen. Als der alte Ludwig III. an einem schönen Herbsttag des Jahres 1918 einen Spaziergang durch den Englischen Garten unternahm, ohne irgendeine Furcht vor Ausschreitungen, kam ein Arbeiter aufgeregt auf ihn zu und rief schon von Weitem: »Majestät, gengan'S hoam und bleibn'S in der Residenz, sonst passiert Ihner was …«

Was niemand vermutet hätte, trat ein: König Ludwig zog sich nicht in die Münchner Residenz zurück, sondern entschloss sich am 7. November Hals über Kopf zur

*Der letzte bayerische König Ludwig III. (1845–1921) und
seine Gemahlin, Marie Therese von Österreich-Este (1849–1919)*

Flucht, für die nichts vorbereitet war. Die Kammerfrau der Königin suchte in aller Eile ein paar Medikamente und die notwendigsten Toilettenartikel zusammen, daneben nahm sie aus den diversen Schatullen alles Geld, das sie finden konnte. Als sie von einem Zimmer zum anderen lief, begegnete sie dem König, der lediglich eine Zigarrenschachtel unter dem Arm trug und ihr noch rasch ein paar Briefe und Dokumente aushändigte.

Als die hohen Herrschaften das Auto besteigen wollten, das in der Garage stand, stellte sich heraus, dass die Reifen undicht waren. Außerdem bekannte sich der Chauffeur des Königs als Revolutionär und war daher in keiner Weise als Fahrer für die Flucht vertrauenswürdig. Nachdem sich ein königstreuer Fahrer gefunden hatte, fuhr das Auto mitten in der Nacht ohne Licht los, sodass sich der Chauffeur im dichten Novembernebel mehrmals verirrte. Schließlich kam das Auto in Westendorf vom Weg ab und rutschte in den Straßengraben. Nach langem Hin und Her erklärte sich schließlich ein gutmütiger Mensch bereit, das Auto mit Pferden aus dem Graben zu ziehen, sodass die Irrfahrt zumindest bis Rosenheim weitergehen konnte, wo der Fahrer Karbidlampen kaufte, die vorne auf das Auto montiert wurden. So war es möglich, wenigstens ungefähr die Straße erahnen zu können. Um halb fünf Uhr morgens trafen der König und die Königin endlich auf Schloss Wildenwart ein. Von den Töchtern allerdings, die sich ebenfalls mit einem Auto auf dem Weg nach Wildenwart befanden, fehlte jede Spur.

Es war für den König tatsächlich fünf Minuten vor zwölf, als er München verließ. Von den Türmen der Frauenkirche wehte weithin sichtbar die rote Fahne der Revolution. Die erste Proklamation der konstituierenden Sitzung der Arbeiter-, Bauern- und Soldatenräte endete mit dem Aufruf: »Nieder mit der Dynastie!« Gleichzeitig wurde das Haus Wittelsbach für abgesetzt und der Freistaat Bayern zur demokratischen und sozialen Republik erklärt.

Nachdem die Kunde von den Vorgängen in München auch bis nach Schloss Wildenwart durchgedrungen war, erkannte Ludwig III., dass er auch hier seines Lebens nicht mehr sicher sein konnte, vor allem, da einzelne Orte sich nicht bereit erklärten, den König und seine Familie aufnehmen zu wollen. Man hatte genug von der Monarchie, der man allerorts eine Mitschuld am Blutvergießen des fürchterlichen Krieges gab. Jetzt erhoffte sich das Volk Brot und Frieden von den neuen Machthabern.

Bei Nacht und dichtem Nebel setzte der König seine Flucht fort, die zunächst am Hintersee im Berchtesgadener Land in einem kleinen Jagdhaus endete, nachdem man sich in Traunstein geweigert hatte, den König und seine Familie aufzunehmen. Die herbeigeeilten Königstreuen rieben sich verwundert die Augen, als sie den bisherigen bayerischen Monarchen im schwarzen Gehrock vor sich sahen, aber weder mit Binde noch mit Kragen. Ludwig war in der Aufregung, in der er sich seit Tagen befand, nicht mehr in der Lage gewesen, seine Garderobe korrekt zu vervollständigen. Es muss für den eiligst herbeigeholten Bezirksamtmann eine seltsame Situation gewesen sein, als ihn der König von Bayern um einen Kragen und ein Kragenknöpfchen bat, damit er sich zumindest halbwegs komplett kleiden konnte. Außerdem benötigte der König Schwamm und Seife, eine Zahnbürste sowie einige Hemden und vor allem ein Nachthemd. Denn der bayerische Herrscher besaß rein gar nichts außer dem, was er am Leibe trug.

Aber auch am Hintersee konnte sich Ludwig III. nicht in Sicherheit wiegen, auch hier musste er fürchten, von den Revolutionären aufgespürt und mit Gewalt zum Thronverzicht gezwungen zu werden. Er beschloss deshalb, das Jagdhaus zu verlassen und über die Grenze nach Salzburg zu fliehen, was auch mit gewissen Schwierigkeiten verbunden war. Denn er war immer noch König von Bayern und als solcher konnte er nicht einfach die Grenze zum habsburgischen Gebiet überschreiten ohne vorherige Ankündigung. Daher tarnte man seine Flucht als Tagesausflug, sodass die österreichischen Behörden keine Schwierigkeiten machten. Als dann offiziell bekannt wurde, dass der König von Bayern sich in Anif aufhielt, erging am Montag, den 11. November, eine telegrafische Weisung des damaligen noch amtierenden Innenministers Edmund Ritter von Gayer an den Salzburger Landespräsidenten Felix von Schmitt-Gasteiger, dass ab sofort das drei Hektar große Gebiet um den Weiher und um Schloss Anif für exterritorial erklärt wurde, sodass dieses Areal vorübergehend nicht der österreichischen, sondern der bayerischen Polizeigewalt unterstellt sein sollte. Auch das ist ein Kuriosum in der Geschichte.

Nachdem Ludwig glücklich bei Markt Schellenberg die Grenze überschritten hatte, atmete er erleicht auf, denn er wollte beim Grafen Moy, der sich oft in München aufgehalten hatte, Quartier nehmen. Dies war aber leichter gesagt als getan. Denn als der König in Schloss Anif ankam, war der Schlossherr Graf Ernst von Moy nicht anwesend. Als der Kastellan den wenig königlich aussehenden Monarchen erblickte, der sich noch dazu, weil er anonym bleiben wollte, lediglich als Freund des Grafen ausgab, meinte der Wächter des Hauses: »Des kann jeda sagn.« König Ludwig versuchte daraufhin einen anderen Trick und brachte als Argument vor, dass seine Frau krank wäre. Worauf er die patzige Antwort erhielt: »Wenn die Frau krank ist, soll sie ins Spital gehen!«

Wie der König und seine Gemahlin die Zeit überbrückten, die es dauerte, bis der Kastellan Anweisungen durch Baron von Lindemann erhielt, den beiden Fremden Einlass zu gewähren, ist nicht bekannt. Erst nachdem sich alles aufgeklärt hatte, konnte Ludwig sich endlich für die nächsten drei Tage in Sicherheit wähnen. Bereitwillig bot ihm Graf Moy in seinem Schloss, das seinerzeit den Bischöfen vom Chiemsee gehört hatte, Gastfreundschaft an.

In München überschlugen sich in dieser Zeit die Ereignisse. Kronprinz Rupprecht, der in diesen brisanten Tagen in Belgien weilte, forderte freie Wahlen, die entscheiden sollten, ob die Wittelsbacher weiterhin in Bayern regieren sollten oder nicht. Natürlich fanden seine Vorschläge bei den politisch Agierenden keinen Widerhall. Man war sich darin einig, dass der König weg musste und wenn es nicht anders ging, auch mit Waffengewalt. Da die Revolutionäre Ludwig III. aber nichts Schuldhaftes vorwerfen konnten, das seinen Tod gerechtfertigt hätte, entschloss man sich zu einer gütlichen Regelung der Verhältnisse. Nachdem man den Aufenthalt des Königs erfahren hatte, schickte man den letzten Ministerpräsidenten Otto von Dandl nach Anif mit einer Verzichtserklärung, die der König unterzeichnen sollte.

Natürlich war König Ludwig darauf gefasst, dass er auf den Thron verzichten sollte, aber er lehnte es ab, das Papier, das ihm Otto von Dandl vorlegte, zu unterschreiben, obwohl sein früherer Ministerpräsident sich stundenlang bemüht hatte, Ludwig zur Unterschrift zu bewegen. Erst als der Text des Dokumentes von Graf Holnstein umformuliert worden war, unterzeichnete der Wittelsbacher König folgende Zeilen:

» Zeit meines Lebens habe ich mit dem Volk und für das Volk gearbeitet. Die Sorge für das Wohl meines geliebten Bayern war stets mein höchstes Streben. Nachdem ich infolge der Ereignisse der letzten Tage nicht mehr in der Lage bin, die Regierung weiterzuführen, stelle ich allen Beamten, Offizieren und Soldaten die Weiterarbeit unter den gegebenen Verhältnissen frei und entbinde sie des mir geleisteten Treueides. Anif den 13. November 1918. Ludwig.«

Als Privatmann kehrte Ludwig nicht an den Hintersee zurück, sondern verbrachte einige Tage in St. Bartholomä am Königsee, bis er sich mit seiner Familie wieder nach Schloss Wildenwart begab. Dort starb am 3. Februar 1919 die schon lange kränkelnde Königin, ein Schlag, den Ludwig kaum überwinden konnte. Dazu kam, dass die Radikalisierung in München noch lange nicht beendet war, sodass sich die ehemalige Königsfamilie in Bayern immer noch nicht sicher fühlen konnte. Noch einmal musste sie fliehen: Von Kufstein ging es ins Ötztal, dann nach Liechtenstein, nach Locarno. Und da die Familie Besitzungen in Ungarn hatte, führte Ludwigs Weg schließlich in dieses Land, wo er am 18. Oktober 1921 an Magenkrebs starb.

Die Überführung der Leiche bereitete ernsthafte Schwierigkeiten, denn die Behörden der neuen österreichischen Republik befürchteten eine Sympathiekundgebung für die zu Grabe getragene Monarchie. Die Zöllner verlangten die Leiche zu sehen, um sich zu überzeugen, ob wirklich ein Toter im Sarg lag. Nach diesem entwürdigenden makabren Schauspiel konnte der letzte bayerische König endlich in sein geliebtes München zurückkehren – es war wieder ein nebeliger Novembertag. Längst hatte man dort vergessen, dass man diesen volksnahen König eigentlich nicht gewollt hatte. Tausende strömten herbei, um an seiner feierlichen Beisetzung teilzunehmen. Unter Trommelwirbel und dem Klang aller Glocken Münchens wurde der letzte König von Bayern zusammen mit seiner 1919 verstorbenen Gemahlin in der Theatinerkirche beigesetzt.

Die Wittelsbacher waren von der Bühne der Weltgeschichte abgetreten.

Erklärungen zum Wittelsbacher Stammbaum

Die Wittelsbacher regierten von 1180 bis 1918 in Bayern.

Im Laufe der Jahrhunderte wurde das Land immer wieder aufgrund von Erbverträgen verändert. Es kristallisierten sich verschiedene Linien heraus, die selbst in der internationalen Politik eine große Rolle spielten.

Schon unter der gemeinsamen Regierung von Ludwig II., dem Strengen, und Heinrich XIII. war die Pfalzgrafschaft bei Rhein ebenfalls unter der Herrschaft der Wittelsbacher. Dies sollte über Jahrhunderte so bleiben, sodass die pfälzischen Wittelsbacher schließlich sogar die bayerischen Könige stellten, nachdem die bayerischen 1777 ausgestorben sind.

1255 wurde das bayerische Gebiet in Ober- und Niederbayern geteilt.

Im Landsberger Vertrag 1349 wurde das Land, das auch Teile außerhalb Bayerns umfasste, in
Oberbayern (mit Brandenburg und Tirol)
Bayern-Landshut und
Straubing-Holland (mit Holland, Seeland und Hennegau) geteilt.

Eine neuerliche Teilung erfolgte unter den Söhnen von Stephan II. 1392 in:
Bayern-Ingolstadt
Bayern-Landshut und
Bayern-München.

Albrecht IV., der Weise, vereinigte Bayern wieder 1506. Er erließ ein Primogeniturgesetz, das die Teilungen verhindern sollte.

Mit Kurfürst Maximilian III. Joseph starb am 30. Dezember 1777 die bayerische Linie der Wittelsbacher aus.

Man griff auf die pfälzisch-neuburgische Linie des Hauses Wittelsbach zurück und wählte Karl II. Theodor, den Kurfürsten der Pfalz, zum Herrscher in Bayern. Er starb kinderlos.

Sein Nachfolger als Kurfürst in Bayern war Maximilian IV. Joseph aus dem Wittelsbacher Haus Pfalz-Zweibrücken (ab 1806 als Maximilian I. Joseph König von Bayern).

Stammbaum der Wittelsbacher

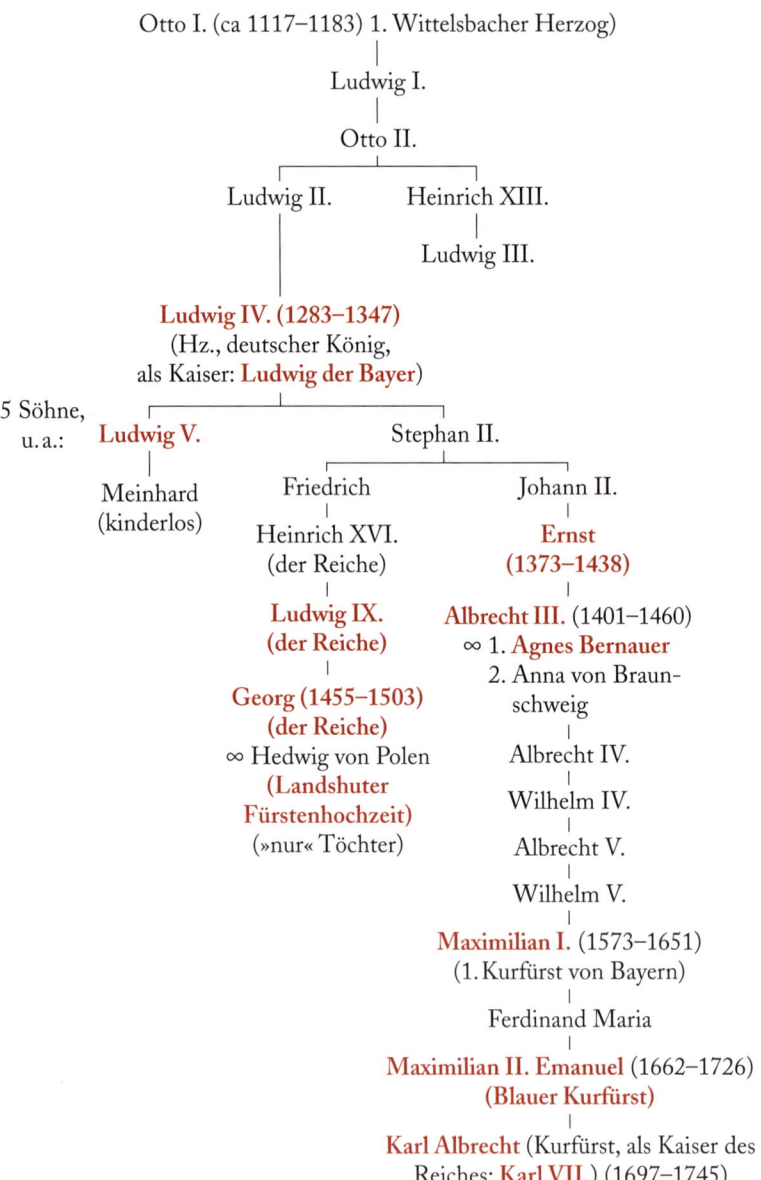

Otto I. (ca 1117–1183) 1. Wittelsbacher Herzog)

Ludwig I.

Otto II.

Ludwig II. Heinrich XIII.

Ludwig III.

Ludwig IV. (1283–1347)
(Hz., deutscher König,
als Kaiser: **Ludwig der Bayer**)

5 Söhne,
u. a.: **Ludwig V.** Stephan II.

Meinhard Friedrich Johann II.
(kinderlos)
Heinrich XVI. **Ernst**
(der Reiche) **(1373–1438)**

Ludwig IX. Albrecht III. (1401–1460)
(der Reiche) ∞ 1. **Agnes Bernauer**
2. Anna von Braun-
Georg (1455–1503) schweig
(der Reiche)
∞ Hedwig von Polen Albrecht IV.
(Landshuter
Fürstenhochzeit) Wilhelm IV.
(»nur« Töchter)
Albrecht V.

Wilhelm V.

Maximilian I. (1573–1651)
(1. Kurfürst von Bayern)

Ferdinand Maria

Maximilian II. Emanuel (1662–1726)
(Blauer Kurfürst)

Karl Albrecht (Kurfürst, als Kaiser des
Reiches: **Karl VII.**) (1697–1745)

DIE WITTELSBACHER KÖNIGE IN BAYERN

Maximilian I. Joseph (1756–1825)
∞ 1. Auguste Wilhelmine von Hessen/Darmstadt
2. Karoline Friederike Wilhelmine von Baden

Aus zwei Ehen
12 Kinder, u. a.:

Ludwig I.	**Charlotte (Karoline)**	**Sophie**	**Ludovika**
(1786–1854)	(1792–1873)	(1805–1872)	(1808–1892)
∞ Therese von	∞ 1. Kg. Wilhelm	∞ Erzherzog	∞ Max. in Bayern
Sachsen-Hild-	von Württemberg	Franz Karl	
burghausen	2. Kaiser Franz I.		Ludwig
	aus dieser Ehe:	Franz Joseph	Wilhelm
		Ferdinand Maxi-	Helene
		milian	Elisabeth
9 Kinder	keine Kinder	Karl Ludwig	Carl Theodor
		Anna Maria	Marie
		Ludwig Viktor	Mathilde
			Sophie
			Max Emanuel

König Ludwig I. (1786–1854)
∞ Therese von Sachsen–Hildburghausen

9 Kinder, u. a.:

Maximilian II.	**Otto** (König von	**Luitpold** (Prinzregent)
(König von Bayern)	Griechenland)	1821–1912
1811–1864	1815–1867	∞ Auguste von
∞ **Marie von Preußen**	∞ Amalie von Oldenburg	Toskana
	keine Kinder	

König Ludwig II.	**König Otto I.**	**König Ludwig III.**
1845–1886	1848–1913	1845–1921
keine Kinder	keine Kinder	ab 1913 König–1918
abgesetzt	ab 1886 König	∞ Marie-Therese
		von Österreich-Este
		Kronprinz Rupprecht
		+ weitere 10 Kinder

271

Familie von **Ludovika und Herzog Max in Bayern:**

9 Kinder

Ludwig
1831–1891
∞ Henriette Mendel
(von Wallersee)

Wilhelm
nach der Geburt gestorben 1832

Helene
1834–1890
∞ Erbprinz Maximilian
Anton von Thurn und Taxis

Elisabeth
1837–1898
∞ Kaiser Franz Joseph
4 Kinder: Sophie, Gisela,
Rudolf, Marie Valerie

Karl Theodor
1839–1910
∞ 1. Sophie von Sachsen
2. Marie Jose Infantin von Spanien

Marie
1841–1925
∞ Franz II., König von Neapel

Mathilde
1843–1925
∞ Graf Ludwig von Trani

Sophie
1847–1897
∞ Herzog von Alençon

Max Emanuel
1849–1893
∞ Amalie von Coburg

Personenverzeichnis

Ausgewählte Literatur

Ausstellungskatalog: Bayerische Könige, Bad Reichenhall 1997

Ausstellungskatalog: König Ludwig II., Rosenheim 1996

Bankl, Hans: Die kranken Habsburger, Wien 1998

Bankl, Hans: Woran sie wirklich starben, Wien/München/Bern 1989

Baumstark, Reinhold (Hg): Wittelsbach. Kurfürsten im Reich – Könige von Bayern, München 1993

Beckenbauer, Alfons: Ludwig III. von Bayern, Regensburg 1987

Bestenreiner, Erika: Sisi und ihre Geschwister, München 2002

Bismarck, Otto von: Gedanken und Erinnerungen, München o.J.

Böhm, Gottfried: Ludwig II., König von Bayern, Berlin 1924

Bosl, Karl (Hg): Bosls Bayerische Biographien, Regensburg 1983

Bosl, Karl: Bayerische Geschichte, Pfaffenhofen 1990

Bräutigam, Walter/Christian, Paul: Psychosomatische Medizin, o.O., o.J.

Dallmeier, Martin u.a.: Der glänzende deutsche Hof. 250 Jahre Thurn und Taxis in Regensburg, Regensburg 1998

Dallmeier, Martin/Schad, Martha: Das fürstliche Haus Thurn und Taxis, Regensburg 1996

Dickinger, Christian: Die schwarzen Schafe der Wittelsbacher, Wien 2003

Dreyer, Alois: Herzog Maximilian in Bayern, München 1909

Dünninger, Eberhard: Agnes Bernauer in der Literatur. In: Zwischen den Wissenschaften, Regensburg 1994

Flesch-Brunningen, Hans: Die letzten Habsburger in Augenzeugenberichten, Düsseldorf 1967

Freytag, Rudolf: Die Kunst im fürstlichen Haus Thurn und Taxis, in: »Bayerland« 1926

Gebhard, Heinz: König Ludwig II. und seine verbrannte Braut. Unveröffentliche Liebesbriefe Prinzessin Sophies an Edgar Hanfstaengl, o.O.,o.J.

Glaser, Hubert: Das Ende der Monarchie in Bayern, Unkorr. Manuskript, Anif/Salzburg 1993

Goldner, Johann: Bayerische Herzöge, München o.J.

Görlitz, Walter: Franz Joseph und Elisabeth. Die Tragik einer Fürstenehe, Stuttgart 1938

Grein, Edir (Hg): Tagebuchaufzeichnungen von Ludwig II., König von Bayern, Schaan/Liechtenstein 1925

Größing, Sigrid-Maria: Kaiserin Elisabeth und ihre Männer, Wien 1998

Größing, Sigrid-Maria: Kronprinz Rudolf, Freigeist – Herzensbrecher – Psychopath, Wien 2000

Größing, Sigrid-Maria: Mord im Hause Habsburg, Wien 2001

Größing, Sigrid-Maria: Sisi und ihre Familie, Wien 2005

Größing, Sigrid-Maria: Sisi, eine moderne Frau, Wien

Größing, Sigrid-Maria: Zwei Bräute für einen Kaiser, Regensburg 1999

Grunwald, Konstantin von: Ludwig II. Die dramatische Geschichte eines Märchenkönigs, Genf/Paris 1986

Hamann, Brigitte: Elisabeth. Kaiserin wider Willen, Wien/München 1982

Hamann, Brigitte: Kaiserin Elisabeth. Das poetische Tagebuch, Wien 1984

Hamann, Brigitte: Majestät, ich warne Sie. Geheime und private Schriften, Wien 1979

Hantsch, Hugo: Die Geschichte Österreichs, 1618–1916, Graz 1937

Haslip Joan: Elisabeth von Österreich, München 1966

Herre, Franz: Ludwig II., München 1986

Holler, Gerd: Sophie, die heimliche Kaiserin, München/Wien 1993

Hubensteiner, Benno: Bayerische Geschichte, München o.J.

Huber, Alfons: Agnes Bernauer im Spiegel der Quellen, Straubing 1999

Kobell, Luise von: Unter den vier ersten Königen Bayerns, München 1894

Kuhn, Annette/Rüsen, Jörn (Hg.): Frauen in der Geschichte, Düsseldorf 1982

Kühn, Richard (Hg.): Hofdamen-Briefe um Habsburg und Wittelsbach (1835–1865) Berlin 1942

Lehrmann, Hilde: Die Braut des Märchenkönigs. Sophie von Wittelsbach, München 1997

Mann, Golo: Ludwig I. von Bayern, Frankfurt/M. 2000

Mathray Maria, Krüger Answald: Das Attentat. Der Tod der Kaiserin Elisabeth in Genf, Frankfurt/M., Berlin 1991

Mc Guigan, Dorothy: Familie Habsburg, Wien 1967

Mehlet, J.B.: Das fürstliche Haus Thurn und Taxis in Regensburg, Regensburg o.J.

Nostitz-Rieneck, G.: Briefe Kaiser Franz Josephs an Kaiserin Elisabeth, Wien 1966

Petacco, Arrigo: Die Heldin von Gaeta, Graz/Wien/Köln 1994

Piendl, Max: Thurn und Taxis, 1517–1867, Regensburg 1967

Praschl-Pichler, Gabriele: Elisabeth – Mythos und Wahrheit, Wien 1996

Praschl-Pichler, Gabriele: Unsere liebe Sisi. Die Wahrheit über Erzherzogin Sophie und Kaiserin Elisabeth. Aus bislang unveröffentlichten Briefen. Wien 2008

Rall, Hans u. Marga: Die Wittelsbacher in Lebensbildern, Graz/Wien/Köln 1986

Rall, Hans/Petzel, M.: Ludwig II. in Augenzeugenberichten, Düsseldorf 1966

Rauh, Reinhold: Lola Montez. Die königliche Mätresse, München 1996

Redwitz, Marie von: Hofchronik 1888–1921, München 1924

Reger, Karl: Bayerns verkaufte Prinzessinnen, Pfaffenhofen 1988

Reiser, Rudolf: Die Thurn und Taxis, Regensburg 1998

Schad, Martha: Kaiserin Elisabeth und ihre Töchter. 3. Auflage, München 1990

Schad, Martha: Bayerns Königinnen, Regensburg 1992

Schad, Martha/Schad, Horst (Hg.): Marie Valerie. Das Tagebuch der Lieblingstocher von Kaiserin Elisabeth, München 1998

Schnürer, Franz: Briefe Kaiser Franz Josephs an seine Mutter, München 1930

Schrott, Ludwig: Herrscher Bayerns, München 1974

Schuler, Josef: Die Gräfin von Tirol, Innsbruck o.J.

Schulz, A.: Das Leben im 14. und 15. Jahrhundert, Wien 1992

Sethe, Paul: Deutsche Geschichte im letzten Jahrhundert, Frankfurt/M. 1960

Sexau, Richard: Fürst und Arzt, Graz/Wien/Köln 1963

Sokop, Brigitte: Jene Gräfin Larisch, Wien/Köln/Graz 1985

Spindler, Max: Handbuch der bayerischen Geschichte, München 1975

Witzleben, H. von/Vignau, I. von: Die Herzöge in Bayern. Von der Pfalz zum Tegernsee, München 1976

Zöllner, Erich: Geschichte Österreichs, Wien 1961

Bildnachweis

Alle Vorlagen nach zeitgenössischen Aufnahmen oder Porträts
(S. 27 Werkstatt Jacopo Amigoni 1728, S. 44 Werkstatt Georges Desmarées'
nach 1730, S. 55 Werkstatt Georges Desmarées' um 1730, S. 73 Joseph
Stieler 1847, S. 89 Joseph Stieler 1832, S. 95 Joseph Stieler 1812,
S. 102 Joseph Stieler 1832, S. 121 Joseph Stieler 1828, S. 130 Lithographie
nach Karl Theodor von Piloty von Joseph Fleischmann 1853, S. 190 Joseph
Bernhardt 1875, S. 203 Joseph Stieler 1842/43, S. 217 Gabriel Schachinger,
1887) aus den Sammlungen des Amalthea Verlages

Besuchen Sie uns im Internet unter
www.amalthea.at

Umschlaggestaltung: Silvia Wahrstätter, vielseitig.co.at
Umschlagmotiv: © Interfoto-Archiv (links),
Gemälde von Ferdinand Piloty, 1865 (rechts)
Gesetzt aus der 12/14,5 pt Caslon
Gedruckt in der EU
ISBN 978-3-85002-851-6

Sigrid-Maria Größing
Als die Sonne nicht unterging

Ein Reich, in dem die Sonne nie untergeht –
dies war das Ziel Kaiser Karls V. und es gelang
ihm, diesen Traum zu verwirklichen. In dieser
Sammlung von Geschichten aus der Geschichte gewährt Sigrid-Maria Größing Einbli-
cke in die Geschicke der europäischen Adelshäuser. In 41 Miniaturen berichtet die Erfolgs-
autorin von den großen Augenblicken, privaten Glücksmomenten und tragischen Ereignissen in den Herrscherhäusern. Und einmal mehr
stellt sich heraus, dass es die Macht der Liebe
ist, die das Schicksal der Menschheit bestimmt.

Aus dem Inhalt
Die Mätresse des Sonnenkönigs | *Ludwig XIV.*
Der Löwe des Nordens | *Gustav II. Adolf von
Schweden*
Das Schicksal der Gemahlinnen | *Heinrich VIII.*
Die einzige Geliebte | *Iwan IV.*
Ein »mordkatholischer« Fürst? | *Ferdinand II.*

256 Seiten, zahlreiche Abbildungen
ISBN 978-3-85002-775-5
Amalthea

Lesetipp

AMALTHEA SIGNUM VERLAG
WWW.AMALTHEA.AT

Sigrid-Maria Größing
Die Genies im Hause Habsburg

Das mächtige Herrschergeschlecht der Habsburger hat nicht nur die politische Geschichte Europas bestimmt. Abseits von Regierungsgeschäften, höfischem Alltag und ausgeklügelten Heiratsplänen beschäftigten sich einige Habsburger mit den »schönen Künsten«. Sie förderten ohne Rücksicht auf eigene finanzielle Möglichkeiten Künstler und Wissenschaftler und versuchten sich selbst als Komponisten und Maler. Sie ließen pompöse Barockopern inszenieren und veranstalteten gemeinsame Musikabende. Aber auch im Bildungswesen und in den Naturwissenschaften zeigten sich aufgeschlossene Angehörige des Kaiserhauses als große Reformer.

Aus dem Inhalt
Ein junger Mann bewirkte Großes | *Rudolf IV.*
Kaiser und Künstler | *Maximilian I.*
Reformerin aus Intuition | *Maria Theresia*
Der ungekrönte König von Mallora | *Ludwig Salvator*
Der Kaiser von Brasilien | *Dom Pedro*

240 Seiten, zahlreiche Abbildungen
ISBN 978-3-85002-739-7
Amalthea

Lesetipp

AMALTHEA SIGNUM VERLAG
WWW.AMALTHEA.AT

Die Amalthea-Akademie
Der beste Weg zum eigenen Buch

Schreiben ist eine Kunst.
Bei uns lernen Sie, wie man's macht. Und wie man Buchautor(in) wird.
Reinschauen und anmelden. Wir weisen Ihnen den Weg.

www.amalthea.at/akademie